Mensch Computer Kommunikation 1
Herausgegeben von
Helmut Balzert und Gerhard Fischer

Methoden und Werkzeuge zur Gestaltung benutzergerechter Computersysteme

Herausgegeben von
Gerhard Fischer und Rul Gunzenhäuser

Walter de Gruyter · Berlin · New York 1986

Dr. Rul Gunzenhäuser
Professor am Institut für Informatik der Universität Stuttgart

Dr. Gerhard Fischer
Professor an der University of Colorado, Boulder
Department of Computer Science

CIP-Kurztitelaufnahme der Deutschen Bibliothek

Methoden und Werkzeuge zur Gestaltung benutzergerechter Computersysteme / hrsg. von Gerhard Fischer u. Rul Gunzenhäuser. — Berlin ; New York : de Gruyter, 1986.
 (Mensch-Computer-Kommunikation ; 1)
 ISBN 3-11-010070-3
NE: Fischer, Gerhard [Hrsg.]; GT

© Copyright 1986 by Walter de Gruyter & Co. Berlin 30.
Alle Rechte, insbesondere das Recht der Vervielfältigung und Verbreitung sowie der Übersetzung, vorbehalten. Kein Teil des Werkes darf in irgendeiner Form (durch Photokopie, Mikrofilm oder ein anderes Verfahren) ohne schriftliche Genehmigung des Verlages reproduziert oder unter Verwendung elektronischer Systeme verarbeitet, vervielfältigt oder verbreitet werden. — Printed in Germany.
Druck: Gerike GmbH, Berlin. — Bindearbeiten: Mikolai, Buchgewerbe GmbH.
Umschlagentwurf: Hansbernd Lindemann.

Vorwort

Der vorliegende Sammelband faßt insgesamt elf Beiträge über unterschiedliche Themen aus den Gebieten der "Mensch-Computer Kommunikation" und der "Wissensbasierten Systeme" zusammen. Diese Fachgebiete haben in den letzten Jahren wichtige Konzepte aus der anwendungsorientierten Informatik, der Software-Ergonomie und der kognitiven Psychologie weiterentwickelt und in interdisziplinären Forschungs- und Entwicklungsvorhaben erfolgreich angewandt.

Ausgehend von Untersuchungen zu allgemeinen Aspekten dieser neuen Disziplin werden in diesem Band unter anderem konkrete Gestaltungskriterien zum Entwurf anwendungsneutraler Benutzerschnittstellen, Editoren, Fenstersysteme und Systeme zur computerunterstützten Planung vorgestellt.

Allen Beiträgen ist gemeinsam, daß ihre Autoren seit einigen Jahren als Projektleiter und Mitarbeiter in der Forschungsgruppe Inform am Institut für Informatik der Universität Stuttgart zusammenarbeiten. Seit 1981 werden ihre Vorhaben vom Bundesminister für Forschung und Technologie (BMFT) gefördert. In diesem Sammelband wird der Projektabschnitt bis 1984 vorgestellt. Seit 1985 arbeitet die erweiterte Forschungsgruppe Inform im Verbundvorhaben WISDOM, das ebenfalls Fördermittel des BMFT erhält.

Dieser Sammelband steht in engem Zusammenhang mit der Monographie "Wissensbasierte Systeme und Mensch-Computer Kommunikation" von Prof. Gerhard Fischer, der auch einer der Herausgeber dieses Bandes ist. Während sein Buch die konzeptionellen Grundlagen, die Methoden und Werkzeuge zur Gestaltung benutzergerechter Computersysteme darlegt und prototypische Systeme kritisch bewertet, werden in dem hier vorliegenden Sammelband die darauf basierenden Systementwicklungen und Techniken in exemplarischen Forschungsarbeiten geschildert.

Der Sammelband wendet sich an Software-Ingenieure, an Wissenschaftler und Studenten sowie an interessierte Anwender, die sich einen Überblick über den gegenwärtigen Stand der Forschung im Bereich der anwendungsneutralen Benutzerschnittstellen erarbeiten wollen. Die Beiträge sollen ihnen Anregungen für die Konstruktion und Kriterien für die Bewertung von interaktiven Systemen liefern.

Die Herausgeber und Autoren des vorliegenden Bandes danken dem Verlag für die Bereitschaft, ihn in die neue Buchreihe "Mensch-Computer-Kommunikation" aufzunehmen. Ihr Dank gilt auch dem BMFT, der Gesellschaft für Mathematik und Datenverarbeitung, dem Institut für Informatik der Universität Stuttgart sowie einer Vielzahl von Kollegen, Studenten und Freunden für deren langjährige Unterstützung und aktive Förderung.

Inhaltsverzeichnis

I Einführung   1

   1. Das Forschungsvorhaben Inform   1
   2. Zur Vorgeschichte von Inform   3
   3. Auswärtige Einflüsse auf Inform   5
   4. Zum Inhalt der einzelnen Beiträge   7
   5. Erfahrungen von und mit Inform   13

II Menschengerechte Computersysteme - mehr als ein Schlagwort?   17

   1. Beispiele für nicht menschengerechte Systeme   20
   2. Zielsetzungen unserer Forschungsarbeit   26
   3. Die Umsetzung unserer Ziele in Theorien, Methoden, Werkzeuge und Systeme   30
   4. Wissensbasierte Mensch-Computer-Kommunikation   38
   5. Erfahrungen bei der Realisierung von menschengerechten Computersystemen   41
   6. Janusköpfigkeit moderner Computersysteme   42
   7. Langfristige Zielsetzungen   44

III Objektorientierte Wissensrepräsentation   45

   1. Minsky's Frametheorie   47
   2. Objektorientierte Programmierung   49
   3. ObjTalk   52
   4. Nachrichten versenden in ObjTalk   53
   5. Klassen und Instanzen in ObjTalk   55
   6. Methoden in ObjTalk   58
   7. Slotbeschreibungen in ObjTalk   60
   8. Vererbung in ObjTalk   64
   9. Regeln in ObjTalk   66
   10. Constraints in ObjTalk   68
   11. Eine Programmierumgebung für ObjTalk   70
   12. Abschließende Betrachtungen   71

IV Modulare anwendungsneutrale Benutzerschnittstellen   73

   1. Gründe für anwendungsneutrale Benutzerschnittstellen   74
   2. Modelle für den Bau von Benutzerschnittstellen   78
   3. Fallstudie: Icons als anwendungsneutrale Komponenten   89
   4. Wissensbasierte Benutzerschnittstellen   96
   5. Schlußbemerkungen   97

V Fenster- und Menüsysteme in der MCK   101

   1. Aufteilung des Bildschirms in Teilbereiche   102
   2. Die Komponenten eines Fenstersystems   104
   3. Implementation eines Fenstersystems   113

VI Universelle Editoren für die Mensch-Computer-Kommunikation 121
1. Klassifikation von Editoren 122
2. Generelle Designprinzipien für Editoren 123
3. Implementationsaspekte 139
4. Der Editor BISY 145
5. Abschließende Bemerkungen 149

VII Visualisierungstechniken 151
1. Formen der Mensch-Computer-Kommunikation 152
2. Psychologische Grundlagen: das visuelle System des Menschen 154
3. Visualisierungskomponenten in Programmierumgebungen 155
4. Visualisierung in Anwendungsprogrammen 174
5. Abschließende Bemerkungen 175

VIII Software-Dokumentationssysteme 177
1. Problemstellung 178
2. Der Softwareproduktionsprozeß 178
3. Ein Kommunikationsmodell für Softwaredesign 181
4. Programmdokumentation im Designprozeß 182
5. Programm-Dokumentationssysteme 187
6. Abschließende Bemerkungen 201

IX Systemkomponenten zum Wissenserwerb 203
1. Wissenserwerb 204
2. Psychologische Aspekte 205
3. Wissensverarbeitung 208
4. Das System D&I als Wissenseditor 212
5. Erwerb von Sachwissen mit dem System D&I 213
6. Erwerb von Konzepten mit dem System D&I 219
7. Zusammenfassung und Ausblick 227

X Computerunterstützte Planungsprozesse 229
1. Charakterisierung von Planungen 230
2. Planungsprozesse in der Psychologie und der Künstlichen Intelligenz 234
3. Computereinsatz in Planungsaufgaben 236
4. PLANER - ein System zur computerunterstützten Studienplanung 240
5. Abschließende Bemerkungen 248

XI Computerunterstützte Büroarbeit - ein Erfahrungsbericht 249
1. Zur Situation 249
2. Fortschritt und Benutzerfreundlichkeit 251
3. Unterstützung und Veränderungen im Tätigkeitsprofil 253

Literaturverzeichnis 261

Index 277

Liste der Abbildungen

Abbildung II-1:	Menschengerechte Computer und computergerechte Menschen	17
Abbildung II-2:	Ein fiktiver Beispieldialog	19
Abbildung II-3:	Entwicklungsrichtungen von Computersystemen	21
Abbildung II-4:	Zusammenhang zwischen Zielen, Theorien, Methoden, Werkzeugen und Systemen	31
Abbildung II-5:	Wissensbasierte Architektur für die MCK	39
Abbildung III-1:	Prozessororientierte Sichtweise	50
Abbildung III-2:	Objektorientierte Sichtweise	51
Abbildung III-3:	Versenden einer Nachricht an ein Objekt	53
Abbildung III-4:	Versenden der Nachrichten *Drehe*, *Wachse* und *Bewege*	54
Abbildung III-5:	Die Struktur einer Klasse	55
Abbildung III-6:	Die Klasse Dreieck	57
Abbildung III-7:	Erzeugen einer Instanz von *Dreieck*	57
Abbildung III-8:	Die Struktur einer Methode	58
Abbildung III-9:	Die Klasse *Dreieck* und ihre Methoden	59
Abbildung III-10:	Charakterisierung von Slots durch Slotbeschreibungen	60
Abbildung III-11:	Lesen und Setzen von Slots	61
Abbildung III-12:	Vererbungshierarchie in der Welt der graphischen Objekte	65
Abbildung III-13:	Die Struktur einer Regel	67
Abbildung III-14:	Berechnen des Winkels *Gamma* mit der Regel *R1*	67
Abbildung III-15:	Darstellung der Summenbeziehung durch eine Constraint-Klasse	68
Abbildung III-16:	Darstellung der Beziehung zwischen Grad Celsius und Grad Fahrenheit durch ein Constraintnetz	69
Abbildung IV-1:	Die Benutzerschnittstelle als integraler Bestandteil der Anwendungssysteme (Modell 1)	79
Abbildung IV-2:	Die Benutzerschnittstelle als Modul zum jeweiligen Anwendungssystem (Modell 2)	79
Abbildung IV-3:	Die Benutzerschnittstelle zu mehreren Anwendungssystemen (Modell 3)	80
Abbildung IV-4:	Die Benutzerschnittstelle als Netzwerk von Objekten (Modell 4)	81
Abbildung IV-5:	Eine anwendungsneutrale Instanz	84
Abbildung IV-6:	Instanzen als Moduln für Benutzerschnittstellen	84
Abbildung IV-7:	Individualisierung durch Instantiierung	85
Abbildung IV-8:	Individualisierung durch Spezialisierung	86
Abbildung IV-9:	Horizontale Schichtung von Instanzen der Benutzerschnittstelle	87
Abbildung IV-10:	Vertikale Schichtung von Instanzen der Benutzerschnittstelle	88

Abbildung IV-11:	Synchronisation von Instanzen der Benutzerschnittstelle	89
Abbildung IV-12:	Beispiele von Icons auf dem Bildschirm	93
Abbildung IV-13:	ObjTalk-Klassenhierarchie der Icons	95
Abbildung V-1:	Beispiel für eine Split-Screen-Anwendung	103
Abbildung V-2:	Ein Bildschirm mit verschiedenen Fenstern	105
Abbildung V-3:	Vererbungshierarchie von Fenstertypen und -komponenten	115
Abbildung V-4:	Ein Fenster mit verschiedenen Elementen in der Umrahmung	116
Abbildung VI-1:	Der editierte Text als Viertelebene	125
Abbildung VI-2:	Das Editieren mehrerer Texte in verschiedenen Textpuffern	129
Abbildung VI-3:	Editoren als Teile von Formularen	130
Abbildung VI-4:	Interaktion durch ein Pop-Up-Menü	133
Abbildung VI-5:	Das Textlückenverfahren	140
Abbildung VI-6:	Textrepräsentation mit Listen	141
Abbildung VI-7:	Beispiel für eine Tastenbelegungstabelle	144
Abbildung VI-8:	Eigenschaften von ObjTalk, FranzLisp und C	145
Abbildung VII-1:	Visualisierte Folge von Himmelsrichtungen	155
Abbildung VII-2:	Der Interlisp-D-Pretty-Printer	159
Abbildung VII-3:	Eine Landschaft von Funktionen	161
Abbildung VII-4:	STRUPPI - ein graphischer Pretty-Printer	162
Abbildung VII-5:	KÄSTLE	164
Abbildung VII-6:	Das VisTrace-Paket, nach dem Aufruf von *pput*	170
Abbildung VII-7:	Das VisTrace-Paket, etwas weiter	170
Abbildung VII-8:	Das VisTrace-Paket, gegen Ende	170
Abbildung VII-9:	FooScape-Trace	172
Abbildung VIII-1:	Verschiedene Ansichten über die Rolle der Dokumentation im Designprozeß	183
Abbildung VIII-2:	Aufgabenbeschreibung, Lösungsansätze und Realisierung als stark vernetztes Geflecht von Wissenseinheiten.	186
Abbildung VIII-3:	Dokumentation auf Papier versus Online-Dokumentation	188
Abbildung VIII-4:	Beispiel einer Datenstruktur	190
Abbildung VIII-5:	Dokumentation während der Programmierung	192
Abbildung VIII-6:	Definition eines Filters	197
Abbildung VIII-7:	Situationsspezifische Ansicht des vorhandenen Wissens	198
Abbildung VIII-8:	Graphische Darstellung strukureller Eigenschaften	200
Abbildung IX-1:	Zustand der Wissensbasis vor der Verarbeitung	214
Abbildung IX-2:	Bildschirmaufbau des Systems D&I	215
Abbildung IX-3:	Zustand der Wissensbasis nach der Verarbeitung	218
Abbildung IX-4:	Konzepte der D&I-Wissensbasis	220
Abbildung IX-5:	Benutzerschnittstelle des Metasystems	222
Abbildung IX-6:	Definition eines Merkmals	224
Abbildung IX-7:	Metakonzepte der D&I-Wissensbasis	227
Abbildung X-1:	Gliederung eines Plans in Teilpläne	231
Abbildung X-2:	Verschiedene Abstraktionsebenen am Beispiel von Landkarten	233

Abbildung X-3:	Definition des Zeitbegriffs "zu_frueh" durch einen Benutzer	244
Abbildung X-4:	Stundenplan unter dem Filter "Dozenten"	245
Abbildung X-5:	Vorschlag eines Stundenplans	246
Abbildung XI-1:	Beispiel für eine Meldung des UNIX Mailsystems	256
Abbildung XI-2:	Ausschnitt eines Textes, wie er während der Bearbeitung auf dem Bildschirm und - im unteren Teil - ausgedruckt aussieht	258

I
Einführung

Rul Gunzenhäuser

Die in diesem Band zusammengefaßten Beiträge haben gemeinsam, daß die Autoren, die hier über verschiedene Themen aus den Gebieten Mensch-Computer-Kommunikation und Wissensbasierte Systeme berichten, in einem einzigen Forschungsvorhaben zusammenarbeiten.

1. Das Forschungsvorhaben Inform

Dieses Vorhaben geht zurück auf einen Antrag von drei Wissenschaftlern am Institut für Informatik der Universität Stuttgart, *Heinz-Dieter Böcker, Gerhard Fischer* und *Rul Gunzenhäuser*, den sie 1980 an den Bundesminister für Forschung und Technologie stellten. Der Inhalt dieses Vorhabens sollte sein, sogenannte "integrierte Informationsmanipulationssysteme" zur Unterstützung der Mensch-Maschine-Kommunikation zu untersuchen und einzelne Komponenten für solche Dialogsysteme zu entwerfen und prototypisch zu implementieren. Das Projekt verdankt seinen Namen Inform dem nicht gerade kurzen Begriff "*Inform*ationsmanipulationssystem". Darunter verstanden die Antragsteller ein Dialogsystem (für Bildschirmterminals oder Arbeitsplatzrechner), das eine einheitliche und kooperative Benutzerschnittstelle für so unterschiedlichen Aufgaben wie Textverarbeitung, elektronische Post, Formular- und Graphikverarbeitung, Programmieren, Erstellen von Programmdokumentationen und rechnerunterstütztes Lernen mit Hilfesystemen bietet. Dieser Zielsetzung lag die Erwartung zugrunde, daß solche uniformen Benutzerschnittstellen bei zukünftigen Lern- und Büroarbeitsplätzen für traditionelle und neuartige berufliche Tätigkeiten in der Informationsverarbeitung Einsatz finden werden.

Die Ergebnisse des ersten Projektabschnitts (1.1.1981 bis 31.12.1982) bestehen im wesentlichen aus einer Untersuchung über existierende oder sich noch in Entwicklung befindliche Informationsmanipulationssysteme, der Erarbeitung eines Kriterienkatalogs für den Entwurf solcher Systeme sowie aus einer Reihe prototypischer Implementierungen. Implementiert wurden unter anderem ein bildschirmorientierter Editor, ein interaktives Formularsystem und eine Programmierumgebung für LISP. Kennzeichnend für diese Prototypen ist die konsequente Verwendung eines selbstentwickelten Fenstersystems zur Gestaltung der Benutzerschnittstelle.

Das Forschungsvorhaben wurde ab 1983 mit einer erheblich erweiterten Zahl von Mitarbeitern unter dem neuen Titel "Inform-83: Entwicklung von Methoden und Werkzeugen zur Verbesserung der Mensch-Maschine-Kommunikation" fortgeführt. Ziel dieses zweiten Projektabschnitts war es, benutzerorientierte Anwendersysteme zu definieren, zu spezifizieren und prototypisch zu implementieren. Aufbauend auf den Arbeiten des ersten Projektabschnitts wurden in Inform-83 folgende Aufgaben schwerpunktmäßig erarbeitet:

- Entwicklung allgemeiner Systemkomponenten zur Unterstützung der Mensch-Maschine-Kommunikation

- Entwicklung von Softwareproduktionssystemen, insbesondere zur Unterstützung von "Rapid Prototyping"

- Entwicklung prototypischer Anwendungssysteme speziell für den Bereich der Büroautomatisierung

- Analyse und Bewertung der vorliegenden Arbeiten, insbesondere unter den Aspekten der Software-Ergonomie und der Verwirklichung neuer Arbeitsinhalte und Arbeitsabläufe

- Erstellung einer Typologie für die Forschung im Bereich der Mensch-Maschine-Kommunikation

Über die Forschungsergebnisse des Gesamtprojekts wird in diesem Band ausführlich berichtet.

Schon vor dem geplanten Ende (31.12.1985) wurde das Forschungsvorhaben Inform-83 modifiziert und bildet seit 1.1.1985 gemeinsam mit Forschungsvorhaben der Firma Triumph Adler AG (Nürnberg), des Fraunhofer-Instituts für Arbeitswirtschaft und Organisation (Stuttgart), der Gesellschaft für Mathematik und Datenverarbeitung (St. Augustin), der Technischen Universität München und der Firma GEI-Systemtechnik (München) das vom BMFT bis Ende 1988 geförderte Verbundvorhaben WISDOM. Gemeinsames Ziel ist die Entwicklung von prototypischen wissensbasierten Systemen, die dem Benutzer von Arbeitsplatzrechnern im Bereich der Bürotechnik umfangreiche Unterstützung bieten. Aufgaben aus den Bereichen der Bearbeitung multimedialer Dokumente (Texte, Daten, Bilder, Graphik, Handschrift u.a.) und der Steuerung arbeitsteiliger Vorgänge sollen durch ein prototypisches System übernommen werden, in das entsprechendes Bedienungswissen, Anwendungswissen und organisationsbezogenes Wissen integriert sind.

Die Forschungsgruppe Inform behält dabei ihre Aufgabe bei, Grundlagen für die zu entwickelnden Prototypen zu erarbeiten, auf denen sich dann die experimentellen Systementwicklungen der Projektpartner abstützen können. Diese Grundlagenforschung umfaßt im wesentlichen

- die anwendungsunabhängige Mensch-Maschine-Kommunikation auf der Basis eines Fenstersystems mit Konzepten zur Verwaltung und Visualisierung des Dialoggeschehens,
- den Einsatz aktiver und passiver Hilfesysteme,
- die Weiterentwicklung der Sprache ObjTalk, die zur Repräsentation von Wissen von *Fischer*, *Laubsch* und *Rathke* in Stuttgart entwickelt wurde sowie
- die objektorientierte Modellierung und die Akquisition von Wissen (durch den Endbenutzer eines wissensbasierten Systems).

Schließlich sollen Grundlagen für prototypische Systeme zur Planungsunterstützung erarbeitet werden, die u.a. Benutzerschnittstellen zur Visualisierung und Steuerung von Planungsabläufen enthalten.

2. Zur Vorgeschichte von Inform

Die Arbeiten des Projekts Inform basieren auf Forschungsergebnissen aus den Bereichen der interaktiven Systeme, der Künstlichen Intelligenz, des Software Engineering und der Kognitionswissenschaft. Ihre Ergebnisse finden heute - über Inform hinaus - auch in anderen Vorhaben der Stuttgarter Informatik ihren Niederschlag. Die Schwerpunkte "Wissensbasierte Systeme" und "Mensch-Computer-Kommunikation" sind heute dort fest installiert. Zu dieser Entwicklung hat die Arbeit von Inform entscheidend beigetragen.

Vor weniger als zehn Jahren wurde (zum 1.1.1977) am Stuttgarter Institut für Informatik die Abteilung "Dialogsysteme" durch die Zusammenfassung des seit 1974 bestehenden Lehrstuhls für anwendungsorientierte Informatik und der Forschungsgruppe "Computerunterstütztes Lernen" gegründet. Im Bereich der Lehre trägt diese Abteilung den seit 1976 bestehenden Studienschwerpunkt "Anwendungsorientierte Informatik: Mensch-Maschine-Kommunikation". Dieser Studienschwerpunkt integrierte erstmals an einer deutschen Hochschule Lehrveranstaltungen über Künstliche Intelligenz und Symbolmanipulation (beides in Stuttgart seit 1972), Mustererkennung und Bildverarbeitung (seit 1973), text- und listenverarbeitende Verfahren (seit 1975) und rechnerunterstütztes Lernen (seit 1970).

Die Unterstützung der Forschungsarbeiten der neuen Abteilung durch Hard- und Software waren anfangs recht dürftig. Dem Institut für Informatik stand eine Rechenanlage TR 440 mit Lochkartenperipherie und eingeschränktem Dialogbetrieb zur Verfügung. Zwei graphikfähige Bildschirmarbeitsplätze ergänzten die vorwiegend in der Lehre eingesetzten einfachen Terminals mit teletypeartigem Betriebsmodus. Ein einzelnes Druckerterminal war zusätzlich an einen IBM-Rechner angeschlossen und konnte Dialogbetrieb mit APL demonstrieren; ein Mikrorechner vom Typ IBM 5110 stand kurz vor der Beschaffung.

Mit diesen Ressourcen wurde von 1972 bis 1978 eine MACLISP-Programmierumgebung [Laubsch et al. 76] entwickelt, auf dem Rechner TR 440 implementiert und erprobt. Dieses System wurde von mehreren deutschen Hochschulen übernommen, um Softwareentwicklung im Bereich der Künstlichen Intelligenz beginnen zu können.

Auf der Basis von MACLISP wurden in Stuttgart dann (1976 bis 1979) weitere Sprachen für die Künstliche-Intelligenz-Forschung wie Micro-Planner [Hewitt 69], HBase, FRL [Roberts, Goldstein 77] sowie Interpreter und Compiler für Augmented Transition Networks [Woods 70] installiert und eingesetzt, um u.a. prototypische natürlichsprachliche Frage-Antwort-Systeme für Mikrowelten zu entwickeln. Viele dieser Werkzeuge wurden an andere KI-Forscher der Bundesrepublik weitergegeben.

Erst auf diesen Grundlagen, die in Stuttgart insbesondere von *Kenji Hanakata* und *Joachim Laubsch* und ihren Diplomanden erarbeitet wurden, konnten dann umfangreichere Untersuchungen beginnen. Für die in diesem Band dargestellten Arbeiten waren insbesondere wesentlich

- *Methoden für die Wissensrepräsentation:* Hierzu zählt vor allem der Entwurf, die Implementierung und die stetige Weiterentwicklung von ObjTalk - einer objektorientierten Sprache, die auf Minskys Frametheorie [Minsky 75] aufbaut und diese mit dem Actor-Modell [Hewitt 77] verbindet. Mit ObjTalk befaßt sich insbesondere das Kapitel von *Christian Rathke* in diesem Band.

- *Untersuchungen über natürlichsprachliche Frage-Antwort-Systeme* im Rahmen einer von der GID (Gesellschaft für Information und Dokumentation) geförderten Studie [Fauser, Rathke 81].

- *Implementierungen in ObjTalk:* Ein Beispiel hierfür ist das wissensbasierte Informationssystem Digester & Informant, welches objektorientierte Methoden zur Darstellung von schwach strukturiertem Wissen - z.B. Personalberichte aus der Computerindustrie - verwendet. Dieses Projekt wurde vom Ostasieninstitut e.V. (Bonn) gefördert. Hierüber berichtet *Wolf-Fritz Riekert* in diesem Band.

Eine weitere, schon historisch zu nennende Quelle für die im folgenden dargestellten Arbeiten waren prototypische Implementierungen von Werkzeugen und Strategien des rechnerunterstützten Lernens, die bis in das Jahr 1969 zurückgehen. Sie erstrecken sich von einfachen Übungsverfahren für Schüler bis hin zum Entwurf von rechnerunterstützten Problemlösestrategien. Die Arbeiten resultierten unter anderem in einem System zum Datenbankanschluß von sogenannten Autorensprachen und einem Modell, das "Telesoftware" für die Ausbildung einsetzt [Gunzenhäuser, Horlacher 83]. Kennzeichnend für diese Arbeiten sind die unterschiedlichen Entwürfe und Erprobungen von Benutzerschnittstellen für Nicht-Experten, meist Schüler und Studenten. Bekanntgeworden sind die Stuttgarter Arbeiten zum Entwurf und der Erprobung eines Lern- und Arbeitsplatzes für Blinde (1978 bis 1981) [Schweikhardt 80] und die darauf aufbauende Erschließung des neuen Mediums "Bildschirmtext" für Blinde (1982 bis 1985) [Schweikhardt 84]. Bei diesen von der DFG unterstützten, konzeptionellen und experimentellen Arbeiten von *Waltraud Schweikhardt* u.a. stehen taktile Benutzerschnittstellen für Text und Graphik im Mittelpunkt.

Ähnliche Überlegungen - wie gehen Nicht-Experten mit dem Medium und dem Werkzeug Computer um? - standen auch im Mittelpunkt der Arbeiten von *Heinz-Dieter Böcker* und *Gerhard Fischer* in der Darmstädter Forschungsgruppe PROKOP, wo erstmals in der Bundesrepublik die interaktive Programmierumgebung LOGO [Abelson 83] für Schüler eingesetzt wurde [Fischer, Böcker 74].

3. Auswärtige Einflüsse auf Inform

Es waren nicht nur interne Entwicklungsschritte, die zur Definition des Forschungsvorhabens Inform und damit zu den nachfolgenden Beiträgen geführt haben. Insbesondere zu Beginn der Arbeiten waren es überwiegend Methoden und Ergebnisse amerikanischer Forschungsinstitute und Universitäten, die sich in den Ergebnissen von Inform niederschlugen. Sie wurden durch die zahlreichen Auslandsreisen und die ausgedehnten Auslandsaufenthalte von *Gerhard Fischer, Joachim Laubsch* und anderen Mitarbeitern eingebracht. Exemplarisch sollen hier folgende Meilensteine genannt werden:

- Vom Massachusetts Institute of Technology (MIT) kamen Erfahrungen über LISP-Dialekte und LISP-Maschinen, über LOGO [Abelson 83] und den bildschirmorientierten Editor Emacs [Stallman 81] sowie über Grundlagen für Programmiersysteme und für die Softwareentwicklung. *Gerhard Fischer* und *Matthias Schneider* waren längere Zeit am MIT tätig, bevor sie nach Stuttgart kamen.

- Vom Xerox Palo Alto Research Center (Xerox-PARC) stammen die ersten Vorbilder für neuartige Benutzerschnittstellen mit Fenstersystemen, in denen Objekte des Bildschirms direkt mit einem Zeigeinstrument ("Maus") manipuliert werden - Determinanten, die heute für alle Inform-Systeme typisch sind. SMALLTALK [Smalltalk 81] war das Vorbild für fast alle objektorientierten Programmiersprachen, so auch für das bereits angesprochenene ObjTalk sowie für C-Talk [Hanakata 84], eine weitere Stuttgarter Entwicklung.

- Von der Carnegie-Mellon University (CMU) lernte die Gruppe Inform die Verbindung zwischen Informatik und Psychologie in der von Herbert A. Simon und Allen Newell begründeten Kognitionswissenschaft - "Cognitive Science" [Newell, Simon 72] - kompetent zu nutzen. Sie bildet ein wissenschaftstheoretisches Fundament für ihre Arbeiten. Daneben bietet die CMU eine reiche Quelle in bezug auf Erfahrungen mit Benutzerschnittstellen für Expertensysteme und Anwendungen von formularorientierten Dialogen und von Editoren. Seit 1984 verbindet ein von Inform initiiertes Kooperationsabkommen das Stuttgarter Institut für Informatik mit dem Computer Science Department der CMU.

Bei den ersten Implementierungsanstrengungen von Inform - Fenstersysteme, Elemente von wissensbasierten Systemen, der Definition von ObjTalk - sind die US-Erfahrungen noch unmittelbar sichtbar.

Auch bei der Beschaffung der für das Projekt erforderlichen Hard- und Software konnte auf Erfahrungen der genannten Forschungsgruppen zurückgegriffen werden. Dies wird besonders deutlich in der Wahl der VAX 11/780 als Basismaschine und der Auswahl der Rechnerarbeitsplätze: zunächst Concept-Terminals nach dem Vorbild von CMU, dann "intelligente" Rasterbildschirme vom Typ Bitgraph aus Boston und zuletzt LISP-Maschinen von Symbolics. Alle diese Geräte bewährten sich an führenden US-Hochschulen. Für deutsche Verhältnisse war die in verschiedenen Stufen gewachsene Rechnerumgebung von Inform stets ihrer Zeit voraus. In der Systemsoftware sind es hauptsächlich

Texteditoren wie Emacs und LISP-Systeme wie FranzLisp [Foderaro, Sklower 82] aus den USA, die von Inform mit Erfolg eingesetzt werden.

Schon bei Beginn der eigenen Arbeiten im Frühjahr 1981 hat Inform einen internationalen Workshop über "Cognitive Science" mit führenden Wissenschaftlern von einschlägigen Forschungsinstituten in USA und England durchgeführt, woran fast alle anderen deutschen Gruppen teilgenommen haben, die damals im Bereich der Mensch-Maschine-Kommunikation tätig waren. Inform hat es sich zur Aufgabe gesetzt, die so gewonnenen und gesammelten Erfahrungen weiterzugeben. Dazu wurde 1981 die jährliche Fachtagung "Mensch-Maschine-Kommunikation" ins Leben gerufen, die 1985 beispielsweise das Thema "Hilfesysteme" in den Mittelpunkt der Diskussion stellte.

4. Zum Inhalt der einzelnen Beiträge

In allen Anwendungsbereichen, die die Forschungsgruppe Inform in ihrer Arbeit verfolgt (Softwareproduktionssysteme, rechnerunterstützte Bürokommunikation oder Unterstützung von Lernprozessen), kommunizieren Menschen mit Rechnersystemen oder Menschen mit Menschen über das Medium "Rechner".

Deshalb müssen solche Systeme - wie *Gerhard Fischer* in seinem einleitenden Beitrag über "menschengerechte Computersysteme" schreibt - den menschlichen Kommunikationsfähigkeiten zumindest in wichtigen Teilen angepaßt werden. Bei Systemkomponenten wie Lern- und Hilfesystemen oder Erklärungskomponenten bilden die Möglichkeiten und Grenzen der menschlichen Informationsverarbeitung ebenso wichtige Entwurfskriterien wie der Wissensstand des speziellen Benutzers, der sich in einem "Benutzermodell" ausdrücken läßt.

Fischer stellt Beispiele für nicht menschengerechte Systeme und unangebrachte Einsatzformen des Computers der Vision von Mensch-Computer-Systemen gegenüber, denen er Eigenschaften wie "symbiotisch", "konvivial" oder "menschengerecht" zuerkennt. Anschließend schildert er theoretische Ansätze und Methoden zur Verwirklichung solcher Systeme, wobei er auf prototypische Beispiele aus der Arbeit von Inform zurückgreifen kann.

Eine dieser Methoden ist die objektorientierte Wissensrepräsentation. Damit beschäftigt sich der Beitrag von *Christian Rathke*. Der Bau "intelligenter Systeme", die sich dem

Benutzer gegenüber kooperativ verhalten, verlangt den Einsatz einer für die Wissensrepräsentation geeigneten Computersprache. Unter verschiedenen, in der Künstlichen-Intelligenz-Forschung verfolgten Konzepten hat sich die Frametheorie von Minsky [Minsky 75] als ein sehr vielversprechender Ansatz zur Analyse und Darstellung von Wissen herauskristallisiert. Dieser Ansatz wird in der vorgestellten Sprache ObjTalk [Rathke, Laubsch 83] verbunden mit dem der objektorientierten Programmierung.

Nach einer kurzen Darstellung der grundlegenden Konzepte der Frametheorie und des objektorientierten Programmierens werden unterschiedliche, in ObjTalk verwirklichte Konzepte, wie multiple Klassenhierarchien, Slotbeschreibungen, Methoden und Constraints, sowie das dem objektorientierten Vorgehen zugrundeliegende Prinzip des Versendens von Nachrichten zwischen Objekten vorgestellt und anhand von Beispielen erläutert.

ObjTalk, das eine LISP-Erweiterung darstellt, ist derzeit Grundlage der Wissensdarstellung in praktisch allen Inform-Teilvorhaben. Es ist das grundlegende Sprachmittel für das Fenstersystem und für die modulare anwendungsunabhängige Benutzerschnittstelle ebenso wie für Anwendungen. Dazu gehören Systeme zur interaktiven Unterstützung von Planungsprozessen und zur wissensbasierten Formularbearbeitung. Für den konkreten Einsatz von ObjTalk hat sich die Notwendigkeit und Nützlichkeit einer adäquaten Programmierumgebung (mit "Tracer", "Stepper" und anderen Verfahren) gezeigt. Erst durch solche unterstützenden Komponenten, die derzeit in der Forschungsgruppe Inform entwickelt werden, wird eine Wissensrepräsentationssprache wie ObjTalk universell benutzbar.

Mit anwendungsunabhängigen Benutzerschnittstellen befaßt sich der Beitrag von *Michael Herczeg*. Benutzerschnittstellen haben den Anforderungen zweier grundlegend verschiedener Kommunikationspartner Rechnung zu tragen - denen des Menschen als Benutzer und denen des Rechnersystems. Mit dieser Problematik befaßt sich auch die Software-Ergonomie als neue, interdisziplinäre Wissenschaft, die sich mit den informationstechnischen, den psychologischen und den arbeitswissenschaftlichen Aspekten der Benutzerschnittstelle beschäftigt.

Neben solchen ergonomischen Betrachtungen ist die Erstellung von Benutzerschnittstellen auch eine ingenieurwissenschaftliche Aufgabe. Dabei ist ein Grundprinzip, das sich auch hier anwenden läßt, die Modularisierung von Systemen. Nachdem man seit längerem Anwendungssysteme modular gestaltet, wird das Interesse wach, auch Benutzerschnittstellen, die bisher mit den Anwendungssystemen fast untrennbar verbunden waren, durch anwendungsneutrale Bausteine zu verwirklichen.

In diesem Beitrag diskutiert *Herczeg* Gründe, die zu modularen anwendungsneutralen Benutzerschnittstellen führten. Er beschreibt verschiedene Modelle - zuletzt ein Modell, bei dem die Schnittstelle durch ein losgelöstes Netz von Objekten dargestellt wird. Am Beispiel von Icons wird dargelegt, wie eine Benutzerschnittstelle ausgehend von Benutzeranforderungen erstellt werden kann. *Herczeg* wählt dabei einen Lösungsansatz, der sich auf die Sprache ObjTalk stützt. Die Bausteine der Benutzerschnittstellen werden zu Objekten, die ihre vielfältigen Eigenschaften außer durch deskriptive und prozedurale Definitionen auch durch Vererbungsmechanismen und Constraints erhalten.

Die interaktive Nutzung von Anwendungssystemen erfordert heute mehr als eine fernschreiberähnlich gestaltete Benutzerschnittstelle, die noch die Anfänge der interaktiven Systeme kennzeichnete. Die neuen Interaktionsformen müssen berücksichtigen, daß der Bildschirm ein zweidimensionales Medium ist. Dies führte zunächst zum Einsatz von Bildschirmmasken und bildschirmorientierten Editoren. Die Interaktion des Benutzers geschieht hier im wesentlichen nach dem Prinzip der direkten Manipulation.

Franz Fabian stellt in seinem Beitrag neue Fenster- und Menüsysteme für die Mensch-Computer-Kommunikation dar. Fenstersysteme teilen dabei den Bildschirm in voneinander unabhängige, rechteckige Bereiche ("Fenster") auf, in denen unterschiedliche Arten von Information getrennt dargestellt werden, und erlauben es beispielsweise, Menüs - hier als "Angebot zur Auswahl" verstanden - an beliebiger Stelle des Bildschirms erscheinen (und wieder verschwinden) zu lassen. Die Position und die Lage solcher Menüfenster enthalten zusätzliche Informationen.

Jedes Fenstersystem besteht aus zwei Teilen: aus einer Komponente zur Verwaltung verschiedener Fenster und aus den Repräsentationen der einzelnen Fenster und der darauf anwendbaren Operationen. *Fabian* beschreibt zunächst die für eine Realisierung des fensterspezifischen Teils erforderlichen Aspekte. Zu deren Implementierung benutzt er die objektorientierte Sprache ObjTalk, wobei er sich insbesondere auf den multiplen Vererbungsmechanismus von ObjTalk stützen kann. Dann geht er auf die Darstellung der einzelnen Fenster sowie auf die beiden Schnittstellen Benutzer/Fenstersystem und Fenstersystem/Anwendung ein und erörtert abschließend mögliche Erweiterungen.

Der Beitrag von *Joachim Bauer* befaßt sich mit universellen Editoren für die Mensch-Computer-Kommunikation, die für verschiedene Arten von Informationen in Form von Texten, von Programmen, von Dokumenten usw. verwendet werden können. Der Beitrag stellt allgemeine Entwurfsprinzipien für Editoren vor und diskutiert Alternativen.

Als wichtigste Prinzipien für solche Editoren sieht der Autor das WYSIWYG-Prinzip ("What You See Is what You Get"), die Bildschirmorientiertheit, die Strukturiertheit und die Erweiterbarkeit an. Daneben werden Fenstertechnik, durchsichtige Interaktion, Hilfekomponenten und Undo-Möglichkeiten gefordert. Ein Abschnitt der Arbeit von *Bauer* widmet sich den Implementierungsaspekten. Hier stehen Textrepräsentation und Bildschirmauffrischung im Mittelpunkt der Betrachtung.

Der letzte Teil des Beitrags beschreibt den bildschirmorientierten Editor BISY, der von *Bauer* entworfen und entwickelt wurde und bei dessen Implementierung die genannten Entwurfsprinzipien Verwendung fanden. BISY ist ein bildschirmorientierter, in ein Fenstersystem integrierter Editor. Er kann als selbständiger Texteditor verwendet werden oder als Werkzeug für andere Systeme dienen.

Der Beitrag von *Heinz-Dieter Böcker* über Visualisierungstechniken begründet, warum diese hinsichtlich der Akzeptanzerhöhung von Computeranwendungen sehr erfolgversprechend sind. Ausgehend von einer Kritik an Kommunikationsformen, wie sie heute an Mensch-Computer-Schnittstellen vorzufinden sind, schlägt er vor, diese Schnittstellen mit Visualisierungstechniken zu verbessern. *Böcker* macht insbesondere für den Bereich der Softwareproduktionssysteme konkrete Vorschläge, wie Visualisierungskomponenten aussehen können.

Es handelt sich dabei zum einen um Beobachtungswerkzeuge für statische Strukturen wie "Pretty-Printer" und Methoden zur Darstellung von Kontroll-, Daten und Zeigerstrukturen. Diese werden durch originelle Beispiele illustriert. Zum anderen stellt *Böcker* Beobachtungswerkzeuge für dynamische Prozesse vor: Programmstatistiken, den visuellen Trace "VisTrace", den sogenannten "FooScape"-Trace und einen visuellen Stepper.

Böcker will dazu beitragen, daß die Benutzersicht auf Programme und Anwendungen gleichzeitig neben der heute vorherrschenden Programmierersicht in Entwurfsprozesse für Mensch-Computer-Schnittstellen Eingang findet. Für den Benutzer soll der Bildschirm das graphische Objekt sein, das sich ihm darbietet und das er manipulieren kann. So sagt er: "Das graphische Objekt Bildschirm ist das primäre Kommunikationsgegenüber, verschiedene Anwendungen leben in diesem Bildschirm und sind ihm als solche untergeordnet."

Ein alternatives Modell für den Softwareentwurf stellt *Matthias Schneider* in seinem Beitrag über Software-Dokumentationssysteme vor. Es gestattet die parallele Entwicklung von Programmdesign und Implementation. Das Modell betont und unterstützt dabei die Kommunikation zwischen den einzelnen am Systementwurf beteiligten Personen, in die auch der Entwicklungsrechner einbezogen werden soll. *Schneider* sieht die Aufgabe von Entwicklungswerkzeugen darin, diese Kommunikation zu ermöglichen und zu vereinfachen. Das Entwicklungssystem muß dazu Wissen besitzen über die Umgebung des entstehenden Produkts, die Entwicklungsumgebung selbst und über den Entwurfsprozeß.

Das Wissen über das Produkt, das üblicherweise in einer Dokumentation zusammengetragen wird, sollte nach Auffassung des Autors schon während des Entwurfsprozesses gesammelt werden und dem Designer so früh wie möglich zur Verfügung stehen. Die Aufgabe, solches Wissen zu sammeln und zur Verfügung zu stellen, soll von Dokumentationssystemen übernommen werden, die selbst einen zentralen Bestandteil der Softwareproduktionsumgebung darstellen.

Im ersten Teil des Beitrags wird der Softwareproduktionsprozeß aus der Sicht des Autors beschrieben und dafür ein wissensbasiertes Kommunikationsmodell entworfen. Der zweite Teil diskutiert und illustriert die zentrale Rolle der Dokumentation beim Softwareentwurf. *Schneider* geht dabei wesentlich auf den innerhalb der Forschungsgruppe Inform entwickelten Prototyp DOXY für ein wissensbasiertes Dokumentationssystem ein. Im letzten Abschnitt dieses Beitrags wird gezeigt, wie Informationen, die von Dokumentationssystemen gesammelt werden, dem Benutzer mit graphischen Werkzeugen dargeboten werden können.

Eines der wichtigsten Kriterien für benutzergerechte Computersysteme ist der Grad ihrer Konvivialität. Konviviale Systeme - so führt *Wolf-Fritz Riekert* in seinem Beitrag aus - zwängen ihrem Benutzer kein ihm fremdes Arbeitsschema auf, sondern lassen sich seinen subjektiven Bedürfnissen anpassen. Zu diesem Zweck sei es allerdings erforderlich, daß der Benutzer Kontrolle über die Arbeitsweise des Systems besitzt und damit die dem System innewohnenden Schemata selbständig umgestalten kann. Bei den heute üblichen Anwendersystemen ist dies allerdings nur selten der Fall.

Einen Ausweg eröffnen hier wissensbasierte Systeme mit anwendungsspezifischem Wissen. Es ist nun möglich, für solche wissensbasierten Systeme Komponenten zu entwerfen, die dieses Wissen selbst zum Objekt haben. Sie ermöglichen dann das Inspizieren, Implantieren und Verifizieren des Wissens, das dem Anwendungssystem zugrunde liegt. Hier tritt der Vorgang des Wissenserwerbs in einem sich selbst modifizierenden System an die Stelle der herkömmlichen Systemprogrammierung und -betreuung.

In seinem Beitrag gibt *Riekert* zunächst eine Charakterisierung des Wissens, das Anwendungsprogrammen typischerweise zugrunde liegt. Von entscheidender Bedeutung ist dabei das konzeptionelle Wissen, also Schemata und Methoden, die in herkömmlichen Systemen im Programmcode verborgen sind. Am Beispiel des Stuttgarter Systems D&I (Digester und Informant) zeigt der Autor, wie solches Wissen durch einen Organisationsexperten ohne Programmierkenntnisse mit Hilfe einer sogenannten Metakomponente in das System eingebracht werden kann und welche Mensch-Computer-Schnittstelle zur Unterstützung dieser Aufgabe geeignet ist.

Der Beitrag von *Dieter Maier* über computerunterstützte Planungsprozesse greift einen weiteren Aspekt der Forschungsarbeit innerhalb der Inform-Gruppe auf. Sein Interesse gilt solchen Planungsaufgaben, bei denen ein Zusammenwirken von Mensch und Computer für gute Ergebnisse entscheidend ist.

Der menschliche Planer soll dabei seine besonderen Fähigkeiten wie seine Kreativität, seine Einschätzung von unsicheren Informationen und seine Fähigkeit, Ziele in Konfliktsituationen gewichten zu können, in den Planungsprozeß einbringen. Der Rechner übernimmt Funktionen wie das Fortpflanzen von Abhängigkeiten und sicheres Erkennen von Konflikten im Planungsprozeß. Für eine derartige Kooperation zwischen Benutzer und Rechnersystem benötigt man eine sehr gute Benutzerschnittstelle.

Maier erörtert zunächst Konzepte wie hierarchisches Planen und Interaktion von Planungszielen und erörtert dann allgemeine Planungsstrategien. Er veranschaulicht diese Konzepte an dem von ihm entworfenen und implementierten Planungssystem PLANER. Es unterstützt Informatikstudenten bei der Planung ihres zweiten Studienabschnitts. Die Wissensrepräsentation von PLANER basiert auf ObjTalk. Um die Eignung von Farbe und Graphik zur Verbesserung der Benutzerschnittstelle zu erproben, verwendet *Maier* ein Farbgraphikterminal mit angeschlossenem Graphiktablett. Die Schnittstelle verwendet Formulare, hierarchische Menüs, direkte Manipulation und eine ikonische Definition von

Prädikaten. Sie stellt damit einen Querschnitt über die in Inform angewandten Interaktionsformen bei Benutzerschnittstellen dar.

Im letzten Beitrag kommt mit *Bettina Oeding* eine Anwenderin der rechnerunterstützten Büroarbeit zu Wort. Sie führt seit 1983 Verwaltungsarbeiten für das Forschungsvorhaben Inform aus und kommt dadurch in vitalen Kontakt mit den unterschiedlichen "benutzerorientierten" Systemen, die innerhalb von Inform entwickelt oder angewandt werden. Neben den schon erwähnten Eigenentwicklungen sind dies eine speicherprogrammierbare Schreibmaschine, ein Telex- und Teletexgerät sowie ein Postsystem, eine Adressdatei, ein Finanzplan, diverse Editoren für Text- und Graphikdarstellung sowie Systeme für die Formatierung von Texten.

Frau *Oeding* hat sich intensiv in die unterschiedlichen Benutzerschnittstellen und die dahinterliegenden Anwendersysteme eingearbeitet und formuliert im vorliegenden Beitrag - unbeeinflußt von Kriterien aus der praktischen Informatik - ihre Kritik und ihre Erfahrungen. Sie kritisiert einerseits die Veränderungen, die im Tätigkeitsprofil einer Sachbearbeiterin durch "elektrische Post", interaktive Textbearbeitung mit Hilfe verschiedener Editoren und die Kommunikation mittels moderner Medien auftreten, andererseits sieht sie die Unterstützung durch solche - bisher leider nur zum Teil - "benutzergerechten" Computersysteme.

Für die Weiterarbeit innerhalb des Forschungsvorhabens Inform sind wir für konstruktive Kritik, wie sie uns diese Autorin bietet, sehr dankbar.

5. Erfahrungen von und mit Inform

Nach fast fünfjähriger Arbeit soll neben den Beiträgen über die wissenschaftlichen Ergebnisse von Inform auch über Probleme und Erfahrungen berichtet werden, die für Vorhaben mit ähnlichen Zielsetzungen von Gewinn sein können.

Das Vorhaben Inform war von vornherein so angelegt, daß es nicht darum ging, eine eingegrenzte Forschungsaufgabe spezieller Art anzugehen und diese im Projektzeitraum abschließend zu behandeln. In Übereinstimmung mit dem Förderer (BMFT) sollte in Inform stufenweise eine breite Expertise im Bereich der Mensch-Computer-Kommunikation aufgebaut werden. Dazu gehört auch die Ausbildung von jungen Wissenschaftlern auf diesem Gebiet an einem Universitätsinstitut. Es war meist sehr schwer, über die entsprechenden Ausschreibungen wissenschaftliche Mitarbeiter mit einschlägigen Vorkenntnissen zu gewinnen. Die meisten Mitarbeiter von Inform sind ehemalige Diplomanden der Stuttgarter Informatik, die sich schon während ihrer Studienzeit mit einschlägigen Themen im Studienschwerpunkt "Mensch-Maschine-Kommunikation" befaßt haben und die dabei selbst Erfahrungen in der Arbeitsumgebung von Inform sammeln konnten, sei es im Projektpraktikum, in der Studien- oder der Diplomarbeit. Ausgehend vom derzeitigen Wissensstand eines "normalen" Informatikdiplomanden dauert es mindestens ein Jahr, bis er über die notwendigen Erfahrungen in diesem Arbeitsbereich verfügt.

Mensch-Computer-Kommunikation ist als Teildisziplin der praktischen Informatik experimentell ausgerichtet. Einschlägige Forschungsvorhaben müssen über eine großzügige Hard- und Softwareumgebung mit bewährten Geräten und Systemen verfügen. Zu kleinlich ausgestattete Projekte können gerade auf diesem Gebiet kaum empirisch belegbare Ergebnisse mit weiter Beachtung und Akzeptanz hervorbringen.

Insbesondere muß die eingesetzte Hardware "überdimensioniert" sein, um damit schon heute die in einigen Jahren zu erwartende Leistungsfähigkeit von Arbeitsplatzrechnern zu besitzen. Die Leistungsfähigkeit einer VAX 11/780 von 1982 wird bald in jedem Arbeitsplatzrechner stecken. Heute mit leistungsschwächeren Geräten zu operieren, bringt keine auch übermorgen noch gültigen Ergebnisse.

Forschung im Bereich der Mensch-Computer-Kommunikation ist interdisziplinär. Die Projektleiter von Inform haben stets darauf geachtet, neben praktischen Informatikern auch mathematisch, psychologisch und linguistisch gut ausgebildete Mitarbeiter zu gewinnen. Die Kontakte zur Stuttgarter Linguistik *(Prof. Rohrer)*, zur Arbeitswissenschaft *(Prof. Bullinger)* und auch zur Elektrotechnik *(Prof. Lauber)* sind dabei sehr wertvoll. Solange sich die Anwendung von Methoden der Mensch-Computer-Kommunikation fachlich so schlecht abgrenzen läßt wie heute - sie ist für Software-Ergonomie genau so wichtig wie für Expertensysteme oder rechnerunterstützte Lernverfahren - muß der interdisziplinäre Ansatz für diese Informatikdisziplin bestehen bleiben.

Für die Mensch-Computer-Kommunikation gibt es heute zwar es eine Reihe wertvoller, auch international anerkannter Beschreibungsmodelle wie z.B. das IFIP-Modell [Dzida 83] oder das auf Petri-Netzen beruhende Hamburger Modell von *Kupka*, *Maaß* und *Oberquelle* [Oberquelle, Kupka, Maaß 83], jedoch noch keine geschlossene deskriptive Theorie. Dies wirkt sich erheblich aus auf die Arbeit der Mitarbeiter (experimentell forschend statt theoretisch deduzierend), die Erstellung von Softwareprodukten (Rapid-Prototyping-Verfahren an Stelle maschineneffizienter Programmierung in einer niederen Sprache) und die Qualifikation der Wissenschaftler (Erstellung wissensbasierter Softwaresysteme und Arbeit im Team statt Promotion in der Bibliothek).

Notwendig, aber noch sehr schwierig ist die Übertragung der Forschungsergebnisse in die industrielle Entwicklung, also der sogenannte Technologietransfer. Dies geht zum einen nur über Implementierungen, die auf nicht zu speziellen Rechnern lauffähig sind. Das Inform-Fenstersystem (vgl. dazu den Beitrag von *Franz Fabian*) ist heute eines der wenigen, das beim Einsatz eines intelligenten Rasterbildschirmgeräts als Rechnerarbeitsplatz und bei der Verwendung von UNIX als Betriebssystem auf einer außerordentlich großen Klasse von Rechnersystemen lauffähig ist. Trotzdem verursacht die Übertragung dieser Software und des zugrundeliegenden Systemkonzepts auf kommerziell angebotene Rechner noch erhebliche Anstrengungen der jeweiligen Herstellerfirma. Zum anderen fehlt es bei den industriellen Partnern oftmals noch an ausgebildeten Mitarbeitern, die bereit sind, Verständnis und Zeit aufzuwenden, um gute Benutzerschnittstellen zu entwerfen und zu implementieren. Teilweise sind solche Mitarbeiter noch gar nicht vorhanden, wie dies die Nachfrage nach unseren Diplomanden und die Beteiligung an einschlägigen Fachseminaren und Tagungen beispielsweise über Software-Ergonomie zeigen.

Schließlich soll davor gewarnt werden, Probleme, die bei der Entwicklung von guten Benutzerschnittstellen entstehen, aus einer zu einfachen Perspektive anzugehen. So wie Expertensysteme kein "Deus ex machina" sind - ihre Grundlagen mußten in mühevoller Kleinarbeit an führenden Forschungsinstituten der USA erarbeitet werden - so wenig beschränkt sich "gute" Mensch-Computer-Kommunikation auf den Bau einer natürlichsprachlichen Eingaberoutine, die Verwendung einer Maus als Zeigegerät oder gar den Kauf eines modernen Arbeitsplatzrechners mit hochauflösendem Bildschirm. Obwohl diese Geräte wie der MACINTOSH von Apple oder das STAR-System von Xerox im Hinblick auf ihre Bildschirmgestaltung, ihre direkte Manipulation mit einer Maus oder der einheitlichen Kommandotechnik vorbildlich sind, erfordert doch jede Anwendung neuartige Überlegungen zur Benutzerschnittstelle. Daher ist Mensch-Computer-Kommunikation derzeit noch eher eine Kunst denn ein Handwerk.

Unserer Stuttgarter "Vision", durch Forschung und experimentelle Entwicklungen im Bereich der Mensch-Computer-Kommunikation zu "benutzergerechten Computersystemen" zu kommen, sind wir unserer Einschätzung nach durch die Arbeiten der Forschungsgruppe

Inform ein Stück näher gekommen. Hier war und ist die "kritische Masse" an engagierten jungen Wissenschaftlern, an Hard- und Software, an finanzieller Unterstützung durch das BMFT und an Interesse von Industrie, Forschungseinrichtungen und kritischer Öffentlichkeit vorhanden. Für dieses Interesse und vor allem für diese Unterstützung soll an dieser Stelle gedankt werden.

II
Menschengerechte Computersysteme - mehr als ein Schlagwort?

Gerhard Fischer

Für die weitere Entwicklung der Computerwissenschaften und deren Stellenwert in unserer Gesellschaft ist die Definition von Zielen von grundlegender Bedeutung. Forschung ohne Zielsetzungen dreht sich im Kreis und Fortschritte sind nicht feststellbar. Ein solcher Zielzustand, der als langfristige "Vision" unsere Forschungsarbeit leitet [Fischer 85], besteht darin, menschengerechte Computersysteme (siehe Abbildung II-1) zu schaffen, um zu verhindern, daß Menschen zu computergerechten Wesen degradiert werden.

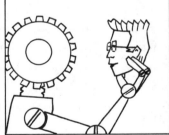

Abbildung II-1: Menschengerechte Computer und computergerechte Menschen[1]

Forschungsarbeiten zur Definition, Realisierung und Durchsetzung von menschengerechten Computersystemen müssen darauf ausgerichtet sein, den Computer von einem undurch-

---

[1]Zeichnungen nach P. Hajnozcky, Zürich.

sichtigen, unverständlichen und unnahbaren Instrument in ein verständliches und gern benutztes Werkzeug zu verwandeln. Programme müssen Wissen über sich selbst besitzen, mit dem sie ihr eigenes Handeln in einfacher Form erklären können. Es ist ein untragbarer Zustand, daß Computerprogramme Aussagen und Daten liefern, die als Grundlage für wichtige Entscheidungen herangezogen werden, ohne daß für den Benutzer die Möglichkeit besteht, die Entstehungsgeschichte dieser Daten und Aussagen zu überprüfen. Die Abbildung II-2 illustriert die Problematik durch einen fiktiven Dialog (siehe dazu [Winograd 79]). Nicht mehr der Bankbeamte entscheidet über die Kreditvergabe, sondern ein nach undurchschaubaren Regeln programmierter Apparat, der nicht zur Rechenschaft gezogen werden kann - zumindest nicht von den unmittelbar Betroffenen. Es existiert kein Naturgesetz, daß Computersysteme sich so verhalten müssen; dieser Dialog charakterisiert nur ein bestimmtes Computersystem, die Haltung des Bankbeamten dazu und das Ausgeliefertsein des Kunden (der zum Schluß noch als Dummkopf hingestellt wird, so daß er das nächste Mal sicher nicht mehr fragen wird).

Unser Beitrag zur Verwirklichung von menschengerechten Computersystemen besteht darin, wissensbasierte Systeme zur Verbesserung der Mensch-Computer-Kommunikation zu entwerfen und zu realisieren. Diese Systeme müssen Wissen über Problembereiche, über den Benutzer, über Kommunikationsprozesse und über Design und Problemlösen besitzen (siehe Abschnitt 4).

In den in unserer Forschungsarbeit verfolgten Anwendungsbereichen (Softwareproduktion, computerunterstützte Bürokommunikation, Unterstützung inkrementeller Lernprozesse) kommunizieren Menschen mit Systemen und Menschen mit Menschen mit Hilfe von Systemen (z.B. in elektronischen Postsystemen und in Dokumentationssystemen). Deshalb müssen diese Systeme den menschlichen Fertigkeiten zumindest in Teilbereichen angepaßt werden. Das traditionelle Argument, daß Ingenieurprodukte sich nicht an menschlichen Systemen zu orientieren brauchen, gilt in diesem Zusammenhang nicht: Insbesondere bei Systemkomponenten wie Hilfesystemen, Instruktionssystemen und Erklärungskomponenten sind die Möglichkeiten und Grenzen menschlicher Informationsverarbeitung und der Wissensstand des Benutzers wichtige Designkriterien.

"Menschengerechte Computersysteme" ist mehr als ein Schlagwort, das als Phrase die Prospekte von Herstellerfirmen ziert, die damit einen neuen Marktfaktor zu ihren Gunsten nutzen wollen. Die Definition, Konstruktion und Bewertung von menschengerechten Computersystemen ist (wie andere aktive Wissenschaften) ein Prozeß und kein fertiges

B: Danke, Herr Maier, daß Sie gewartet haben. Es tut mir leid, aber Ihr Kredit konnte leider nicht genehmigt werden.

K: Warum nicht? Ich habe doch alle Voraussetzungen erfüllt.

B: Der Computer ist zu dieser Entscheidung gekommen. Wir haben alle Ihre Informationen eingegeben und dies hat zur Ablehnung geführt.

K: Aber weshalb? Wegen meines Gehaltes, meiner Schulden, meines ärztlichen Zeugnisses - weshalb? Ich kann das wirklich nicht verstehen?

B: Der Computer hat auf der Basis der von Ihnen gelieferten Informationen entschieden.

K: Aber was denkt er sich dabei, wenn er entscheidet?

B: Ich habe Ihnen doch schon gesagt: Der Computer akzeptiert die eingegebene Information und entscheidet. Ich weiß nicht, was dabei vor sich geht - ich bin ein Bankkaufmann und kein Computerexperte. Aber fast alle unserer Bankgeschäfte werden vom Computer abgewickelt, und ich bin sicher, daß es dafür gute Gründe gibt.

K: So fragen Sie ihn doch, ob es etwas damit zu tun hat, daß ich in den letzten Jahren einige berufliche Probleme hatte. Ich glaube, daß diese Probleme falsch interpretiert werden können, wenn man meinen Gesundheitszustand nicht mit in Betracht zieht.

B: Was meinen Sie damit: "Fragen Sie ihn"?

K: Tippen Sie doch die Frage ein, und er wird Ihnen sagen, warum er so entschieden hat.

B: Es handelt sich hier doch um einen Computer und nicht um einen Menschen. Dem kann man nicht einfach Fragen stellen.

K: Gut, dann sagen Sie ihm doch, daß ich eine ärztliche Bescheinigung habe, daß ich wieder ganz gesund bin.

B: Über Computer scheinen Sie wirklich nicht allzuviel zu wissen. Man kann ihm nicht einfach etwas eingeben. Er gibt eine Reihe von Fragen vor, die man beantwortet. Und das ist alles, was er akzeptiert. Wenn Sie sich beschweren wollen, dann füllen Sie doch bitte eine dieser Karten aus. Schreiben Sie Ihren Nachnamen in Blockschrift in Spalte 1 bis 20, schreiben sie ü als ue, ä als ae ...

Abbildung II-2: Ein fiktiver Beispieldialog (B = Bankangestellter, K = Kunde)

Produkt. Daraus folgt, daß diese Forschung nicht nur ein Mittel zur Beantwortung vorher aufgestellter Fragen ist. Sie muß vielmehr Randbedingungen und Zielsetzungen definieren, die es ermöglichen, neue Phänomene, neue Fragen, neue Probleme und neue Alternativen zu entdecken.

Die Haltungen von uns allen müssen in Frage gestellt und geändert werden: Es geht nicht darum, *mit dem Computer leben zu lernen* und damit die heute verfügbaren Systeme zu akzeptieren, sondern *aktive, gestalterische* Maßnahmen durchzusetzen. Der erreichte Entwicklungsstand in der Realisierung menschengerechter Computersysteme erfordert die Entwicklung von neuen Theorien, neuen Methoden, neuen Werkzeugen und neuen Systemen, d.h. es sind konstruktive Ansätze zur Verwirklichung von konkreten Prototypen erforderlich, die als Ansatzpunkte für eine kritische Evaluation dienen können.

In diesem Buch werden durch eine Reihe von Einzelbeiträgen die Anstrengungen des Projektes Inform beschrieben, einige Schritte in Richtung unserer Vision von menschengerechten Computersystemen voranzukommen. Die hier beschriebenen Arbeiten sollen Herstellern Möglichkeiten aufzeigen und dem Anwender Anhaltspunkte liefern, welche Forderungen an Computersysteme gestellt werden können.

1. Beispiele für nicht menschengerechte Systeme

In der Realität ist es oft verhältnismäßig einfach, negative Eigenschaften einer Zielvorstellung oder eines Systems zu bestimmen. Christopher Alexander [Alexander 64], ein Architekt, stellt fest, daß es fast unmöglich ist, ein Haus so zu gestalten, daß es allen unseren Vorstellungen gerecht wird. Andererseits ist es sehr viel einfacher, die Dinge herauszufinden, die nicht unseren Erwartungen entsprechen.

In diesem Abschnitt wollen wir eine Reihe von Eigenschaften beschreiben, die unserer Auffassung nach mit unserer Zielvorstellung von menschengerechten Computersystemen im Widerspruch stehen. Dabei haben wir insbesondere die Eigenschaften herausgegriffen, die durch unsere eigene Arbeit erfaßt werden und bei denen wir versucht haben, sie hinsichtlich der hier beschriebenen negativen Dimensionen zu verbessern.

1.1 Technologiezentrierte Entwicklungen

Heutige Systeme werden primär von *"innen nach außen"* entwickelt; die Technologie ist der Ausgangspunkt der Entwicklung.

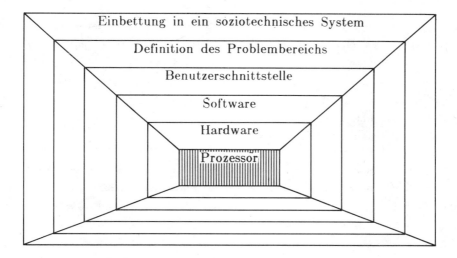

Abbildung II-3: Entwicklungsrichtungen von Computersystemen

Ein Beispiel dafür zeigt sich in der Entwicklung von Textverarbeitungssystemen. Diese entwickelten sich auf der Basis der zur Verfügung stehenden Technologie (zeilenorientierte Bildschirme, Drucker ohne Graphikmöglichkeiten) und orientierten sich nicht an den Bedürfnissen und den Wünschen der Benutzer, die z.B. ohne großen Aufwand ihre Abbildungen und Graphiken direkt in den Text integrieren möchten.

Eine erwähnenswerte Ausnahme (hinsichtlich technologiezentrierter Entwicklungen) stellt das STAR-System [Bewley et al. 83] dar, bei dem die detaillierte Erfassung des Aufgabenbereiches (Unterstützung eines breiten Spektrums von Bürotätigkeiten) und die Gestaltung der Benutzerschnittstelle (Simulation eines Schreibtisches) an den Anfang der Entwicklung gestellt wurde. Das Design stützte sich auf eine Reihe von kognitiven Prinzipien: explizite Artikulierung des Modells, das der Benutzer von System haben sollte,

WYSIWYG-Prinzip[2] (siehe Kapitel VI), *"sehen und zeigen"* anstatt *"erinnern und tippen"*. Malone [Malone 83] zeigt Ansatzpunkte auf, um über technologie-zentrierte Entwicklungen hinauszukommen. Seine empirischen Untersuchungen über die Organisation von Schreibtischen belegen, daß die visuelle Wahrnehmung und die flächenmäßige Ausbreitung von Dokumenten auf einem Schreibtisch durch zukünftige Bürokommunikationssysteme unterstützt werden sollten.

In unserer eigenen Arbeit haben wir versucht, Systementwicklungen soweit wie möglich von *"außen nach innen"* voranzutreiben. Weiterentwicklungen der objektorientierten Sprache ObjTalk (siehe Kapitel III) ergaben sich nicht durch die Betrachtung formaler Spracheigenschaften, sondern durch die Erfordernisse von unserer ersten Generation von Anwendersystemen. Durch die frühzeitige Erstellung von Prototypen war es möglich, Verbesserungsvorschläge und Änderungswünsche von Benutzern und von Besuchern mit in die weitere Entwicklung einfließen zu lassen.

Abschließend sei noch darauf hingewiesen, daß dieses Entwicklungsprinzip auch für globale Zusammenhänge wesentlich ist. Im Bereich der Schule und Ausbildung z.B. sollte die Rolle des Computers nicht von dem Vorhandensein einer bestimmten Hardware bestimmt werden, sondern die Planung sollte sich an curricularen Zielsetzungen orientieren. Die Frage ist also nicht: *"Was kann die Schule für den Computer tun?"*, sondern *"Was kann der Computer zu einer Verbesserung der Ausbildung beitragen?"*.

1.2 Große Einstiegsschwierigkeiten und zu enge Grenzen

Frühzeitige Erfolgserlebnisse sind für Lernprozesse von zentraler Bedeutung. Obwohl es durchaus sinnvoll sein kann, eine bestimmte Einarbeitungszeit für Computersysteme vorzusehen (d.h. eine unmittelbare Aneignung ist weder notwendigerweise erforderlich noch wünschenswert; oft sollte eine Art "Führerschein" erworben werden), erfordern viele Systeme einen zu großen Einarbeitungsaufwand (der zu einem Geschäft für einschlägige Firmen geworden ist, die teure Schulungskurse anbieten). Selbst wenn Hilfesysteme zur Einarbeitung vorhanden sind, muß in vielen Fällen die Bedienung des Hilfesystems gelernt werden.

Andererseits sind dem Benutzer in Systemen, in die er sich mit geringen Mühen einarbeiten kann, oft enge Grenzen gesetzt. Manche Techniken, die in den ersten Tagen sehr

---

[2] What you see is what you get.

hilfreich sind, machen eine effiziente Nutzung des Systems unmöglich (z.B. bieten Menüs [Fabian, Rathke 83] Hilfe an, ob man sie haben will oder nicht). In den vergangenen Jahren haben wir theoretische Ansätze erarbeitet [Fischer et al. 78; Fischer 81a], aus denen sich ableiten läßt, welche Eigenschaften Systeme und Lernumgebungen zur Unterstützung inkrementeller Lernprozesse besitzen müssen. In diesen Systemen sollte ein Kern unmittelbar zugänglicher Information vorhanden sein, der einen "Bootstrapping"-Prozeß ermöglicht. Computersysteme sollten sich einerseits durch den Endbenutzer an seine fortschreitenden Fähigkeiten anpassen lassen *("adaptierbare Computersysteme")* und andererseits sollten sie sich mit der Erfahrung des Benutzers weiterentwickeln *("adaptive Computersysteme")*, wobei die Anpassung an den Kenntnisstand des Benutzers durch ein Modell des Systems über den Benutzer gesteuert wird [Fischer 84a]. Anpassung darf dabei nicht übertrieben werden. Für den Benutzer müssen genügend Herausforderungen und Anreize zum Lernen erhalten bleiben.

1.3 Funktionalität wird nur teilweise genutzt

Die reduzierten Kosten für elektronische Hardware ermöglichen es, die Funktionalität von allen möglichen technischen Geräten (Schreibmaschinen, Kopierern, Computersystemen) ständig weiter zu verbreitern. Einerseits ist diese breite Funktionalität erforderlich, um den vielseitigen Anforderungen realer Arbeitsumgebungen gerecht zu werden. Andererseits ist sie von geringem Nutzen, wenn sie auf eine Art und Weise angeboten wird, die vom Benutzer nicht genutzt werden kann. Beobachtungen in unserer Arbeitsumgebung haben ergeben, daß die Funktionalität heutiger Systeme weitgehend ungenutzt bleibt. Die Herausforderung an zukünftige Systementwicklungen besteht darin, die Computerleistung so einzusetzen, daß sie den Benutzer wirkungsvoll unterstützt. Unsere passiven und aktiven Hilfesysteme [Fischer, Lemke, Schwab 84; Fischer, Lemke, Schwab 85] zeigen Möglichkeiten auf, wie ein größerer Wirkungsgrad erreicht werden kann.

1.4 Software ist nicht "soft"

Obwohl im Bereich der Computersysteme oft zwischen Hard- und Software unterschieden wird, wird ein Großteil der heute zur Verfügung stehenden Software ihrem Namen nicht gerecht. Sie ist nicht *"soft"* in dem Sinne, daß sie durch den Benutzer modifiziert werden kann. Modifikation bedeutet hier mehr als die Angabe von Parametern. Wirkliche *Soft*ware sollte es dem Benutzer gestatten, mit Hilfe der ihm vertrauten Techniken einen eingegrenzten Designprozeß durchzuführen, um ein System seinen speziellen Bedürfnissen anzupassen.

Unter der Zielvorstellung "konvivialer" Systeme (siehe Abschnitt 2.2) haben wir in den letzten Jahren versucht, Methoden und Interaktionstechniken zu entwickeln, die dem Endbenutzer mehr Kontrolle über die von ihm benutzten Systeme geben. Unser Baukasten von Komponenten zur Entwicklung von zweidimensionalen Benutzerschnittstellen ("User Interface Toolkit"), der Fenster, Menüs, Piktogramme ("Icons") usw. enthält (siehe Kapitel IV und V), gibt dem Benutzer auf einer relativ hohen Abstraktionsebene ein großes Maß an Flexibiltät. Diese wird durch das Klassenprinzip in Verbindung mit den Vererbungsstrukturen von ObjTalk erreicht. Ein weiteres Beispiel eines ersten Schrittes zur Erreichung dieses Ziels sind benutzerdefinerbare Filter in dem Programmdokumentationssystem DOXY [Fischer, Schneider 84], mit deren Hilfe der Benutzer Projektionen von komplexen internen Strukturen erzeugen kann, die seinen Bedürfnissen angepaßt sind.

1.5 Der Mensch als Lückenbüßer

Beim Design vieler Systeme besteht ein wesentlicher Unterschied darin, ob eine vollständig automatisierte Lösung erreicht werden soll oder ob eine Aufteilung gefunden werden kann, die den Fähigkeiten des Menschen und des Computers angepaßt ist; diese kann z.B. beinhalten, daß der Computer dazu benutzt wird, den Menschen von Routinearbeiten zu befreien, seine Arbeitsbelastung zu senken und ihm Freiräume für kreative Arbeiten zu schaffen.

Untersuchungen (z.B. bei Piloten und bei Beschäftigten in Kernkraftwerken) haben gezeigt, daß die Leistungsfähigkeit des Menschen erheblich beeinträchtigt wird, wenn er in eine passive Rolle gedrängt wird. Konstante Unterforderung führt dazu, daß er (im Gegensatz zu Arbeitsstrukturen, in denen ihm ein wesentlicher Teil der Gesamtaufgabe zufällt) seine Tätigkeit nicht in jeder Phase aufmerksam genug durchführt, um gegebenenfalls handelnd einzugreifen.

Ein Beispiel dafür sind Forschungsarbeiten zur automatischen Sprachübersetzung [Kay 80]. Gute Übersetzungen herzustellen ist eine Kunst, die jedoch viele mechanische Einzelheiten und Routinearbeiten beinhaltet. Vollautomatische, mechanische Übersetzung ist derzeitig keine realistische Zielsetzung; anderseits können aber dem menschlichen Übersetzer eine Vielzahl von Dienstleistungsprogrammen (Editiersysteme, Wörterbücher, Synonyme, Rohübersetzer usw.) zur Verfügung gestellt werden, die seine Aufgabe erheblich vereinfachen.

1.6 Unangebrachte Einsatzformen des Computers

Innovationen rechtfertigen sich letztlich erst, wenn von der Substitution einer technischen Lösung durch eine andere Impulse für wirkliche Verbesserungen ausgehen. Der Computer sollte nicht dazu benutzt werden, Dinge zu tun, die ohne ihn mit weniger Mühe, kostengünstiger und effizienter gemacht werden können. Die Benutzung des Computers sollte die Erledigung von Aufgaben *erleichtern* und nicht *erschweren*.[3]

Eine andere Klasse von unangebrachten Einsatzformen des Computers ist sein Einsatz bei Problemen, für die wir selbst noch kein Verständnis haben. Beispiele sind die im vorhergehenden Abschnitt erwähnte vollautomatische Sprachübersetzung oder die Einsatzformen des computerunterstützten Unterrichts, in denen Computer die Lehrer ersetzen sollen.

1.7 Informationsüberflutung durch Computer

Der Computer kann problemlos zur Erzeugung beliebiger Mengen von Informationen verwendet werden. Elektronische Postsysteme und Computernetzwerke ermöglichen ohne großen Aufwand, Nachrichten an beliebig viele Adressaten zu verschicken. Traceinformationen von Programmen können Hunderte von Seiten füllen. Der kritische Engpaß in der menschlichen Informationsverarbeitung ist jedoch nicht die Informationsmenge, sondern die menschliche Aufmerksamkeit. Der Computer muß daher dazu benutzt werden, Informationen zielgerichtet zu finden, zusammenzufassen oder weitere Einzelheiten zu beschreiben. Der Benutzer sollte in die Lage versetzt werden, diese Dienste mit angebrachten Kommunikationsmitteln zu beschreiben.

Wir haben in einer Reihe unserer Systeme Ansätze verwirklicht, Information geeignet aufzubereiten. In DYNAFORM [Herczeg 83] werden Farbcodierungen in der Schnittstellengestaltung verwendet, um zwischen verschiedenen semantischen Attributen zu differenzieren, und in unseren Komponenten zur Realisierung eines "Software-Oszillographs" - siehe [Böcker, Nieper 85] und Kapitel VII - werden statische und dynamische Zusammenhänge mit graphischen Darstellungen illustriert.

---

[3] Jemand formulierte überspitzt, daß Einkaufslisten im Haushalt erst dann von Computern geführt werden können, wenn Hühner Eier mit "Barcodes" legen.

1.8 Erzeugung unrealistischer Erwartungen

Es ist in vielen Fällen nicht ohne weiteres möglich, die Möglichkeiten und Grenzen komplexer Systeme abzuschätzen, insbesondere bei natürlichsprachlichen Schnittstellen werden oft unrealistische Erwartungen über die Konversationsmöglichkeiten solcher Systeme suggeriert. Benutzer haben bei solchen Systemen oft keine Chance, sich ein der Realität entsprechendes Modell über deren Leistungsfähigkeit zu bilden und schreiben den Systemen eine größere Leistungsfähigkeit zu, als diese tatsächlich besitzen. Selbst wenn diese Systeme an der Oberfläche in natürlicher Sprache kommunizieren können, reichen sie in ihren Dialogfähigkeiten nicht an die des Menschen heran.

Die Erwartungen an ein System können auch unrealistisch in die andere Richtung sein. Dem System wird eine geringere Leistungsfähigkeit zugeschrieben, als es tatsächlich hat. Im Abschnitt 1.3 haben wir darauf hingewiesen, daß die breite Funktionalität vieler Systeme heute nur unzureichend genutzt wird.

2. Zielsetzungen unserer Forschungsarbeit

In diesem Abschnitt sollen einige globale Zielsetzungen unserer Forschungsarbeit charakterisiert werden, mit denen wir einen Beitrag zur Realisierung von menschengerechten Computersystemen leisten und zu einer Verbesserung der im vorherigen Abschnitt genannten Probleme beitragen wollen; diese Zielsetzungen werden in [Fischer 85] ausführlich erörtert.

2.1 Symbiotische Systeme

In unserer Forschungsarbeit geht es nicht darum, den Menschen zu *ersetzen*, wie dies beim Industrieroboter und (zumindest teilweise) bei Expertensystemen der Fall ist, sondern menschliche Fähigkeiten zu *verstärken*. Mit symbiotischen Systemen[4] wird versucht (abhängig von der jeweiligen Aufgabenstellung), daß Mensch und Computer zusammen eine Aufgabe erledigen, die weder der Computer alleine (vollautomatische Lösung) noch der Mensch alleine (manuelle Lösung) erledigen kann oder will.

---

[4]Der hier verwendetet Begriff der "Symbiose" ist nicht identisch mit dem in der Biologie gebrauchten; es ist sinnlos zu fragen, was der Computer vom Menschen profitiert. Wir wollen damit auch keine Symmetrie zwischen Mensch und Computer postulieren; dem Menschen kommt in solchen Systemen die primäre Rolle zu. Die Verwendung des Begriffs ist so zu verstehen, daß Computersysteme sich symbiotisch verhalten sollen, nicht daß sie symbiotisch sind.

Im Bereich der Softwareproduktionssysteme verfolgen wir einen symbiotischen Ansatz, wobei wissensbasierte Komponenten und Visualisierungstechniken den Systemdesigner wirkungsvoll unterstützen und ihm eine Anzahl von Arbeiten (z.B. die Konsistenzerhaltung von Programm und Dokumentation) erheblich erleichtern. Dieser Ansatz steht damit sowohl im Gegensatz zum automatischen Programmieren als auch zu Ansätzen, bei denen auf jegliche Unterstützung bei der Entwicklung für ein System verzichtet wird.

Unsere Programmkomponenten, die graphische Repräsentationen (siehe Kapitel VII) erzeugen, verwenden Planungsalgorithmen, deren Ergebnisse als ein erster Versuch zur Lösung des Problems dienen. Der Benutzer hat anschließend die Möglichkeit, die vom System erzeugte graphische Struktur seinen speziellen Wünschen anzupassen.

PLANER (siehe Kapitel X), ein Programm zur Planung des zweiten Studienabschnitts für Informatikstudenten, erzeugt auf der Basis von allgemeinen Angaben (wie z.B. alle Pflichtvorlesungen, keine Vorlesung am Montag morgen, nicht mehr als vier Stunden Vorlesung pro Tag) einen Vorschlag, wie ein Student seinen Stundenplan gestalten sollte. Dieser Vorschlag kann vom Benutzer anschließend beliebig verfeinert, erweitert und an weitere Randbedingungen angepaßt werden.

Die gemeinsame Erledigung einer Aufgabe durch Mensch und Computer kann zu Problemen führen, die denen entsprechen, wenn Menschen zusammenarbeiten. Wissensbasierte Systeme haben ihre "eigenen Vorstellungen"[5], wie bestimmte Teile einer Aufgabe erledigt werden sollen. Wenn diese im Widerspruch zu den Vorstellungen des Benutzers stehen, kann dies zu erheblichen Komplikationen führen. Beispielsweise übernimmt SCRIBE sehr viel mehr Aufgaben als TEX bei der Formatierung von Texten und bietet somit dem Benutzer erheblich mehr Hilfen [Furuta et al. 82] - solange der Benutzer damit einverstanden ist, wie das System seinen Teil erledigt.

2.2 Konviviale Systeme

Neue Medien (z.B. Bildschirmtext, Bildplatten usw.) haben die Möglichkeiten, uns zu informieren, erheblich vergrößert; dies ist aber die Informiertheit eines Zuschauers und trägt zu einer Erhöhung des Passivitätgrades unseres Alltagslebens bei. Im Gegensatz dazu sollten dem Einzelnen Möglichkeiten zur Verfügung gestellt werden, die es ihm er-

---

[5] Diese Vorstellungen beruhen auf dem Wissen und den Vorstellungen der Systemdesigner/Wissensingeneure, die diese Systeme erstellt haben.

lauben, seine Umwelt *aktiv* zu gestalten. Für Werkzeuge, die diese Art von Gestaltung ermöglichen, hat Ivan Illich [Illich 75; Illich 77] den Begriff des "konvivialen Werkzeugs" geprägt. Werkzeuge sind konvivial, wenn sie innerhalb eines bestimmten Arbeits- und Lebenszusammenhangs in Aufbau und Struktur angeeignet, denkend durchdrungen und handelnd bewältigt werden können. Fehlende Konvivialität bedeutet eine Zerstörung unserer Fähigkeit zu selbstbestimmtem, sinnvollem Tun. Diese globalen Überlegungen von Illich dienen uns in dem eingegrenzten Rahmen der Informationsverarbeitung als Leitlinien für unsere Arbeit.

Eine Forderung, die aus diesem Anspruch abgeleitet werden kann, ist: Systemdesigner sollen Systeme so gestalten, daß die Benutzer Gestaltungsspielräume haben. Beispielsweise sollte es dem Benutzer überlassen werden, ob er lieber mit der Maus oder der Tastatur arbeitet und ob er lieber Befehle eintippt oder diese aus einem Menü auswählt.

Konvivialität darf in diesem Zusammenhang nicht mißverstanden werden. Ein wichtiger Fortschritt in der Informationsverarbeitung besteht darin, daß die Entwicklung vieler Systemkomponenten dazu beigetragen hat, daß wir Kontrolle abgegeben haben. Die Existenz von Assemblern, Compilern und wissensbasierten Systemen gestattet es uns, auf vielen Ebenen das *"Was"* zu beschreiben, ohne alle Einzelheiten des *"Wie"* angeben zu müssen. Der Benutzer möchte nicht überall die Kontrolle ausüben, er sollte sie aber dort haben können, wo er sie haben will.

Die Forderung nach konvivialen Werkzeugen ist eine globalere Formulierung der im Abschnitt 1.4 formulierten Zielsetzung, wirkliche *Sof t*ware zu erstellen. Diese sollte dem Endbenutzer ermöglichen, ein Standardprodukt an seine persönlichen Bedürfnisse anzupassen. Einfache Formen der Konvivialität stellen z.B. sogenannte "Profiles" dar. Dies sind Dateien, die bei jedem Aufruf eines Systems abgearbeitet werden und die jeder Benutzer entsprechend seinen eigenen Vorstellungen definieren kann (für UNIX und EMACS besteht beispielsweise diese Möglichkeit). Die Vererbungsmechanismen in ObjTalk (siehe Kapitel III) ermöglichen neue Programmiermethoden, die die Modifikation von bestehenden Systemen und deren Anpassung an neue Aufgabenstellungen erheblich vereinfachen.

Unsere ersten Erfahrungen mit konvivialen Systemkomponenten haben gezeigt, daß diese Ansätze neue Herausforderungen an die Mensch-Computer-Kommunikation beinhalten. Die Mechanismen, mit deren Hilfe die Anpassungen und Änderungen durchgeführt werden können, erhöhen die Komplexität solcher Systeme.

2.3 Unterstützung inkrementeller Lernprozesse

Komplexe Systeme mit einer Vielzahl von Eigenschaften sind das Ergebnis der wachsenden Anforderungen an eine breite Funktionalität. Diese Systeme müssen von untrainierten bzw. Gelegenheitsbenutzern erlernt und benutzt werden. Dies hat dazu geführt, daß für die Mehrzahl der Benutzer die Systeme zunächst nicht zu verstehen sind, ineffektiv benutzt werden, eine unnötige Anzahl von Fehlern gemacht wird und die Benutzer frustriert sind. Probleme wie große Einstiegsschwierigkeiten, zu enge Grenzen und limitierte Nutzung der Funktionalität, die im Abschnitt 1 dargestellt worden sind, sind nur durch inkrementelle Lernprozesse zu überwinden. Diese müssen wirkungsvoll durch den Computer unterstützt werden. Eine Vielzahl unserer Systeme, wie passive und aktive Hilfesysteme, Visualisierungstechniken (siehe Kapitel VII) und Systemkomponenten wie Undo-Möglichkeiten [Herczeg 83], Auswahl aus Menüs und direkte Manipulation des Bildschirms (siehe Kapitel V), sind darauf ausgerichtet, inkrementelle Lernprozesse zu ermöglichen und zu unterstützen. Allgemeine theoretische Vorstellungen und Architekturprinzipien zu dieser Thematik sind in [Fischer et al. 78] und [Fischer 81a] enthalten.

2.4 Humanisierung der Arbeit

Wir hoffen, daß wir mit menschengerechten Computersystemen einen Beitrag zur Humanisierung der Arbeit leisten können. Wir sind uns dabei bewußt, daß Problemstellungen dieser Art gesellschaftliche Fragen, Forderungen und Veränderungen beinhalten, zu denen wir mit unserer Forschungsarbeit nur einen kleinen Beitrag leisten können.

In Übereinstimmung mit den Forderungen, die für eine Humanisierung der Arbeit aufgestellt worden sind[6], können menschengerechte Computersysteme unter anderem zu einer Förderung der Handlungskompetenz beitragen und bei der Gestaltung von Arbeitstätigkeiten interindividuelle Differenzen berücksichtigen. Bei der Nutzung moderner, technischer Systeme in unserer Arbeit waren wir uns immer bewußt, daß für viele Zielsetzungen Technologie zwar *notwendig*, aber nicht *hinreichend* ist. Der technische Fortschritt führt nicht automatisch zu besseren Arbeitsbedingungen, aber durch neue Technologien eröffnen sich neue Gestaltungsspielräume und die Frage ist, wie diese wirkungsvoll genutzt werden können.

---

[6]Bundesregierung 1983: Planung für die Weiterentwicklung des Programms "Humanisierungs des Arbeitslebens". Deutscher Bundestag. Drucksache 10/16 vom 6.4.1983

Humanisierung der Arbeit ist mehr als die Verbesserung bestehender und der Abbau besonders belastender Arbeitsplätze. Der Begriff beinhaltet auch die Gestaltung von neuen Arbeitsplätzen und neuen Organisationsformen, in denen sich menschliche Kreativität besser entfalten kann. Gerade im Bereich der Informationsverarbeitung haben wir derzeitig noch die Chance, von einer *"Reparatur"*-Humanisierung wegzukommen und Erfahrungen mit einer *vorausschauenden* Humanisierung zu erreichen. Die prototypischen Erfahrungen, die in Forschungsprojekten erarbeitet werden, sollten in Zusammenarbeit mit Herstellern und Anwendern dazu genutzt werden, die Angemessenheit von informationstechnischen Systemen kritisch zu prüfen, bevor eine Einführung auf breiter Basis Fakten schafft, die im Nachhinein nur schwierig zu beseitigen sind.

3. Die Umsetzung unserer Ziele in Theorien, Methoden, Werkzeuge und Systeme

Unsere Ziele erfordern neue *Theorien, Methoden, Werkzeuge* und *Systeme*, wobei diese nicht voneinander unabhängig sind. In der Abbildung II-4 wird der Versuch unternommen, diese Zusammenhänge darzustellen und gleichzeitig Bezüge zwischen den einzelnen Kapiteln dieses Buches zu veranschaulichen. In den folgenden Abschnitten werden die verschiedenen Schichten im einzelnen dargestellt.

3.1 Theorien für menschengerechte Computersysteme

Wie der Computer gesehen wird, so wird er in der Zukunft benutzt werden. Ferner wird dadurch bestimmt, welche Theorien, Methoden, Werkzeuge und Systeme für wichtig erachtet und entwickelt werden. Für unsere Zielsetzungen ist die herkömmliche Sicht des Computers als eine gigantische Rechenmaschine völlig unbrauchbar. Angebrachter ist es, ihn als eine *allgemeine, symbolverarbeitende Maschine* und ein *Medium zur Kommunikation* zu betrachten.

Kommunikation findet zwischen verschiedenen Systemen statt. Dies beinhaltet, daß wir nicht nur den Computer, sondern auch den Menschen als ein informationsverarbeitendes System verstehen müssen. Theorien über menschliche Gedächtnisstrukturen, über Planungs- und Entscheidungsprozesse, über Design und Problemlösen liefern die theoretische Basis für unsere Systementwicklungen. Trotz erheblicher Fortschritte in den Kognitionswissenschaften sind die vorhandenen Theorien nicht präskriptiv genug, um als Spezifikation für die zu entwickelnden Systeme zu dienen. Die weitere Entwicklung im Be-

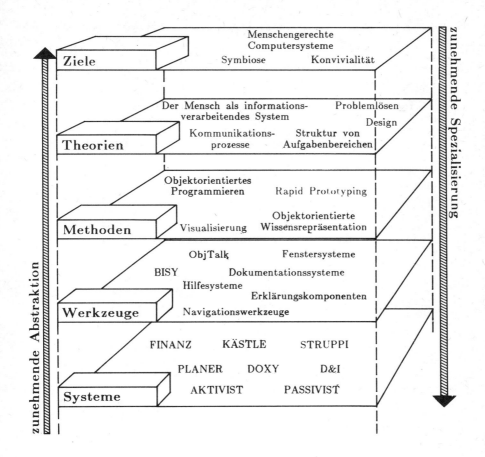

Abbildung II-4: Zusammenhang zwischen Zielen, Theorien, Methoden, Werkzeugen und Systemen

reich der Mensch-Computer-Kommunikation und der wissensbasierten Systeme wird primär entsprechend der Popper'schen Theorie der "Fehlerbeseitigung" [Popper 59] verlaufen, wobei vorhandene Systeme einen zentralen Stellenwert haben, weil sie Unzulänglichkeiten und Fehler materialisieren und damit identifizierbar und behebbar machen.

Theorien zur Realisierung von menschengerechten Computersystemen müssen unter anderem die folgenden Elemente enthalten:[7]

1. *Theorien über Design:* Gestaltungsgrundlagen für inkrementelle, evolutionäre Entwicklungen müssen erarbeitet werden [Fischer, Böcker 83a]. Die Herausforderung für einen Systemdesigner von menschengerechten Computersystemen besteht im kreativen Erarbeiten von Kompromissen zwischen einer großen Anzahl von Zielen, die miteinander im Konflikt stehen, wobei für viele Ziele nur qualitative und keine quantitative Beschreibungen [Alexander 64] vorliegen.

2. *Verwendung menschlicher Kommunikationsprozesse[8] als Zielvorstellung:* Wir benötigen ein vertieftes Verständnis für Dialogprozesse, wie Mißverständnisse gemeinsam geklärt und wie hilfreiche Erklärungen formuliert werden. Wir dürfen uns dabei nicht nur auf die Oberflächenstruktur bzw. die Form der Kommunikation beschränken, sondern müssen die Wissensstrukturen, auf denen Kommunikationsprozesse aufbauen, mit in Betracht ziehen.

3. *Angemessenheit von Formalismen zur Wissensrepräsentation:* Unser objektorientierter Ansatz (siehe Kapitel III) ermöglicht für viele Anwendungsbereiche eine natürliche Abbildung zwischen menschlichen Gedächtnisstrukturen und der Beschreibung dieser Bereiche als Wissensstrukturen, die für die maschinelle Verarbeitung geeignet sind.

4. *Struktur von verschiedenartigen Aufgabenbereichen:* Eine wirkliche Unterstützung des Menschen bei einer bestimmten Arbeitstätigkeit setzt voraus, daß wir ein umfassendes Verständnis für diese Tätigkeiten haben. Routinetätigkeiten (z.B. in der Textverarbeitung) erfordern andere Systeme zu ihrer Unterstützung als kreative Tätigkeiten. Ohne daß wir wirklich verstehen, was in einem Büro vor sich geht, werden unsere Computersysteme bei vielen Tätigkeiten eher ein Hindernis als ein Hilfe sein.

3.2 Methoden für menschengerechte Computersysteme

In der realen Welt sind wohldefinierte Probleme meistens nicht gegeben, sondern müssen aus schlecht definierten, halbverstandenen Situationen und Zielvorstellungen erarbeitet werden. Die Definition und Erarbeitung von Spezifikationen, die einer Aufgabenstellung und den Fähigkeiten der Benutzer angemessen sind, ist ungleich wichtiger, als für vorhandene Spezifikationen die richtige Implementation bereitzustellen. Menschengerechte Computersysteme gehören bei unserem heutigen Kenntnisstand zu der Klasse der schlecht definierten, halbverstandenen Probleme. Für Probleme dieser Art sind die im folgenden kurz beschriebenen, methodischen Vorgehensweisen angemessen.

---

[7] Wir beschränken uns hier auf die Aspekte, mit denen wir uns in unserer Arbeit auseinandergesetzt haben, siehe dazu [Fischer 85].

[8] Sie haben zu unserem grundlegenden Kommunikationsmodell geführt, siehe Abbildung II-5.

Rapid Prototyping. Rapid Prototyping ist eine erfolgversprechende Methode, um inkrementelle, evolutionäre Designprozesse durchzuführen, und kann folgendermaßen charakterisiert werden:

1. Bestehende Systeme liefern konkrete Ansatzpunkte für konstruktive Kritik (vom Systemdesigner und vom Kunden), mit deren Hilfe die nächste Generation von Systemen entwickelt werden kann[9]. Ein methodisches Vorgehen dieser Art hat nichts mit *"Denkfaulheit"* zu tun. Ein Vergleich mit anderen Ingenieurdisziplinen (z.B. der Automobilindustrie) zeigt, daß bei der Entwicklung informationstechnischer Systeme (wo der Sprung von einer Generation von Systemen zur nächsten in vielen Fällen erheblich größer ist als in der Automobilindustrie) eher zu wenig Anstrengungen in die Entwicklung von Prototypen fließen als zuviel.

2. *Rapid Prototyping* versetzt Benutzer in die Lage, ihre Vorstellungen zu präzisieren, und stellt damit eine wichtige Voraussetzung für *partizipative Systementwicklungen* dar. Ohne solche Anhaltspunkte sind Anwender überfordert, ihre Wünsche und Vorstellungen zu artikulieren.

3. Das Attribut *"rapid"* ist wesentlich, d.h. es müssen Werkzeuge vorhanden sein, die den schnellen Übergang von einem Prototypen zum nächsten unterstützen. Unser Ziel, modulare anwendungsneutrale Schnittstellen (siehe Kapitel IV) und Formalismen zur Wissensrepräsentation (siehe Kapitel III) zu entwickeln, dient diesem Zweck.

4. Es darf nicht übersehen werden, daß die Methode des *Rapid Prototyping* folgender Gefahr unterliegt: Da der Designprozeß evolutionär verläuft, kommt dem Ausgangssystem ein zentraler Stellenwert zu. Wenn dieses unangebrachte Grundelemente enthält, kann dies dazu führen, daß die Entwicklung in die falsche Richtung verläuft und Fehlentwicklungen und Unzulänglichkeiten zementiert werden.

Objektorientierte Wissensrepräsentation. Die Hauptaktivität bei der Realisierung zukünftiger Systeme wird nicht darin bestehen, Programme von Grund auf neu zu schreiben, sondern bestehende Programmkomponenten an neue Anwendungen anzupassen und sie zu neuen Systemen zusammenzufügen. ObjTalk (siehe Kapitel III) als objektorientierte Wissensrepräsentationssprache eignet sich auf Grund seiner Vererbungsmöglichkeiten dazu, neue Programmiermethoden wie "Programmieren durch Spezialisierung" und "Programmieren durch Analogie" zu verwirklichen und gewinnbringend einzusetzen. Das im Rahmen des Projektes in ObjTalk implementierte Fenstersystem (siehe Kapitel V) besteht aus einer Hierarchie von Komponenten (siehe Abbildung V-1); das Vererbungsnetz ermöglicht,

---

[9]In den vergangenen Jahren haben wir einer großen Anzahl von Besuchern unseres Projektes unsere Systeme vorgestellt. Dies hat zu fruchtbaren Diskussionen und zu einer Vielzahl von wichtigen Anregungen geführt, die sich ohne die Existenz prototypischer Systementwicklungen nicht ergeben hätten.

neue Arten von Fenstern schnell zu realisieren. Ein zusätzlicher Vorteil besteht darin, daß man dabei auf erprobte und ausgetestete Komponenten zurückgreifen kann.

Komplexe Systeme der realen Welt sind hierarchische Systeme (siehe dazu den Abschnitt "The Architecture of Complexity" in [Simon 81]), die sich auf natürliche Art und Weise auf die Klassenhierarchie einer objektorientierten Wissensrepräsentation abbilden lassen. Damit wird die konzeptionelle Distanz zwischen Problembereich und formaler Beschreibung verringert, so daß Anwender ihre Systeme mit den Abstraktionen ihres eigenen Problembereichs beschreiben und bearbeiten können.

Direkte Manipulation. Unsere Interaktionstechniken sind darauf ausgerichtet, den Bildschirm als einen zweidimensionalen Designraum zu verwenden, auf dem Objekte direkt mit Hilfe einer Maus manipuliert werden können. Diese Interaktionstechnik der direkten Manipulation hat sich in den letzten Jahren für viele Aufgabenstellungen als sehr wirkungsvoll erwiesen. Direkte Manipulation und andere Formen der Mensch-Computer-Kommunikation (wie z.B. natürliche Sprache) sollten sich gegenseitig *ergänzen* und nicht *ersetzen*. Gemäß unserer Forderung nach konvivialen Systemen (siehe Abschnitt 2.2) sollte der Benutzer die Möglichkeit haben, entsprechend seinen persönlichen Vorlieben und den Erfordernissen einer bestimmten Aufgabe die am besten geeignete Interaktionstechnik auszuwählen.

Visualisierungstechniken. Die Beschreibungen und das dynamische Verhalten von komplexen Systemen sind ohne geeignete Hilfsmittel nicht zu verstehen. In unserem Bestreben, die Stärken des menschlichen informationsverarbeitenden Systems zu nutzen, haben wir in den letzten Jahren Komponenten entwickelt, die dem Designer und Benutzer einen "Software-Oszillograph" (siehe Kapitel VII) zur Verfügung stellen.

Neudefinition des Delegationsprinzips. Moderne informationstechnische Systeme ermöglichen, ein breites Spektrum von Aufgabenstellungen wirkungsvoller durch die Personen zu erledigen, die mit der Semantik einer Aufgabenstellung vertraut sind. Die Delegation an andere Personen (vorausgesetzt, diese stehen zur Verfügung) beinhaltet in vielen Fällen mehr Aufwand als die eigene Durchführung. Dies erfordert, daß der Einzelne sich mit einer Vielzahl von Systemen auseinandersetzen muß. Dies ist nur möglich, wenn diese als *integrierte Informationsmanipulationssysteme* [Fischer 81b] realisiert sind, bei denen die Uniformität in der Interaktion eine zentrale Rolle spielt.

3.3 Werkzeuge für menschengerechte Computersysteme

Unsere Werkzeuge wurden auf der Basis der jeweils vorhandenen Theorien und Methoden entwickelt, und sie tragen gleichzeitig zur weiteren Theorie- und Methodenentwicklung bei. Im Verlauf unserer Forschungsarbeit waren wir mehr und mehr in der Lage, neue Systeme mit vorhandenen Werkzeugen zu konstruieren. Unser Fenster- und Menüsystem (siehe Kapitel V), ObjTalk (Kapitel III), BISY (Kapitel VI) und die anwendungsneutralen Komponenten von Benutzerschnittstellen (Kapitel IV) sind wichtige Bausteine, die wirkungsvoll zur Realisierung neuer Systeme eingesetzt werden.

Neben den Bausteinen, die bei der Konstruktion neuer Systeme verwendet werden, haben wir eine größere Anzahl von Systemkomponenten entwickelt, die den Entwicklungsprozeß als solchen unterstützen. Diese Werkzeuge können in zwei Klassen eingeteilt werden: *Synthesewerkzeuge* (wie z.B. wissensbasierte Editoren; Hilfesysteme, die über die Eigenschaften von zu verwendenden Bausteinen informieren) und *Analysewerkzeuge* (wie z.B. Visualisierungskomponenten und Dokumentationssysteme).

Unseren theoretischen Vorstellungen über Designprozesse (siehe [Fischer 85]) entsprechend, sind Analysewerkzeuge für die Synthese von komplexen Systemen von großer Bedeutung. Mit Hilfe dieser Werkzeuge sollte es dem Systemdesigner möglich sein, zu beliebigen Zeitpunkten den jeweils erreichten Istzustand zu erfassen. Das Formatiersystem SCRIBE, mit dessen Hilfe dieses Buch geschrieben wurde [Reid, Walker 80], liefert eine Vielzahl von nützlichen Informationsstrukturen (z.B. ein Inhaltsverzeichnis, eine Liste aller Abbildungen, einen Index, Querverweise innerhalb des Textes) und hält diese immer auf dem aktuellen Stand. Unsere Anstrengungen im Hinblick auf eine Unterstützung der Entwicklung von Software sind in [Fischer, Schneider 84; Lemke, Schwab 83] und in Kapitel VIII ausführlich beschrieben. Die Erzeugung von zusätzlichen Informationsstrukturen zu jedem Zeitpunkt im Syntheseprozeß - während ständig Änderungen und Erweiterungen stattfinden - ist ohne maschinelle Unterstützung zu aufwendig. Ein unverzichtbarer Bestandteil in unserem Dokumentationssystem ist eine Programmanalysekomponente (siehe [Failenschmid et al. 82] und [Kohl 84]), die automatisch eine Reihe von für den Benutzer wesentlichen Informationsstrukturen direkt aus dem jeweils vorhandenen Programmtext erzeugt.

Werkzeuge müssen auf der "richtigen" Abstraktionsebene wirken. Die Programmierumgebung für LISP ist nicht ausreichend für ObjTalk (obwohl ObjTalk in LISP implementiert ist). Die Assoziation von Filtern mit Werkzeugen ermöglicht es dem Benutzer, die Informationen selektiv zu erfassen, die für ihn in einem bestimmten Zusammenhang wichtig sind. In Zusammenhang mit dem Dialog in Abbildung II-2 haben wir gefordert, daß Systeme in der Lage sein müssen, "Rechenschaft" abzulegen und Entscheidungen und Schlußfolgerungen zu begründen. Dieses muß in der anwendungsbezogenen Terminologie des Benutzers geschehen, wobei der Zusammenhang berücksichtigt werden muß, in dem der Benutzer eine Frage stellt. Nur so kann der Benutzer entscheiden, ob die Ergebnisse des Systems sinnvoll sind.

Die Zielsetzung, konviviale Systeme (siehe Abschnitt 2.2) zu entwickeln, beinhaltet, die erforderlichen Werkzeuge so zu gestalten, daß sie vom Endbenutzer verwendet werden können. Ansätze dazu finden sich in FINANZ [Rathke 83], DYNAFORM [Herczeg 83] und in PLANER (siehe Kapitel X).

Die breite Funktionalität eines informationstechnischen Systems (z.B. in der Softwareproduktion und in der Bürokommunikation) erfordert eine weitgehende Integration der Werkzeuge. Diese versuchen wir mit unseren Ansätzen zur Realisierung von *integrierten Informationsmanipulationssystemen* (siehe [Fischer 81b]) zu erreichen. Methoden und Werkzeuge sollten der Aufgabe angepaßt werden - und nicht umgekehrt. Dies hat in den letzten Jahren zu der Entwicklung von "hybriden" Formalismen zur Wissensrepräsentation geführt. ObjTalk versucht dieser Forderung gerecht zu werden, indem es neben einem objektorientierten Ansatz auch Regeln (als Bestandteil eines Produktionsystems) unterstützt.

3.4 Beispiele für menschengerechte Computersysteme

Unsere Systementwicklungen sind Experimente auf dem Weg, Zielvorstellungen schrittweise näher zu kommen. Sie ergänzen die Entwicklung von oben *("top-down approach")*, die durch Zielvorstellungen und theoretischen Ansätze gegeben ist, durch eine Entwicklung von unten *("bottom-up approach")*. Diese Experimente tragen bei zur

1. Überprüfung, Vervollständigung und Weiterentwicklung unserer Zielvorstellungen,
2. Verbesserung unserer eigenen Arbeitsumgebung,
3. Erarbeitung von Orientierungspunkten und Hinweisen für Hersteller (damit hoffen wir, einen konstruktiven und effektiven Beitrag zum Technologietransfer zu leisten) und für Anwender (damit diese in der Lage sind, ihre Vorstellungen besser zu artikulieren).

Die folgende Aufzählung beschreibt kurz die wichtigsten Systeme, die im Verlauf der letzten Jahre im Rahmen unserer Forschungsarbeit entstanden sind:

- FINANZ ist ein System, das den Benutzer bei der Erstellung von Finanzierungsplänen unterstützt (siehe [Rathke 83; Fischer 85]).[10]

- PLANER ist ein System, das Studenten bei der Planung des zweiten Studienabschnitts unterstützt (siehe Kapitel X).

- D&I ist ein Wissenseditor, der es dem Endbenutzer gestattet, eine Wissensbasis aufzubauen (siehe Kapitel IX und [Csima, Riekert 83a]).

- PASSIVIST und AKTIVIST sind ein passives und ein aktives Hilfesystem für das Editiersystem BISY (siehe Kapitel VI). PASSIVIST [Lemke 84] hat eine natürlichsprachliche Schnittstelle; der Benutzer kann damit seine Ziele beschreiben, und PASSIVIST teilt ihm die Operationen mit, die zur Erreichung des Ziels erforderlich sind. AKTIVIST [Schwab 84] verfügt über umfangreiches Wissen, wie eine bestimmte Aufgabe durch einen Experten bearbeitet wird und wie der jeweilige Benutzer sie erledigt. Treten dabei wiederholt Unterschiede auf (d.h. Benutzer versuchen, ihre Ziele auf nichtoptimalen Wegen zu erreichen), ist AKTIVIST in der Lage, den Benutzer auf bessere Lösungsmöglichkeiten hinzuweisen.

- DOXY ist ein Dokumentationssystem, das dem Benutzer die Möglichkeit gibt, zusätzliches Wissen zum Programmtext in Wissensstrukturen abzuspeichern. Eine Reihe von Informationen werden durch Programmanalyse [Kohl 84] automatisch aus dem Programmtext abgeleitet. Benutzerdefinierbare Filter ermöglichen es, Informationsstrukturen selektiv zu untersuchen (siehe [Lemke, Schwab 83] und Kapitel VIII).

- KÄSTLE, STRUPPI und FooScape sind Systeme, die einen Beitrag zur Realisierung eines "Software-Oszillosgraphs" leisten. Sie gestatten es dem Benutzer, sowohl statische als auch dynamische Strukturen graphisch zu veranschaulichen und zu editieren (die graphischen Strukturen werden dabei automatisch aus Programm- und Datenstrukturen erzeugt - siehe dazu [Böcker 84; Nieper 83; Nieper 84; Bauer 84a] und Kapitel VII).

---

[10] Es kann als eine wissensbasierte Version eines "Spreadsheet" Programms gesehen werden.

4. Wissensbasierte Mensch-Computer-Kommunikation

Erfolgreiche menschliche Kommunikationsprozesse haben folgende wesentliche Merkmale:

1. Kommunikation beinhaltet ein *koordiniertes Handeln* zwischen den Beteiligten. Dies wird durch unsere Forderung nach "symbiotischen Systemen" zum Ausdruck gebracht (siehe Abschnitt 2.1).

2. Kommunikation setzt *vergleichbare Verstehensgrundlagen* voraus. Diese sind z.B. bei Instruktionssystemen, bei Erklärungs- und Hilfekomponenten von grundlegender Bedeutung [Fischer, Lemke, Schwab 84].

3. Kommunikation muß den Beteiligten ermöglichen, ihre *Ziele zu erreichen*. Unsere Forderung nach "konvivialen Systemen" beinhaltet, daß der Endbenutzer mehr Kontrolle im Umgang mit den Systemen haben soll; er sollte in die Lage versetzt werden, eingeschränkte Designprozesse in eingegrenzten Wissensbereichen durchzuführen [Fischer 83a].

4. Kommunikation schließt den *Kommunikationsprozeß* und dessen Voraussetzungen mit ein. Die Strukturen, die den Kommunikationsprozeß bestimmen, sollten im Computer als Wissensstrukturen zur Verfügung stehen, die eingesehen und modifiziert werden können.

5. Kommunikation ist mit *Erwartungen an die anderen Beteiligten* verbunden, deshalb muß Wissen über die Kommunikationspartner vorhanden sein.

6. Kommunikation ist nicht nur ein Prozeß zur Weitergabe von Symbolen vom Sprecher zum Hörer, sondern erfordert *Interpretation und Handeln* vom Hörer. Menschen verarbeiten Information aktiv, sie erzeugen Hypothesen, machen Annahmen und verifizieren deren Gültigkeit, und diese liefern die Basis für bestimmte Erwartungen.

Bislang entwickelte Systemarchitekturen bieten keine Möglichkeit, das Wissen zu repräsentieren, mit Hilfe dessen die Kommunikation zwischen Mensch und Computer problemloser und nutzbringender gestaltet werden kann. Das in Abbildung II-5 dargestellte Modell beschreibt die dafür notwendigen Strukturen.

Diese Modellvorstellung beinhaltet zwei wesentliche Verbesserungen gegenüber herkömmlichen Modellvorstellungen: eine *Verbreiterung des expliziten Kommunikationskanals* und die *Existenz eines impliziten Kommunikationskanals*. Die Relevanz dieser Verbesserungen soll im folgenden kurz beschrieben werden.

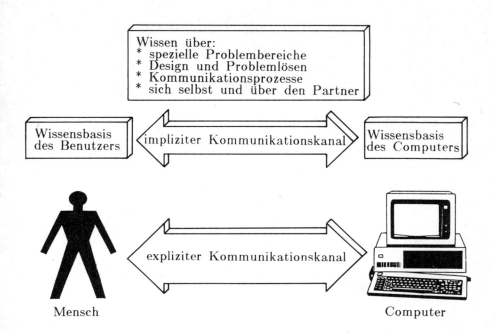

Abbildung II-5: Wissensbasierte Architektur für die MCK

4.1 Der explizite Kommunikationskanal

Die *Verbreiterung des expliziten Kommunikationskanals* wird im wesentlichen durch Benutzung von Fenstern, Menüs, Icons und den Einbezug von Graphik erreicht, wobei der Bildschirm als Designraum mit einem Zeigeinstrument direkt manipuliert werden kann. Wir sind der Ansicht, daß langfristig alle Systeme eine Schnittstelle dieser Art haben sollten und fernschreiberorientierte Schnittstellen als ein Überbleibsel der Vergangenheit betrachtet werden.[11]

Eine Reihe neuerer Entwicklungen[12] haben geeignete Voraussetzungen für eine Verbreiterung des expliziten Kommunikationskanals geschaffen. Neue Technologien (wie z.B. hochauflösende Rasterbildschirme) sind *notwendig*, aber nicht *hinreichend* zur Gestaltung von

---

[11]Derzeitig sind wir noch weit von diesem Ziel entfernt; UNIX als weit verbreitetes Betriebssystem hat eine Benutzerschnittstelle, die fast keinem unserer Kriterien für menschengerechte Computersysteme gerecht wird.

[12]Beispiele sind: MACINTOSH und LISA von Apple, STAR von Xerox, eine Reihe von LISP-Maschinen.

menschengerechten Computersystemen. Eine gute Benutzerschnittstelle bietet mehr als die Möglichkeit, "nette" Graphiken auf einem Bildschirm zu erzeugen. Ohne dahinterstehende Wissensstrukturen (wie sie in Abbildung II-5 veranschaulicht werden) ist es nur beschränkt möglich, einen einfach zu benutzenden Computer auch *nutzbringend* einzusetzen.

4.2 Der implizite Kommunikationskanal

Der implizite Kommunikationskanal bietet beiden Kommunikationspartnern einen Zugriff auf gemeinsames Wissen, das in den Wissensbasen von Mensch und Computer repräsentiert ist. Damit entfällt der in herkömmlichen Modellen vorhandene Zwang, alle Information explizit zwischen Computer und Benutzer austauschen zu müssen.

Die Wissensbasis aus Abbildung II-5 enthält vier Bereiche von Wissen:

1. *Wissen über den Problembereich:* Um über einen Gegenstandsbereich vernünftig kommunizieren zu können, müssen die Konzepte daraus beiden Kommunikationspartnern bekannt sein.

2. *Wissen über Design und Problemlösen:* Für komplexe Problemaufgaben reicht es nicht aus, nur das Endprodukt aufzuzeichnen. Wichtige Teile (z.B. Alternativmöglichkeiten, verschiedene Techniken der Problemzerlegung) des Entstehungsprozesses eines Artefaktes (wie z.B. eines Buches oder eines Programmes) sind für ein späteres Verstehen, eine Erweiterung oder eine Modifikation von zentraler Bedeutung [Fischer, Böcker 83a; Fischer, Schneider 84].

3. *Wissen über Kommunikationsprozesse:* Die Informationsstrukturen, die den Kommunikationsprozeß steuern, müssen dem Benutzer zugänglich gemacht werden, damit er diese seinen Bedürfnissen anpassen kann.

4. *Wissen über sich selbst und über den Kommunikationspartner:* Es gibt verschiedene Klassen von Benutzern. Mit zunehmender Erfahrung stellt der Benutzer andere Ansprüche an das System. Um dem gerecht zu werden, muß das System wissen, um welchen Typ von Benutzer es sich handelt.

Wissen über Problembereiche ist der primäre Gegenstandsbereich von Expertensystemen. Wir sehen deshalb Expertensysteme als ein Teilgebiet von wissensbasierten Systemen. Im Gegensatz zu Expertensystemen reicht es für unterstützende Systeme (Hilfesysteme, Instruktionssysteme, Erklärungssysteme) nicht aus, nur Expertenwissen über ein bestimmtes Gebiet zu haben. Man benötigt zusätzlich Wissen über den Kenntnisstand des Benutzers und über die häufigsten Probleme, die Benutzer bei der Handhabung von Computersystemen haben.

5. Erfahrungen bei der Realisierung von menschengerechten Computersystemen

Wissensbasierte Systeme (WBS) und Mensch-Computer-Kommunikation (MCK) sind *Querschnittstechnologien*, d.h. sie sind für eine Vielzahl von Entwicklungen im informationstechnischen Bereich von Bedeutung. Forschungsarbeiten zur MCK können sich nicht nur auf die reine Kommunikationsform (z.B. Dialoge in natürlicher oder gesprochener Sprache im Gegensatz zu formalen Sprachen oder zu einer direkten Manipulation des Bildschirms) und die externe Informationsdarstellung auf dem Bildschirm beschränken. Ohne Wissen kann nur eine sehr eingeschränkte Kommunikation stattfinden. Unser Forschungsansatz geht von dem empirisch nachweisbaren Zusammenhang aus, daß die beiden Themen WBS und MCK *untrennbar* zusammengehören.

Für die konstruktive Weiterentwicklung von Systemen in Richtung unserer Zielvorstellungen ist die Bewertung der jeweils existierenden Systeme wesentlich. Dieser evolutionäre, inkrementelle Designprozeß, in dem sich Anforderungen über längere Zeiträume *entwickeln*, bietet eine Chance, daß Systeme wirklichen Bedürfnissen entsprechen und von ihren Benutzern akzeptiert werden. Durch einen engen Kontakt zwischen Benutzern und Systemdesignern (im günstigsten Fall sollten die Benutzer Teil des Entwicklungsteams sein) wird eine realistische *partizipative* Systementwicklung ermöglicht; ohne die Existenz von prototypischen Lösungen sind die Benutzer im allgemeinen überfordert, ihre Ansprüche präzise zu artikulieren.

Folgende weitere Gesichtspunkte haben sich im Rahmen unserer Forschungsarbeit ergeben:

1. Die Dokumentation spielt bereits im Entwicklungsprozeß eine wichtige Rolle und sollte so früh wie möglich erstellt werden, da sich in ihr am ehesten eine Benutzersicht wiederspiegelt.

2. Wie sorgfältig ein Design auch immer ausgearbeitet wird, die Implementation deckt nicht spezifizierte Teilprobleme auf (insbesondere kann das dynamische Verhalten von Systemen auf Grund statischer Beschreibungen nur unzureichend vorhergesagt werden).

3. Eine heilsame Erfahrung zum Abbau unrealistischer Erwartungen besteht darin, daß die Systementwickler die von ihnen entwickelten System selbst benutzen.

4. Indem mehr Wissen auf den Computer übertragen wird (und dieses Wissen dazu verwendet wird, die Systeme einfacher benutzbar zu machen) kann der Lernaufwand und die Informationsbelastung für den Benutzer reduziert werden.

5. Für das Design von menschengerechten Computersystemen ist eine Vielzahl von Informationsquellen relevant:

    - technische Anforderungen und Möglichkeiten
    - derzeitiger "State of the Art" und Kenntnisse über Produkte, die sich auf dem Markt befinden
    - Normen, in denen Erfahrungen festgehalten werden[13]

6. Nicht quantifizierbare Variable (wie z.B. "einfache" Benutzung, "einfache" Erlernbarkeit, kognitive Effizienz, Umfang des Wissens), die für das Design von menschengerechten Computersysteme von großer Bedeutung sind, sollten nicht (um an der Oberfläche eine Art "Wissenschaftlichkeit" zu erzeugen) durch quantifizierbare Variable (wie z.B. Anzahl der Produktionsregeln in einem Expertensystem) ersetzt werden.

Es ist ein Trugschluß zu vermuten, es gäbe für die menschengerechte Anwendung der Technik jeweils nur *eine* Lösung. Gemäß der Popper'schen Philosophie und Einsichten in anderen Designbereichen [Alexander 64] ist es viel leichter zu definieren, was nach bisherigen Erfahrungen als *nicht* menschengerecht zu gelten hat, als menschengerechte Computersysteme durch eine Reihe von Kriterien zu definieren. Diese Erfahrungen in Forschungsumgebungen mit Prototypen vorwegzunehmen, erspart es uns, Entwicklungen auf breiter Basis rückgängig zu machen.

6. Janusköpfigkeit moderner Computersysteme

Es gibt keine mächtige Technologie, die *nur* zum Vorteil des Menschen eingesetzt wird, wobei nicht übersehen werden sollte, daß Vorteile für bestimmte Gruppen (z.B. Arbeitgeber) oft Nachteile für andere Gruppen (Arbeitnehmer) sind. Auch in der Informationstechnik ist es nicht die Technologie selbst, die von vornherein negativ oder positiv zu sehen ist, sondern die Nutzung durch den Menschen und die damit verfolgten Ziele.

---

[13] Mehrere Projektmitglieder haben in den letzten Jahren im DIN-Ausschuß "Dialogsysteme" mitgearbeitet.

Computer bieten auf der einen Seite die Möglichkeit,

- kreativer zu arbeiten, weil zeitraubende Routinetätigkeiten reduziert werden können,
- viele Designiterationen (bei der Erstellung von komplexen Systemen) durchführen zu können und damit inkrementell einer besseren Lösung nahe zu kommen und
- neue Arbeitsmöglichkeiten mit größerem Handlungs- und Gestaltungsspielraum für breite Bevölkerungsschichten zu schaffen, die bisher nur einem kleinen Kreis von Auserwählten zur Verfügung standen.

Auf der anderen Seite können sie

- neue "Fließbandarbeiten" erzeugen (z.B. die Arbeit von Datentypistinnen),
- zu umfassenden Kontrollmöglichkeiten mißbraucht werden,
- durch nicht angebrachte Rationalisierungsmaßnahmen Arbeitsplätze vernichten und
- technokratischen Weltbildern zu einer ungerechtfertigten Dominanz verhelfen.

Unsere Zielsetzung, in Systeme Modelle über ihre Benutzer zu integrieren, zeigt diesen Zwiespalt auf. Mehr Wissen über einen Kommunikationspartner kann in fast jeder Situation zu dessen Vor- oder Nachteil ausgenutzt werden. Auf der negativen Seite können diese Modelle dazu mißbraucht werden, größere Kontrolle über die Benutzer auszuüben. Auf der positiven Seite kann mehr Wissen dazu verwendet werden, gezielter zu helfen oder zu beraten, eine Erklärung zur Verfügung zu stellen oder Mißverständnisse auszuräumen.

Keine andere Forschungsrichtung innerhalb der Computerwissenschaften hat diese Zwiespältigkeit mehr in den Mittelpunkt gerückt als die *Künstliche Intelligenz*. Kritiker behaupten, sie habe dazu beigetragen, daß der Mensch zur Maschine degradiert bzw. mit der Maschine gleichgesetzt wird. Als Beispiel wird angeführt, daß ein taylorisierter Arbeitsplatz den arbeitenden Menschen in einen so engen Rahmen zwinge, daß der Schritt zur Maschine (zum Roboter) nur noch gering sei. Wir sind nicht davon überzeugt, daß die Künstliche Intelligenz diese Entwicklung *notwendigerweise* fördert, sondern sehen im Gegensatz dazu die Möglichkeit, daß sie eine der wenigen Chancen bietet, Perspektiven für menschengerechte Computersysteme zu eröffnen (z.B. dadurch, daß die Systeme durch größere Transparenz besser kontrollierbar werden). Man kann nicht einerseits die "Dummheit" heutiger Computersysteme beklagen und andererseits die Anstrengungen derjenigen verteufeln, die den Versuch unternehmen, sie "intelligenter" zu machen. Wesentlich ist in diesem Bereich wie in vielen anderen, daß durch eine sachliche Information und Diskussion die Spannungen zwischen fortschrittsgläubigen "Technokraten" und der Vergangenheit nachtrauernden "Maschinenstürmern und Romantikern" abgebaut werden.

7. Langfristige Zielsetzungen

Obwohl dieses Buch (und die Reihe, in der es erscheint) sich mit Mensch-Computer-Kommunikation beschäftigt, besteht unsere langfristige Zielsetzung darin, diese zu einer *Mensch-Problembereich-Kommunikation* weiterzuentwickeln. Eine solche beinhaltet, daß die Benutzer mit den Abstraktionen eines bestimmten Problembereichs arbeiten und denken können. In Analogie zu der menschlichen Informationsverarbeitung, bei der sich die kognitive Ebene als geeignete Abstraktionsebene zur Beschreibung erwiesen hat, sollte eine ähnlich hohe, den Problemen angemessene Beschreibung für informationstechnische Systeme erreicht werden. Dort werden heute Systeme zum großen Teil noch auf einer Ebene beschrieben, die der "neurophysiologischen Ebene" der menschlichen Informationsverarbeitung entspricht.

In unserer Forschungsarbeit haben wir immer angenommen, daß die Hardware zum geeigneten Zeitpunkt in ausreichendem Maße zur Verfügung stehen wird - und daß die Herausforderung darin bestehen wird, diese gewinnbringend zu verwenden. Wir sind davon überzeugt, daß in zunehmendem Maße der größte Teil der Computerleistung dazu verwendet werden muß, den Computer sinnvoll zu nutzen. Instruktionssysteme, Hilfesysteme, Erklärungskomponenten usw. sind erforderlich, um komplexe Systeme effektiv zu nutzen. Eine Ansammlung von Algorithmen, die komplexe Berechnungen durchführen, werden nur einen kleinen internen Kern eines Systems darstellen.

Die Anstrengungen, menschengerechte Computersysteme zu verwirklichen, bieten die Chance, daß Computer in der Zukunft nicht zu einem Machtfaktor in der Hand der kleinen Elite, die ihre Möglichkeiten nutzen können, sondern zu einem wirkungsvollen Hilfsmittel für breite Bevölkerungsschichten werden.

III

Objektorientierte Wissensrepräsentation

Christian Rathke

Die Leistungen heutiger Computersysteme verglichen mit den kognitiven Fähigkeiten von Menschen unterscheiden sich in wesentlichen Punkten.

- Bei der überwiegenden Anzahl heutiger Computersysteme findet Kommunikation nur in sehr eingeschränkter Weise statt. Die Dialoge sind vom Systemdesigner vorausgedacht. Fragen des Systems an den Benutzer sind textuell festgelegt. Die interpretierbaren Antworten des Benutzers beschränken sich auf eine festgelegte Anzahl von Alternativen.

- Trotz der Fähigkeit, komplizierte, mathematische Formeln zu berechnen, die Buchhaltung eines Betriebes zu steuern oder in der medizinischen Technik den Arzt bei der Röntgendiagnostik zu unterstützen, versagen Computersysteme weitgehend bei Aufgaben wie dem visuellen Erkennen einfacher Gegenstände oder dem Verstehen natürlicher Sprache.

- Computersysteme sind nur in sehr eingeschränktem Maße in der Lage, aus Erfahrungen zu lernen oder unsichere Annahmen und Heuristiken in ihre Entscheidungsfindung einfließen zu lassen.

- Computersysteme sind meist nicht in Lage, ihre Funktionsweise dem Menschen deutlich zu machen. Sie können für ihr Vorgehen keine Begründungen liefern. Ihre Entscheidungen sind nicht hinterfragbar.

Die Unterschiede lassen sich zu einem großen Teil dadurch erklären, daß Menschen im Gegensatz zu Computersystemen auf Grund von *Wissen* handeln. In der Kommunikation mit Menschen kommt dieses Wissen zum Ausdruck. Menschen können Fragen über ihnen bekannte Problembereiche beantworten, ohne diese Fragen im voraus mit den zugehörenden Antworten auswendig gelernt zu haben. Sie können die Sprache ihres Gesprächspartners verstehen. Sie sind in der Lage, Fremdsprachen zu erlernen und sie zu benutzen. Für ihre Entscheidungen können sie Begründungen geben, um sie zu rechtfertigen.

Beim Kommunikationspartner Mensch werden diese Fähigkeiten als selbstverständlich vorausgesetzt. Um so stärker muß es die Kommunikation beeinträchtigen, wenn diese Fähigkeiten bei einem der Kommunikationspartner nicht oder nur in sehr geringem Maße vorhanden sind. Dies gilt in gleicher Weise für die Kommunikation mit Computern. Die Kommunikation mit Computern kann Merkmale einer Kommunikation zwischen Menschen tragen, wenn die Funktionsweise des Computersystems ebenfalls auf Wissen beruht, kurz wenn die Systeme als *wissensbasierte Systeme* realisiert werden.[1]

Die Gestaltung von Computersystemen als wissensbasierte Systeme setzt voraus, daß Wissen in den Systemen repräsentiert und genutzt werden kann. Hierzu ist eine Operationalisierung des Wissensbegriffs notwendig. Die Frage, was Wissen ist und welche Rolle es für die kognitiven Leistungen des Menschen spielt, wird von Seiten der Psychologen, Philosophen, Linguisten und Soziologen seit Jahrhunderten untersucht.

In der Künstlichen-Intelligenz-Forschung wird zumeist jedoch ein pragmatischer Zugang gewählt. Hier lautet die Frage, wie mit Computersystemen ein Verhalten erzeugt werden kann, das Eigenschaften aufweist, wie man sie von einem Menschen erwartet, dessen Handlungsweise Wissen zugrunde liegt. Im Rahmen dieser Fragestellungen sind Systeme erstellt worden, die unterschiedliche Aspekte wissensbasierter Systeme in den Vordergrund stellen. Für die Darstellung des systemrelevanten Wissens sind dabei verschiedene Formalismen zum Einsatz gekommen [Barr, Feigenbaum 81]). Die wichtigsten dieser Formalismen basieren auf:

- *Logik*
  In der klassischen Logik werden Aussagen und Ableitungsregeln benutzt, um mittels Inferenzen neue Aussagen abzuleiten. Dieses Verfahren kann leicht automatisiert werden. Mittels sog. Theorembeweiser werden Aussagen auf ihre Gültigkeit geprüft.

- *Prozedurale Repräsentation*
  Die Darstellung von Wissen mittels Prozeduraler Repräsentation basiert auf der Idee, abgrenzbare Wissenskomponenten in Prozeduren oder kleinen Programmen zusammenzufassen. Das Wissen, mit dessen Hilfe ein natürlichsprachlicher Satz verstanden wird, wird z.B. in eine Prozedur gekleidet, die wiederum andere Prozeduren aufruft, die Verb- und Nominalphrasen analysieren.

---

[1] Siehe hierzu auch Kapitel II.

- *Semantische Netze*
  Ausgehend von einem psychologischen Modell über das menschliche, assoziative Gedächtnis wird Wissen in Form von Knoten und Kanten in einem Netz dargestellt. Die Knoten repräsentieren konkrete Objekte, abstrakte Konzepte und Ereignisse. Die Kanten repräsentieren die Beziehungen zwischen ihnen. Diese Strukturen werden von Programmen interpretiert und manipuliert.

- *Produktionssysteme*
  Wissen wird in Form sog. Produktionsregeln dargestellt. Regeln haben einen Bedingungsteil, der mit einem Systemzustand verglichen wird. Bei erfolgreichem Vergleich wird der Aktionsteil der Regel ausgeführt, der normalerweise den Systemzustand verändert. Dieser Vorgang wird wiederholt. Eine große Anzahl sog. Expertensysteme verwenden Produktionssysteme als Basis der Wissensdarstellung.

- *Frames und Scripts*
  Wissen wird in Datenstrukturen dargestellt, durch die Situationen oder Ereignisse beschrieben sind. Mit den Datenstrukturen ist Information darüber verknüpft, wie sie verwendet werden und welche Aussagen für die Situation oder das Ereignis normalerweise zutreffen (siehe den folgenden Abschnitt).

- *Spezielle Repräsentationstechniken*
  Für spezielle Aufgaben, wie das visuelle Erkennen von Gegenständen oder das Erkennen von gesprochener Sprache, wurden eigene Repräsentationstechniken verwendet, die auf die Eigenschaften des untersuchten Problemraums in besonderer Weise Rücksicht nehmen.

Seit 1975 wird, ausgehend von Überlegungen Marvin Minsky's, ein Ansatz verfolgt, der unter dem Begriff der *Frametheorie* [Minsky 75] bekannt geworden ist. Auf diesen speziellen Ansatz wollen wir im folgenden näher eingehen.

1. Minsky's Frametheorie

Ein Frame ist eine Datenstruktur, mit der man stereotypische Situationen darstellen kann. Insbesondere, wenn man sich einer neuen Situation gegenübersieht oder die Betrachtungsweise eines Problems radikal ändert, wählt man aus dem Gedächtnis eine Struktur aus, die der neuen Situation möglichst nahe kommt. Eine solche ausgewählte Datenstruktur ist ein *Frame*. Frames beschreiben beliebige, erinnerte Situationen. Das Aussehen eines Zimmers oder der Verlauf eines Kindergeburtstages[2] sind Situationen und Ereignisse, die durch ein Frame repräsentiert werden können.

---

[2]Vgl. [Minsky 75].

Mit einem Frame sind verschiedene Informationen verbunden, zum Beispiel die, auf welche Ereignisse man sich einzustellen hat, was man als nächstes in einer Situation erwarten kann und was man zu tun hat, wenn diese Erwartungen nicht erfüllt werden. Mit dem Frame für einen Kindergeburtstag sind Vorstellungen über Kleidung, Spiele und Geschenke verbunden. Von einem Wohnzimmer erwartet man das Vorhandensein von Wänden, einem Boden und einer Zimmerdecke. Normalerweise ist es möbliert. Entdecken wir jedoch eine Badewanne oder eine Dusche, kann das Frame den veränderten Bedingungen angepaßt und durch das eines Badezimmers ersetzt werden.

Man kann sich Frames als Knoten in einem Netz vorstellen. Frames sind über Kanten mit anderen Frames verbunden. Die strukturelle Ebene von Frames, die Bedeutung der Knoten und Kanten, ist unveränderbar und repräsentiert Eigenschaften, die in der durch das Frame dargestellten Situation immer gelten. Die Endpunkte der Kanten (englisch: Terminals, Slots) werden mit Daten gefüllt. Die Terminale können Bedingungen tragen, die die Daten erfüllen müssen[3]. Eine solche Bedingung kann lauten, daß ein Terminal nur mit Werten eines bestimmten Typs belegt werden kann. Komplexere Bedingungen beschreiben Relationen, die zwischen den Terminalen eines Frames erfüllt sein müssen.

Im Zimmer-Frame für die Beschreibung eines Zimmers dürfen die Terminalen für die Wände nur mit Frames belegt werden, die eine Wand beschreiben. Das Mobiliar eines Zimmers muß auf dem Boden stehen. Die Zimmerdecke darf eine bestimmte Höhe nicht über- oder unterschreiten.

Die Mächtigkeit des Formalismus liegt zu einem großen Teil darin, daß in Frames Erwartungen und Annahmen dargestellt werden. Die Terminalen eines Frames sind in der Regel mit *Defaults* gefüllt. Defaults sind Voreinstellungen, die normalerweise für eine Situation zutreffen. Sie repräsentieren allgemeine Informationen, wahrscheinliche Zustände und nützliche Verallgemeinerungen.

Ein Zimmer hat normalerweise vier Wände. Wände bestehen in der Regel aus Mauerwerk. Man erwartet als Eingang eine Holztür und als Lichtquelle einen Beleuchtungskörper. Ein Abweichen von diesen Annahmen läßt aber die Interpretation als Zimmer immer noch zu.

---

[3] Diese Daten können selbst wieder Frames sein.

Defaults sind daher nur lose mit den Terminalen assoziiert. Sie können in einer konkreten Situation modifiziert oder ganz ersetzt werden. So können Frames bereits sehr viele Details repräsentieren, ohne die konkrete Situation, auf die sie angewendet werden, zu sehr einzuschränken. Inwieweit eine Modifikation oder Ersetzung der Defaults möglich ist, hängt wiederum von den Eigenschaften des Frames selbst ab, wie z.B. von den Bedingungen, die mit den Terminalen verknüpft sind.

Frames sind über ein *Information Retrieval Net* verbunden. In diesem Netz sind Ähnlichkeiten und Unterschiede zwischen Frames repräsentiert. Falls ein zunächst ausgewähltes Frame den gegenwärtigen Zustand nicht ausreichend beschreibt, so kann über diese Verbindungen ein benachbartes Frame gefunden werden, das der Situation besser entspricht.

Wenn einmal ein Frame aus dem Gedächtnis ausgewählt worden ist, so tritt ein Prozeß in Kraft, der versucht, die Terminalen des Frames zu füllen. Dieser Prozeß wird gesteuert vom Frame selbst, von den Bedingungen, die mit den Terminalen verbunden sind und von den augenblicklichen Zielen des Systems. Falls der Prozeß nicht erfolgreich verläuft, so liefert er doch zumindest wertvolle Informationen über die Gründe des Scheiterns.

Die Realisierung theoretischer Konzepte auf einem Rechner verlangt die Einbettung in eine Programmiersprache. Bekannt gewordene, auf der Frametheorie Minsky's basierende Sprachen wie FRL [Roberts, Goldstein 77], KRL [Bobrow, Winograd 77] und KL-ONE [Brachman 78] verwenden strukturierte Datentypen in einer funktionsorientierten Umgebung. In unserem Ansatz wird die Frametheorie verbunden mit Konzepten der *objektorientierten Programmierung*.

2. Objektorientierte Programmierung

Objektorientierte Programmierung unterscheidet sich von der herkömmlichen Art der Programmierung dadurch, daß nicht mehr der Programmierschritt oder die Programmieranweisung, sondern das *Objekt* im Mittelpunkt steht. Die Kontrolle in einem Programm wird nicht mehr durch Kontrollstrukturen wie Schleife, Verzweigung, Sprung etc., sondern durch das *Versenden und Empfangen von Nachrichten* beschrieben. Dies erfordert eine Umkehrung bisheriger Betrachtungsweisen, was sich am besten an Hand eines Beispiels darstellen läßt (vgl. [Fischer, Laubsch 79]):

In herkömmlichen Programmiersprachen (die wir "prozessororientierte Programmiersprachen" [Goerz, Stoyan 83] nennen wollen) steht der Begriff des Programms, der Prozedur oder der Funktion im Mittelpunkt. Zum Beispiel kann die Funktion *Plus* auf unterschiedliche Datentypen angewandt werden (siehe Abbildung III-1).

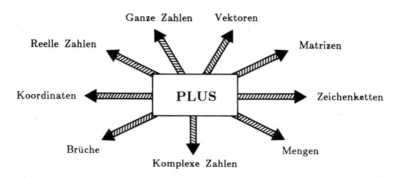

Abbildung III-1: Prozessororientierte Sichtweise

In objektorientierten Sprachen steht dagegen das Datum (oder Objekt) im Mittelpunkt. Um es herum sind die Aktionen gruppiert, die sinnvoll auf das Objekt angewandt werden können (siehe Abbildung III-2).

Für die Begriffe Prozeduraufruf, Funktionsaufruf, Ausführung einer Anweisung, Verzweigen in Programmteile etc. tritt in objektorientierten Programmiersprachen der Begriff des *Versendens einer Nachricht*.

Objekte kommunizieren untereinander, indem sie sich Nachrichten zusenden. Objekte haben daher Mechanismen, mit denen sie in die Lage versetzt werden, Nachrichten zu erkennen und auf sie zu reagieren (sog. Methoden). Die Reaktion auf eine Nachricht kann in der Veränderung des internen Zustandes der Objekte bestehen (eine Liste ändert die Anzahl ihrer Elemente), in der Rückgabe einer Antwort (eine Liste antwortet mit der Rückgabe ihres ersten Elementes) oder im Senden weiterer Nachrichten (eine Liste sendet eine Nachricht an eines ihrer Elemente). Dies definiert das *Verhalten* des Objektes.

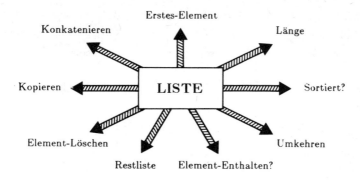

Abbildung III-2: Objektorientierte Sichtweise

Wichtig hierbei ist, daß Objekt und erkennbare Nachrichten eine Einheit bilden. Dies bedeutet u.a., daß Objekte nur ihren eigenen internen Zustand verändern können und daß sie nur Nachrichten an Objekte senden können, die ihnen bekannt sind. Auf diese Weise kommt ein hohes Maß an Modularität und Sicherheit in Bezug auf Seiteneffekte zustande.

Objekte haben also ein "Außen" und ein "Innen". Nach außen sind die Nachrichten bekannt, auf die das Objekt reagieren kann. Im Inneren kennt das Objekt seine Methoden und seinen internen Zustand. Der interne Zustand eines Objektes ist meist durch die Belegung lokaler Zustandsvariablen gekennzeichnet. Diese Zustandsvariablen haben nur innerhalb des Objektes Gültigkeit. Sie sind nach außen nicht bekannt.

Objekte, die sich auf Nachrichten ähnlich verhalten (d.h. die dieselben Methoden besitzen), können zu einer *Klasse* zusammengefaßt werden. Methoden und die Beschreibung der internen Zustandsvariablen sind dann bei der Klasse lokalisiert. So gehört eine bestimmte Liste zu der Klasse aller Listen. In objektorientierten Systemen ist darüberhinaus meist eine Subklassenbildung möglich. Man spricht von *Vererbung*, um auszudrücken, daß die Reaktion auf Nachrichten und die Beschreibung des internen Zustandes eines Objektes durch alle Klassen beschrieben werden, in der die Klasse des Objektes enthalten ist. In unserem Beispiel könnte also aus der Klasse der Listen eine Subklasse gebildet werden, die das Verhalten von Listen beschreibt, die nur Zahlen als Elemente haben. Die Eigenschaften aller Listen (das Vorhandensein von Elementen, die Reaktion auf Nachrichten wie *Erstes-Element*, *Kopieren* etc.) vererbt sich dabei auf die neue Klasse und braucht dort nicht wiederholt angegeben werden. Neue Methoden wie *Quersumme* können dann in der neuen Klasse zusätzlich definiert werden.

Die Begriffswelt objektorientierter Sprachen und Systeme können wir also so zusammenfassen (vgl. [Goldberg 81]):

- *Objekt:* Ein Informationsträger mit internem Zustand und einer Beschreibung, auf welche Nachrichten wie reagiert wird.
- *Nachricht:* Eine Aufforderung an ein Objekt.
- *Methode:* Eine Beschreibung der Reaktion auf eine Nachricht.
- *Zustandsvariable:* Ein Teil des internen Zustandes eines Objektes.
- *Klasse:* Die Beschreibung mehrerer, ähnlicher Objekte.
- *Vererbung:* Die Eigenschaft, daß eine Klasse die Definition anderer Klassen teilt.

3. ObjTalk

Im folgenden werden wir ObjTalk [Rathke 84] als eine Sprache zur Wissensrepräsentation vorstellen. ObjTalk dient innerhalb des Projektes Inform [Bauer et al. 82] als sprachliche Grundlage für die Erstellung wissensbasierter Systeme.

In ObjTalk verbinden sich Konzepte der Frametheorie mit denen der objektorientierten Programmierung. Von der Frametheorie werden Frames als strukturierte Beschreibung einer stereotypischen Situation oder eines prototypischen Ereignisses übernommen. Terminale können wiederum Frames als Werte enthalten. Es können Defaults, Restriktionen und allgemeine Beschränkungen für Frames formuliert werden.

Von der objektorientierten Programmierung stammt der Begriff des Objektes als aktive Datenstruktur. Es können Methoden definiert werden, um das Verhalten von Objekten zu beschreiben. Klassen werden in einer Vererbungshierarchie angeordnet. Der Wert von Zustandsvariablen repräsentiert den internen Zustand eines Objektes.

ObjTalk ist in LISP [Winston, Horn 81] eingebettet und kann als eine Erweiterung zu LISP angesehen werden, in der objektorientierte Prinzipien mit denen der framebasierten Wissensrepräsentation verbunden werden.

4. Nachrichten versenden in ObjTalk

In ObjTalk können Objekte erzeugt und mittels Nachrichten angesprochen werden. Die Objekte und ihr Verhalten werden vom Benutzer definiert. Durch das Senden entsprechender Nachrichten werden *Objekte erzeugt, Objektzustände verändert* und *das Verhalten von Objekten modifiziert*. In diesem Kapitel werden wir das Senden von Nachrichten wie in Abbildung III-3 darstellen. Diese graphische Darstellung hat eine entsprechende Form in LISP.

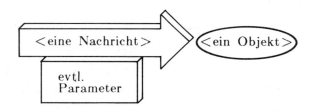

Abbildung III-3: Versenden einer Nachricht an ein Objekt

Die Formulierung von Nachrichten an Objekte und die Definition, wie Objekte auf Nachrichten reagieren, sind ein wesentlicher Bestandteil der ObjTalk-Programmierung. In einer Anwendung, in der graphische Objekte manipuliert werden, könnte man Nachrichten wie in Abbildung III-4 formulieren. Die Auswirkung einer Nachricht hängt von den Eigenschaften des angesprochenen Objektes ab. Auf dem Bildschirm dargestellte graphische Objekte wie Dreiecke oder Vierecke könnten mit einer Veränderung ihrer Ausrichtung, Größe oder ihres Ortes reagieren. Diese Reaktionen sind durch den Benutzer von ObjTalk definiert (siehe Abschnitt 6).

Objekte sind die Datenstrukturen in ObjTalk. Nachrichten beschreiben den Kontrollfluß zwischen den Objekten. Sie bilden die Schnittstellen zwischen den Objekten. Nachrichten sind Aufforderungen an Objekte, eine "Dienstleistung" zu erfüllen. Auf welche Weise die Erfüllung dieser Dienstleistung erreicht wird, kann vom Nachrichtensender nicht beeinflußt werden. Durch die Trennung der Nachrichten vom auszuführenden Code kommt ein hohes Maß an Modularität zustande (siehe auch Kapitel IV).

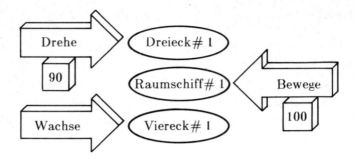

Abbildung III-4: Versenden der Nachrichten *Drehe*, *Wachse* und *Bewege*

Naturgemäß können Nachrichten nur an solche Objekte gesandt werden, die dem sendenden Objekt bekannt sind. Objekte, die durch den Benutzer direkt angesprochen werden können, haben einen Namen, durch den sie identifiziert werden. Im Beispiel von Abbildung III-4 heißen diese Objekte *Dreieck#1*, *Viereck#1* und *Raumschiff#1*. Das Objekt *Dreieck#1* kennt seine Linien als Bestandteile und kann diesen Nachrichten senden. Die Bestandteile von *Dreieck#1* sind aber nach außen nicht bekannt und können daher auch nicht direkt angesprochen werden.

In ObjTalk erhält jedes sendende Objekt eine Antwort auf seine Nachricht. Dies entspricht der Ergebnisrückgabe einer Funktion in prozessororientierten Sprachen. In der Actor-Theorie über Nachrichten sendende und empfangende Objekte [Hewitt 77] kann das Objekt, das das Ergebnis der Berechnung erhalten soll, in Form einer sog. Continuation angegeben werden. In ObjTalk ist dies wie in den meisten objektorientierten Sprachen nicht möglich.

Für den Aspekt der Wissensrepräsentation spielt der Prozeß des Nachrichtensendens die Rolle einer Aufgabendelegation. Wie in einem "System kommunizierender Experten" [Minsky 79] ist das Wissen über verschiedene Problembereiche in verschiedenen Objekten lokalisiert. Diese Objekte haben eine spezialisierte Expertise, die von anderen Objekten über das Senden von Nachrichten angefordert werden kann.

Die einzelnen Experten überschauen nur einen sehr eingegrenzten Bereich eines möglicherweise komplexen Problems. Sie sind aber in der Lage, die Lösung von Teilproblemen an Experten zu delegieren, die einzig und allein für das Teilproblem zuständig sind. Die Aktivierung des Experten erfolgt über das Senden von Nachrichten. Die für das Teilproblem relevanten Daten werden über Slotinhalte mitgeteilt. Damit haben die Nachrichten eine einfache Syntax.

5. Klassen und Instanzen in ObjTalk

In ObjTalk werden zwei Arten von Objekten unterschieden: *Klassen* und *Instanzen*. Eigenschaften, die für eine ganze Klasse von Objekten gelten, werden in Klassenobjekten beschrieben. Die einzelnen Objekte, die einer Klasse angehören, werden als ihre Instanzen bezeichnet. Die Objektbeschreibung in einer Klasse setzt sich aus mehreren Komponenten zusammen, aus *Methoden*, *Slots*, *Vererbungshierarchien*, *Regeln* und *Constraints* (siehe Abbildung III-5). Die Komponenten einer Klasse werden in den folgenden Abschnitten näher beschrieben. Zusammen definieren sie das Verhalten der Instanzen.

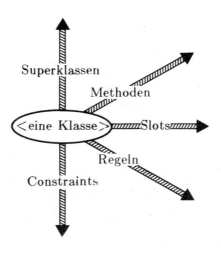

Abbildung III-5: Die Struktur einer Klasse

- *Methoden*
  Methoden definieren die Reaktionen auf Nachrichten. Sie besitzen einen Teil, mit dem Nachrichten erkannt werden und einen Teil, in der die Reaktion auf die Nachricht beschrieben ist. Methoden machen Objekte zu aktiven Daten (siehe Abschnitt 6).

- *Slots*
  Slots strukturieren Objekte. Slots sind die Teile eines Objektes, die mit Werten belegt werden. Durch Slotbeschreibungen werden diese Werte eingeschränkt oder mit Defaults vorbelegt (siehe Abschnitt 7).

- *Vererbungshierarchien*
  Klassen werden in Vererbungshierarchien eingebettet. Auf diese Weise kann erreicht werden, daß Eigenschaften anderer Klassen übernommen werden. Die Definition einer Klasse besteht in den meisten Fällen in der Spezialisierung des Verhaltens bereits bestehender Klassen (siehe Abschnitt 8).

- *Regeln*
  Mit Hilfe von Regeln wird ein Verhalten von Objekten festgelegt, das unabhängig vom Eintreffen einzelner Nachrichten ist. Regeln haben einen Bedingungsteil, der erfüllt sein muß, bevor der Aktionsteil der Regel ablaufen kann (siehe Abschnitt 9).

- *Constraints*
  Constraints sind Bedingungen, die zwischen den Slotwerten eines Objektes aufrecht erhalten werden müssen. Damit werden Abhängigkeiten zwischen den Slots beschrieben. Regeln realisieren diese Abhängigkeiten (siehe Abschnitt 10).

Eine Klasse erzeugt man in ObjTalk durch Senden einer Kreierungsnachricht an *class*. Dies ist ein in ObjTalk vordefiniertes Objekt. In unserem System der graphischen Objekte kann die Klasse *Dreieck* wie in Abbildung III-6 definiert werden. Eine Instanz von *Dreieck* erzeugen wir durch Senden einer entsprechenden Nachricht an die Klasse *Dreieck* (siehe Abbildung III-7).

In einem auf ObjTalk basierenden System werden die prototypischen Objekte, Situationen und Ereignisse der Frametheorie als Klassen repräsentiert. Instanzen repräsentieren konkrete Objekte, Situationen oder Ereignisse. Durch die Erzeugung einer Instanz aus einer Klasse wird ein Objekt erzeugt, das die in der Klasse beschriebenen Eigenschaften hat.[4]

---

[4] Die Sprachkonzepte von ObjTalk selbst werden in Form von Klassen und Instanzen dargestellt. Jede Klasse, jede Methode, jeder Slot, jede Regel und jeder Constraint wird als Instanz einer Klasse beschrieben. So gibt es in ObjTalk eine Klasse, die Klassen beschreibt. Es gibt Klassen, die jeweils die Struktur und Funktionalität von Methoden, Slots, Regeln und Constraints beschreiben. Das Wissen über ObjTalk ist also in ObjTalk selbst repräsentiert.

Objektorientierte Wissensrepräsentation

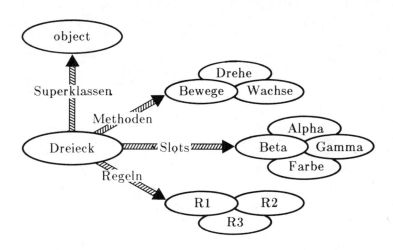

Abbildung III-6: Die Klasse Dreieck

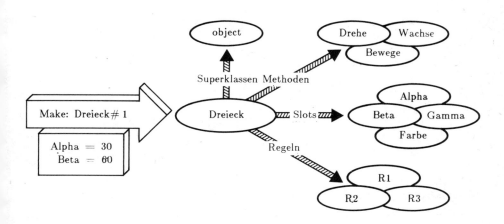

Abbildung III-7: Erzeugen einer Instanz von *Dreieck*

6. Methoden in ObjTalk

Die Fähigkeit der Objekte, Nachrichten zu verstehen, hängt von der Definition ihrer Methoden ab. Methoden befähigen Objekte, Nachrichten zu interpretieren und entsprechend zu reagieren. Methoden werden in Klassen definiert. Alle Instanzen verstehen die in ihrer Klasse definierten Methoden. Methoden haben zwei Teile (siehe Abbildung III-8):

- einen *Methodenfilter*, der einen Vergleich mit der Nachricht beschreibt. Methodenfilter sind einfache Folgen von konstanten und variablen Elementen. Diese Elemente werden mit der Nachricht verglichen. Passen Methodenfilter und Nachricht zusammen, so kann der Methodenkörper aktiv werden.

- einen *Methodenkörper*, der die Reaktion auf die Nachricht beschreibt. Der Methodenkörper beinhaltet das "Programm", das ausgeführt wird, wenn der Methodenfilter mit der Nachricht übereinstimmt. In ObjTalk besteht der Methodenkörper aus einer Reihe von Programmteilen, die durch das LISP-System, in das ObjTalk eingebettet ist, bewertet werden. In diesen Programmen können weitere Nachrichten verschickt werden.

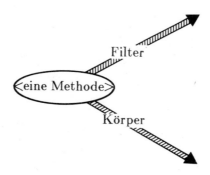

Abbildung III-8: Die Struktur einer Methode

Der Klasse *Dreieck* können wir Methoden verleihen, die ihre Instanzen die Nachrichten sich zu bewegen, sich zu vergrößern oder sich zu löschen verstehen läßt (siehe Abbildung III-9).

Objektorientierte Wissensrepräsentation

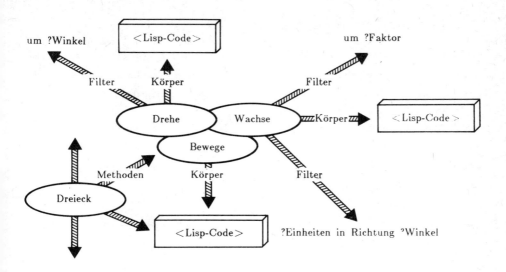

Abbildung III-9: Die Klasse *Dreieck* und ihre Methoden

Methoden bilden das Gegenstück zu den Nachrichten. Während Slots (siehe Abschnitt 7) in erster Linie die Struktur der Objekte beschreiben, stellen Methoden den dynamischen Teil der Objekte dar. Methoden machen Objekte zu aktiven Strukturen.

Wissen über Objekte, Situationen und Ereignisse erschöpft sich nicht in ihrer Klassifizierung. Von großer Bedeutung sind auch die Operationen, die auf ihnen ablaufen. So ist ein Dreieck als graphisches Objekt nicht allein durch seine Struktur beschrieben, sondern auch durch die Operationen, die auf einem Dreieck ausgeführt werden können. In der objektorientierten Betrachtungsweise wird davon ausgegangen, daß diese Operationen nicht allgemeiner Natur sind, d.h. nicht auf jeden Datentyp in gleicher Weise angewendet werden können.

Dieser Betrachtungsweise entspricht die Zuordnung von Methoden zu den Objekten. Unterschiedliche Objekte benötigen unterschiedliche Methoden. Die Methoden können sich direkt auf die Eigenschaften der Objekte beziehen. Sie müssen keine Allgemeingültigkeit für alle möglichen Objektstrukturen haben.

7. Slotbeschreibungen in ObjTalk

Objekte bestehen aus einer Reihe von Slots. Slots beschreiben den internen Zustand eines Objektes. Es sind Merkmale, die mit Werten belegt werden können. Diese Werte sind entweder Datenobjekte von LISP oder wiederum ObjTalk-Objekte.

In der Klasse eines Objektes werden die Eigenschaften seiner Slots beschrieben. Die Slotbeschreibung als Bestandteil der Klasse besagt, mit welchen Werten die Slots gefüllt werden können. Darüberhinaus werden Initialisierungen, Voreinstellungen und sog. Triggeraktionen in Slotbeschreibungen spezifiziert.

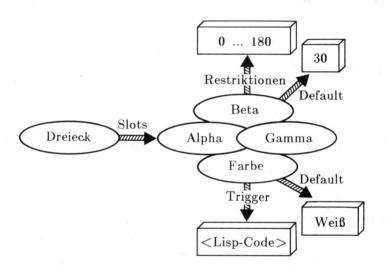

Abbildung III-10: Charakterisierung von Slots durch Slotbeschreibungen

7.1 Slotmethoden

Mit der Einführung von Slots werden zugleich eine Reihe von Methoden definiert. Mit Hilfe dieser Methoden können die Slots eines Objektes gelesen und beschrieben werden. Mit der in Abschnitt 5 eingeführten Klasse *Dreieck* werden die Methoden zum Lesen und Setzen der Slots *Alpha*, *Beta*, *Gamma* und *Farbe* eingeführt. Deshalb sind die Nachrichten von Abbildung III-11 möglich.

Abbildung III-11: Lesen und Setzen von Slots

Die Interaktion zwischen Objekten ist nur über den Austausch von Nachrichten möglich. So kann man auch auf den Wert eines Slots nur über eine Nachricht zugreifen. In Obj-Talk werden daher standardmäßig Methoden generiert, die den Zugriff auf Slots realisieren. Das Lesen und Setzen von Slots wird damit auf die Ebene des Nachrichtenaustausches zurückgeführt. Es besteht kein äußerlicher Unterschied zwischen Nachrichten, die den Zugriff auf Slots bewirken, und anderen.

Die Uniformität der Interaktion erlaubt es, sog. virtuelle Slots zu definieren. Virtuelle Slots stellen sich dem sendenden Objekt in gleicher Weise wie reale Slots dar. Man kann ihnen Nachrichten zum Lesen und Setzen senden. Die Reaktionen auf diese Nachrichten sind aber über entsprechende Methoden realisiert.

7.2 Restriktionen

Durch Slots wird die Struktur der Objekte festgelegt. Die einzelnen Slotwerte können mit Restriktionen versehen werden. Restriktionen sind im einfachsten Fall einstellige Prädikate. In ObjTalk gibt es darüberhinaus Prädikate, die den Wert eines Slots auf die Instanz einer bestimmten Klasse einschränken. Restriktionen können durch logische Operatoren miteinander verknüpft werden.

Im Beispiel der Klasse *Dreieck* sind die Werte für die Slots *Alpha*, *Beta* und *Gamma* auf Zahlen zwischen 0 und 180 eingeschränkt (siehe Abbildung III-10).

In Framesystemen steuern Restriktionen die Auswahl von Frames für eine bestimmte Situation oder ein bestimmtes Ereignis. Über die mit den Slots verbundenen Bedingungen kann das geeignete Frame gefunden werden. Mit den Restriktionen sind aber gleichzeitig auch Informationen darüber verbunden, was bei einer Verletzung der Restriktionen vorzunehmen ist. So kann eine Veränderung der Situation dazu führen, daß das zunächst ausgewählte Frame die Situation nicht mehr angemessen beschreibt. In diesem Fall muß ein Wechsel des Frames vorgenommen werden. Der Framewechsel kann mit Hilfe der Informationen, die mit den Restriktionen assoziiert sind, zielgerichtet verlaufen.

7.3 Defaults

Defaultwerte sind Datenstrukturen, mit denen Slots belegt werden können, für die bei der Erzeugung einer Instanz kein eigener Slotwert angegeben wird. In ObjTalk werden solche Defaults in den Slotbeschreibungen der Klasse spezifiziert.

In Abbildung III-10 wird der Slot für die Farbe mit dem Defaultwert *Weiß* vorbesetzt. Alle Instanzen der Klasse *Dreieck* erhalten *Weiß* als Wert des Slots *Farbe*, falls dieser Slot nicht explizit mit einem anderen Wert belegt wird.

Die Verwendung von Defaults in ObjTalk entspricht dem Arbeiten mit Annahmen oder wahrscheinlichen Sachverhalten. Bei Schilderung einer Situation werden Annahmen über nicht explizit geäußerte Sachverhalte getroffen. Die stillschweigende Übereinkunft zwischen Gesprächspartnern, daß sich die Dinge in ihrer gewöhnlichen Art und Weise verhalten, ist Teil des gemeinsamen Wissens der Kommunikationspartner.[5]

Defaults erlauben eine große Ökonomie in der Kommunikation. Bei der Schilderung eines Ereignisses werden viele Dinge als bekannt vorausgesetzt und müssen daher nicht mehr explizit erwähnt werden. Ohne diese stillschweigenden Übereinkünfte ist Kommunikation nicht möglich.[6]

Die Verwendung von Defaults beinhaltet deren potentielle Revidierbarkeit. In der Kommunikation zwischen Menschen ist man darauf eingestellt, daß vorläufig getroffene Annahmen zurückgenommen werden. Dies kann zu Problemen führen, wenn weitergehende Annahmen auf Grund eines Defaultwertes gefolgert worden sind. In ObjTalk werden die Abhängigkeiten zwischen Slotwerten über den Constraint-Mechanismus (siehe Abschnitt 10) dargestellt. Damit können bei Rücknahme eines Defaultwertes die abgeleiteten Werte ebenfalls revidiert werden.

---

[5] Siehe auch Abbildung II-5.

[6] In der Tat besteht ein wichtiger Teil der Kommunikation darin, von der Norm abweichende Sachverhalte zu übermitteln.

7.4 Trigger

In Slotbeschreibungen können Slots mit Triggern versehen werden. Trigger können Prozeduren definieren, die dann ablaufen, wenn ein Slot besetzt oder gelesen wird. Trigger erlauben ein datenorientiertes Programmieren, indem sie Prozesse (Triggeraktionen) beim Setzen oder Lesen eines Slots auslösen. Im Slot *Farbe* der Klasse *Dreieck* (siehe Abbildung III-10) realisiert eine Triggeraktion den Seiteneffekt einer Farbveränderung auf dem Bildschirm. Wird dieser Slot mit einer anderen Farbe besetzt, so wird eine entsprechende Farbänderung auf dem Bildschirm veranlaßt.

Das Besetzen und Abfragen von Slots wird in ObjTalk mit Hilfe von Nachrichten realisiert. Daher führt in ObjTalk die Definition von Triggern intern dazu, daß für den Slot besondere Methoden generiert werden, die das Lesen und Besetzen mit Werten überwachen. Erhält das Objekt eine entsprechende Nachricht, so wird nach Besetzen des Slots die Triggeraktion ausgeführt.

In Wissensrepräsentationssprachen, in denen der prozedurale Aspekt nicht mit Hilfe des objektorientierten Ansatzes realisiert wird, bilden Triggeraktionen die einzige Möglichkeit, dynamische Aspekte mit der Modifikation von Datenstrukturen zu verbinden. Die Notwendigkeit solcher Mechanismen bestätigt die enge Verbindung zwischen den Datenstrukturen und den Prozessen, die auf ihnen wirken.

7.5 Koreferenzen

In einer Slotbeschreibung kann ein Slot als koreferent zu anderen Slots definiert werden. Koreferente Slots haben stets denselben Wert. Wird der Wert eines Slots gesetzt, modifiziert oder gelöscht, werden die Slotinhalte der zu diesem Slot koreferenten Slots in der gleichen Weise geändert.

In einem gleichschenkligen Dreieck sind die Winkel an der Basislinie gleich groß. Diese Eigenschaft kann durch die Slotbeschreibung der entsprechenden Slots als koreferente Slots spezifiziert werden. Wird einer der Winkel an der Basislinie bekannt, so erhält der andere automatisch denselben Wert.

Durch Gleichsetzen von Slots unterschiedlicher Klassen können Eigenschaften einer Klasse auf eine andere übertragen werden. Dies ist bei der Verwendung von Constraints[7] von

---

[7] Vgl. Abschnitt 10.

Bedeutung. Die Möglichkeit, Slots unterschiedlicher Klassen koreferent zu machen, erlaubt es, das Lokalitätsprinzip des objektorientierten Ansatzes aufrechtzuerhalten.

Die für einen begrenzten Problemraum notwendigen Slots werden in einer Klasse definiert. Methoden und Regeln der Klasse arbeiten ausschließlich auf diesen Slots. Sie benötigen keinen Zugriff auf Slots außerhalb dieser Klasse. Soll der Problemlöseprozeß im Objekt einer anderen Klasse ablaufen, so müssen die entsprechenden Slots dieses Objektes nur koreferent zu den Slots eines Objektes der "Problemlöseklasse" gemacht werden.

8. Vererbung in ObjTalk

Klassen sind in ObjTalk in eine Vererbungshierarchie eingebettet. Entlang der Hierarchie werden Eigenschaften auf untergeordnete Klassen vererbt. Die vererbbaren Eigenschaften umfassen Methoden, Slots, Regeln und Constraints. Die Instanzen einer Klasse verhalten sich gemäß den Eigenschaften aller in der Vererbungshierarchie übergeordneten Klassen. Die Vererbungslinie endet an einer ausgezeichneten Klasse mit Namen *object*. In *object* sind Eigenschaften spezifiziert, die für jedes Objekt Gültigkeit haben.

Im allgemeinen bedeutet die Einordnung einer Klasse in die Vererbungshierarchie die Spezialisierung von Eigenschaften übergeordneter Klassen. Allgemeine Methoden werden durch spezielle ersetzt oder verfeinert. Restriktionen und Constraints (siehe Abschnitte 7 und 10) werden spezifischer. In der Welt der graphischen Objekte kann die Vererbungshierarchie wie in Abbildung III-12 aussehen.

Instanzen der Klasse *Quadrat* ererben die allgemeinsten Eigenschaften von *object*. Über die Klassen *Graphisches Objekt*, *Polygonzug*, *Geschlossener Polygonzug* und *Viereck* werden die Eigenschaften spezieller. In der Klasse *Quadrat* kann eine einfache Methode zur Berechnung des Flächeninhaltes die allgemeine Methode aus der Klasse *Geschlossener Polygonzug* ersetzen. Der Slot *Anzahl-der-Eckpunkte*, der in der Klasse *Polygonzug* nur auf eine positive, natürliche Zahl eingeschränkt ist, wird in der Klasse *Viereck* zu einer Konstanten.[8]

Die Bedeutung der Vererbungshierarchie liegt in der Ökonomie der Programmierung begründet. Gemeinsame Verhaltensattribute in verschiedenen Klassen werden in der Klasse

---

[8] Siehe hierzu auch Abschnitt 3.4 in Kapitel IV.

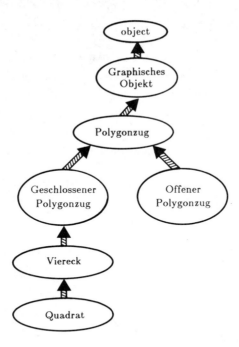

Abbildung III-12: Vererbungshierarchie in der Welt der graphischen Objekte

repräsentiert, die in der Vererbungshierarchie über beiden Klassen angeordnet ist. Mit der Veränderung einer Klasse wird das Verhalten aller tiefer angeordneten Klassen beeinflußt. So kann im Extremfall durch die Erweiterung der Klasse *object* allen Objekten des Systems ein neues Verhaltensattribut gegeben werden.

Für die Erweiterbarkeit des Systems spielt der Vererbungsmechanismus eine große Rolle. Neue Klassen werden als Spezialisierung bestehender Klassen eingeführt. Ausgehend von bekannten Eigenschaften wird neues Verhalten als zusätzliche Komponente in einer untergeordneten Klasse definiert.

In ObjTalk kann für eine Klasse mehr als eine Superklasse angegeben werden. Die so definierte Klasse hat Eigenschaften von allen Superklassen. Die Möglichkeit, multiple Superklassen zu verwenden, erlaubt es, verschiedene Aspekte in verschiedenen Klassen zu definieren (siehe hierzu Abbildung V-3 in Kapitel V).

9. Regeln in ObjTalk

Mit Hilfe von Regeln lassen sich in ObjTalk Bedingungen formulieren, bei deren Erfüllung ein Prozeß ablaufen soll. In der objektorientierten Betrachtungsweise wird dies normalerweise durch das Eintreffen einer Nachricht veranlaßt. Regeln bieten jedoch die Möglichkeit, Objektzustände, wie sie durch die Belegung der Slots beschrieben sind, als Ausgangspunkt für einen Prozeß zu definieren. Mit Regeln können z.B. Abhängigkeiten zwischen Slots beschrieben werden. Regeln haben vier Teile (siehe Abbildung III-13):

1. Der *Regelname* dient der Referenzierung der Regel. Dem System kann direkt mitgeteilt werden, wann eine Regel probiert werden soll. Im Unterschied zum Ansatz in Produktionssystemen [Davis, King 75] hat der Benutzer direkte Kontrolle über die Regelauswahl.[9]

2. Die *Zustandsbeschreibung* des Objektes dient als Bedingungsteil der Regel. Eine solche Zustandsbeschreibung gibt an, welche Slots des Objektes mit einem Wert belegt sein müssen, damit die Regel ablaufen kann. Die Zustandsbeschreibung kann um beliebige Prädikate erweitert werden.

3. Die *Beschreibung der Auswirkungen* besteht in der Angabe der Slots, die durch die Regel verändert werden.

4. Der *Regelkörper* beschreibt die Aktionen, die durch die Regel ausgeführt werden. Der Regelkörper besteht aus LISP-Code.

In der Klasse DREIECK kann die Bedingung, daß die Winkelsumme 180 Grad ist, mit drei Regeln realisiert werden. Die Regeln haben als Zustandsbeschreibung je zwei Slots, aus denen sich der dritte Slot berechnen läßt. In Abbildung III-14 ist eine dieser Regeln dargestellt.

Regelsysteme haben in der Künstlichen Intelligenz im Bereich von Expertensystemen eine große Bedeutung gewonnen. In sog. Produktionssystemen wird der Bedingungsteil der Regeln mit einem globalen Systemzustand verglichen. Die Ausführung der Regeln bewirkt eine Veränderung des Systemzustandes, so daß im nächsten Zyklus weitere Regeln ablaufen können. Mit Hilfe dieses Mechanismus sind einsatzfähige Expertensysteme realisiert worden, so z.B. R1 [McDermott 82], ein System, mit dem Rechenanlagen konfiguriert werden, oder MYCIN [Shortliffe 76], mit dessen Hilfe bakterielle Infektionen diagnostiziert werden.

---

[9] Diese Eigenschaft ist von zweifelhaftem Nutzen. Der Verwendung einer Regel liegt im allgemeinen die Vorstellung zugrunde, daß diese immer dann ausgeführt werden soll, wenn ihr Bedingungsteil erfüllt ist. Diese Funktionsweise wird in Constraints (siehe Abschnitt 10) realisiert. Die Kriterien für das Anstoßen einer Regel bilden jedoch ein vom Regelmechanismus abtrennbares Konzept und sind deshalb in ObjTalk auch getrennt.

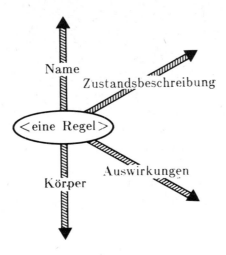

Abbildung III-13: Die Struktur einer Regel

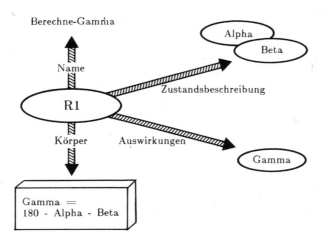

Abbildung III-14: Berechnen des Winkels *Gamma* mit der Regel *R1*

In ObjTalk ist der Systemzustand, mit dem die Regeln zu vergleichen sind, auf die Slots eines Objektes beschränkt. Damit wird auch das in den Regeln dargestellte Wissen an die Datenstrukturen gebunden. Die objektorientierte Betrachtungsweise erlaubt es, die Bedingungsteile der Regeln an der jeweiligen Struktur des Objektes auszurichten.

10. Constraints in ObjTalk

Constraints sind Bedingungen, die zwischen den Slotwerten eines Objektes eingehalten werden müssen. Während sich mit Hilfe von Slotbeschreibungen nur Restriktionen für jeweils einen Slot formulieren lassen, stellen Constraints die Beziehungen zwischen Slots her. Derartige Beziehungen werden in ObjTalk in Constraint-Klassen beschrieben. Constraint-Klassen bestehen aus den gleichen Komponenten wie alle anderen Klassen (siehe Abschnitt 5), sie tragen aber zusätzliche Eigenschaften.[10]

Wir können die Summenbeziehung zwischen zwei Summandenslots und dem Summenslot als Constraint darstellen. Dazu wird die Constraint-Klasse von Abbildung III-15 definiert.

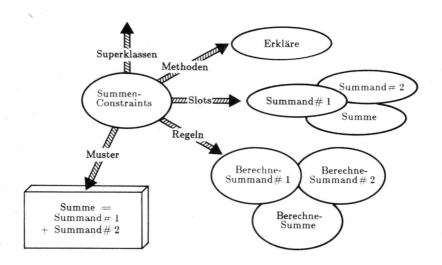

Abbildung III-15: Darstellung der Summenbeziehung durch eine Constraint-Klasse

Auf ähnliche Weise kann die Produktbeziehung dargestellt werden. Von diesen Constraint-Klassen können wie von anderen ObjTalk-Klassen Instanzen gebildet werden. Durch Gleichsetzung von Slots solcher Constraint-Instanzen können Constraint-Netze auf-

---

[10] In der Repräsentation der Sprachkonzepte von ObjTalk ist die Klasse aller Constraint-Klassen eine Subklasse von *class*, der Klasse aller ObjTalk-Klassen.

gebaut werden[11]. So kann eine Formel, die den Zusammenhang zwischen Wärmegraden in Celsius und Fahrenheit darstellt, auf ein Constraint-Netz (siehe Abbildung III-16) abgebildet werden (vgl. [Borning 79] und [Steele 80]).

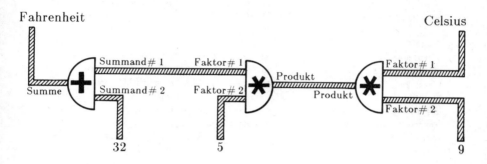

Abbildung III-16: Darstellung der Beziehung zwischen Grad Celsius und Grad Fahrenheit durch ein Constraintnetz

Wird einer der Slotwerte verändert, so pflanzt sich die Veränderung über die Verbindungskanten des Netzes fort. Die Regeln der Constraints übernehmen dabei die Aufgabe, aus einer Menge von Slotwerten einen anderen Slotwert zu berechnen. Beim Fortpflanzen der Werte werden Informationen darüber gespeichert, welche Slotveränderung welche Regel aktiviert hat. Über diese Informationen können abgeleitete Werte auf ihre Ursachen zurückgeführt werden.

Oft führen Veränderungen der Slotwerte dazu, daß ein Constraint verletzt wird. Die Objekte einer Constraint-Klasse sind in der Lage, die Verletzungen auf ihre Ursache zurückzuführen und sie anzuzeigen. Damit erfüllen Constraints verschiedene Funktionen:

- *Darstellung beliebiger Abhängigkeiten*
  Mit Hilfe von Constraints können auch nichtnumerische Abhängigkeiten zwischen Slots dargestellt werden. Diese Abhängigkeiten sind durch den Benutzer von ObjTalk definierbar. Nicht lösbare Beziehungen, wie z.B. ein Gleichungssystem, für das keine Lösung existiert, sind zwar möglich, führen jedoch zu Konflikten.

---

[11]Siehe Abschnitt 7.5.

- *Vom "Wie" zum "Was"*
  Constraints beschreiben Beziehungszusammenhänge, die vom Programmierer verwendet werden können, ohne daß er sich darum zu kümmern hat, wie diese Beziehungen realisiert sind. Einmal definiert, kann die Beziehung zwischen Grad Celsius und Grad Fahrenheit z.B. zur Darstellung von Temperaturanzeigen verwendet werden. Es ist dann unerheblich, ob diese Beziehung durch eine mathematische Formel oder durch primitive Constraints wie in Abbildung III-16 realisiert ist. Der Programmierer spezifiziert nicht mehr das "Wie" der Beziehung, sondern nur noch das "Was".

- *Konflikterkennung und Rückführung des Konfliktes auf seine Ursachen*
  Wird einer der Slots einer Constraint-Instanz verändert, so kann ein Konflikt entstehen, d.h. die durch den Constraint beschriebene Beziehung trifft nicht mehr zu. In Constraint-Netzen wie dem in Abbildung III-16 können solche Konflikte durch die Fortpflanzung eines Wertes entstehen. Damit ist der Ort des Konfliktes nicht mehr der Ort der Konfliktursache. In Constraint-Netzen werden Informationen darüber gespeichert, welche Slots für den Wert eines anderen Slots ursächlich waren. Damit ist die Rückverfolgung eines Konfliktes auf seine Ursachen möglich.

- *Repräsentation von erklärungsrelevantem Wissen*
  Die explizite Speicherung der Ursachen für den Wert eines Slots in Constraintnetzen wird dazu ausgenutzt, Erklärungen zu erzeugen. Wenn die Abhängigkeiten zwischen Slots explizit repräsentiert sind und der Berechnungsvorgang eines Slots aus anderen protokolliert wird, kann das System Auskunft über mögliche und ausgeführte Berechnungen geben. Diese Informationen sind nicht statisch gespeichert, sondern ergeben sich jeweils durch den aktuellen Stand der Berechnungen neu.

11. Eine Programmierumgebung für ObjTalk

Eine Sprache wie ObjTalk muß verschiedenen Anforderungen gerecht werden. Zum einen muß sie als Wissensrepräsentationssprache Konzepte der zu modellierenden Welt darstellen können. Zum anderen muß sie als Werkzeug auf einem Rechner benutzbar sein. Dies erfordert eine gute Entwicklungsumgebung auf verschiedenen Ebenen:

- Der *ObjTalk-Programmierer* benötigt Hilfsmittel, um mit ObjTalk effektiv umgehen zu können. Eine Programmierumgebung, wie sie von LISP geboten wird, kann hier nur als Ausgangspunkt dienen. Es ist notwendig, die Programmierumgebung auf die Sprachkonzepte von ObjTalk auszurichten. Komponenten der Programmierumgebung wie Editor, Trace und Debugging-Hilfen sollten in ObjTalk an Klassen, Instanzen, Slots, Methoden, Regeln, Constraints und Nachrichten angepaßt sein.

- Für den *Knowledge Engineer*, der mit Hilfe von ObjTalk ein wissensbasiertes System für eine spezielle Anwendung erstellt, werden weitere Hilfen erforderlich. Visualisierung der Programm- und Wissensstrukturen, die Darstellung der Abhängigkeiten und das Aufzeigen von Konsequenzen bei einer möglichen Änderung der Wissensbasis sind Voraussetzung für die Handhabung der oftmals komplexen Wissensstrukturen.[12]

Im Bereich der objektorientierten Sprachen kann SMALLTALK [Goldberg, Robson 83] als Vorbild für eine objektorientierte Programmierumgebung angesehen werden. Im Zusammenhang mit der SMALLTALK-Entwicklung sind grundsätzlich neue Ansichten über Programmierumgebungen entstanden. So spielt ein hochauflösender Bildschirm mit guter Graphik, ein Zeigeinstrument und die direkte Manipulation von Objekten auf dem Bildschirm eine große Rolle.

Konzepte einer rechnerunterstützten Entwicklungsumgebung für das Knowledge Engineering sind jedoch noch kaum realisiert. Erste Ansätze bilden hier KL-ONE-TALK [Fikes 82] und LOOPS [Bobrow, Stefik 81; Stefik et al. 83]. Erst in letzter Zeit wurde mit KEE[13] [Kunz et al. 84] ein Entwicklungssystem geschaffen, das als Programmierumgebung für die Erstellung wissensbasierter Systeme konzipiert ist. Das System folgt als Grundlage den Prinzipien einer objektorientierten Programmierung. Die Interaktion ist ausgerichtet auf die direkte Manipulation graphischer Objekte auf dem Bildschirm.

12. Abschließende Betrachtungen

Der Anspruch, Computersysteme menschengerecht zu gestalten, kann nur erfüllt werden, wenn Computersysteme als wissensbasierte Systeme konzipiert und realisiert werden. Damit kommt dem Wissensbegriff eine große Bedeutung zu. Die Frage, wie Wissen dargestellt und für eine menschgerechte Mensch-Computer-Kommunikation genutzt werden kann, ist von grundlegender Bedeutung.

Ausgehend von Annahmen über Mechanismen der Wissensverarbeitung beim Menschen wurde die Frametheorie entwickelt. In ihr werden erinnerte Situationen oder Ereignisse durch Frames dargestellt. Mit Frames sind eine Vielzahl von Informationen assoziiert.

---

[12] Siehe hierzu auch Kapitel IX.

[13] Knowledge Engineering Environment.

ObjTalk stellt eine Sprachimplementation dar, in der Eigenschaften der Frametheorie mit denen der objektorientierten Programmierung verbunden werden. Durch die Anbindung von Prozessen, Regeln und Constraints an Objekte werden die prozeduralen Aspekte von Frames realisiert.

ObjTalk entstand im engen Zusammenhang mit Arbeiten aus dem Bereich "Wissensbasierte Systeme" und "Mensch-Computer-Kommunikation". Mehrere komplexe Systeme sind in ObjTalk realisiert worden, darunter ein System zur wissensbasierten Formularbearbeitung [Rathke 83] und ein System zur interaktiven Unterstützung von Planungsprozessen[14]. ObjTalk ist auch grundlegendes Sprachmittel für ein Fenstersystem[15] und für die Realisierung einer modularen anwendungsneutralen Benutzerschnittstelle[16].

Beim konkreten Einsatz von ObjTalk hat sich die Notwendigkeit und Nützlichkeit einer adäquaten Programmierumgebung gezeigt. Erst durch solche unterstützenden Komponenten werden Programmiersprachen, insbesondere Wissensrepräsentationssprachen, benutzbar. Die Beurteilung von ObjTalk als eine Sprache zur Wissensrepräsentation kann daher auch nur im Zusammenhang mit ihrer Einsetzbarkeit vorgenommen werden.

---

[14]Siehe auch Kapitel X.

[15]Siehe auch Kapitel V

[16]siehe auch Kapitel IV.

IV

Modulare anwendungsneutrale Benutzerschnittstellen

Michael Herczeg

Benutzerschnittstellen stellen im Gegensatz zu Schnittstellen zwischen Programmen den Kontakt des Computers zur Außenwelt, zum Menschen her. Sie haben den Eigenschaften zweier grundlegend verschiedener Systeme Rechnung zu tragen: denen des Menschen und denen des Computers. Dies macht sie zum am schlechtesten spezifizierbaren Teil eines Computersystems. Die Benutzerschnittstelle muß sowohl den technischen Gegebenheiten des Computers als auch den psychologischen und physiologischen Anforderungen des Menschen gerecht werden.

Die Benutzerschnittstelle ist der Zugang zum Werkzeug Computer. Diese wichtige Stellung, die Komplexität dieser Schnittstelle und die zunehmende Bedeutung des Werkzeugs Computer für unser Arbeits- und Privatleben rechtfertigt nicht nur, sondern fordert geradezu eine neue Wissenschaft, die sich mit dieser Schnittstelle unter ergonomischer Sichtweise befaßt, die *Software-Ergonomie*. Da die Software-Ergonomie informationstechnische, psychologische sowie Aspekte des Arbeitsumfelds zu betrachten hat, kann sie nur eine interdisziplinäre Wissenschaft sein, die zumindest Physiologie, Psychologie, Informatik und Arbeitswissenschaften zu bemühen hat.

Neben den ergonomischen Betrachtungen ist die Erstellung von Benutzerschnittstellen auch eine ingenieurwissenschaftliche Aufgabe [Herczeg 85]. Die Anforderungen an Softwaresysteme, die Benutzerschnittstellen realisieren, werden in Zukunft weiter ansteigen. Man benötigt allgemeine Methoden und Werkzeuge zum Design und zur Konstruktion von Benutzerschnittstellen, um zu möglichst guten und wirtschaftlich vertretbaren Lösungen zu kommen.

Ein bekanntes und bewährtes Ingenieurprinzip, die *Modularisierung* von Systemen, ist ein möglicher Weg, der bei der Entwicklung von Benutzerschnittstellen auf seine Eignung untersucht werden muß. Das Bereitstellen von Bausteinen setzt zum einen voraus, daß es isolierbare Methoden und Eigenschaften von Benutzerschnittstellen gibt, zum anderen ist es zu wünschen, daß diese Methoden und Eigenschaften in dem Sinn *anwendungsneutral*[1] sind, daß sie als Bestandteil der Benutzerschnittstelle für verschiedene Anwendungssysteme geeignet sind. Mit der Methode der Standardisierung verbindet sich häufig das Problem der geringen Individualisierbarkeit. Wir werden sehen, wie objektorientierte Programmierung und damit zusammenhängende Vererbungsprinzipien diese Restriktion nicht nur beseitigen, sondern Individualisierbarkeit von Systemen sogar fördern (siehe auch [Smalltalk 81]).

In diesem Kapitel werden verschiedene Gründe diskutiert, die zu dem Interesse an modularen anwendungsneutralen Benutzerschnittstellen führen. Daraufhin werden vier Modelle von Benutzerschnittstellen beschrieben, ausgehend von einem einfachen Modell, bei dem die Benutzerschnittstelle fest im Anwendungssystem integriert ist, bis hin zu einem Modell, bei dem sie durch ein weitgehend losgelöstes Netz von Objekten repräsentiert wird. Am Beispiel von Icons[2] wird beschrieben, wie, ausgehend von Benutzeranforderungen, eine derartige Komponente realisiert wurde. Im Projekt Inform haben wir einen Lösungsansatz gewählt, der sich auf die objektorientierte Wissensrepräsentationssprache ObjTalk[3] stützt. Die entwickelten Bausteine für Benutzerschnittstellen sind Objekte, die ihre vielfältigen Eigenschaften außer durch deskriptive und prozedurale Definitionen auch durch multiple Vererbungsmechanismen und Constraints erhalten.

1. Gründe für anwendungsneutrale Benutzerschnittstellen

Das Ziel, das mit anwendungsneutralen Benutzerschnittstellen angestrebt wird, ist, einen "Baukasten" zu erstellen, um damit Benutzerschnittstellen für möglichst viele Anwendungen aufbauen zu können. Es gibt inzwischen einige Softwaremodul zur Konstruktion von Benutzerschnittstellen, die gewissermaßen Bausteincharakter haben. Heutzutage reali-

---

[1] Statt des Begriffs "Anwendungsneutralität" wird im folgenden gelegentlich "Anwendungsunabhängigkeit" synonym verwendet werden.

[2] Diese speziellen, ikonischen Darstellungen auf Computerbildschirmen werden auch Piktogramme genannt.

[3] Siehe Kapitel III.

sierte und häufig verwendete Bausteine sind beispielsweise Menüs zur Auswahl von Systemfunktionen und sogenannte Bildschirmmasken oder Formulare zur Dateneingabe. Ein solcher "Baukasten" hat die folgenden Vorteile:

- Konsistenz in der Benutzung
- einfache Änderbarkeit
- hohe Leistung
- unabhängige Konstruktion
- Rapid Prototyping
- hohe Wirtschaftlichkeit

1.1 Konsistenz in der Benutzung

Gegenwärtig sieht sich der Benutzer von Anwendungssystemen einer Vielfalt von unterschiedlichen Benutzerschnittstellen gegenüber. Nahezu jede Anwendung hat ihr eigenes Konzept der Kommunikation mit dem Benutzer. Da er in Zukunft sicher weitere Anwendungssysteme zu bedienen haben wird, ist eine schrittweise Konvergenz der Methoden für die Mensch-Computer-Kommunikation unumgänglich. Durch die Verwendung von standardisierten Komponenten zum Bau von Benutzerschnittstellen kann die Konsistenz bei der Benutzung von Computern gefördert und damit die Interaktion erleichtert werden.

Die Vereinheitlichung muß nicht einhergehen mit plumpen, für die Anwendung unangemessenen Standardtechniken, sondern sollte eher mit der Auswahlmöglichkeit bei heutigen Automobilen zu vergleichen sein, wo man sich eines der Grundmodelle heraussucht und darauf basierend noch vielfältige Austattungen erhalten kann, ohne daß dafür ein spezielles und grundlegend neues Auto gebaut werden müßte. Trotz dieser Individualisierung bleibt die Reihenfolge von Kupplungs-, Brems- und Gaspedal dieselbe. Das Bremspedal eines Computersystems ist heutzutage - um bei dieser Metapher zu bleiben - im Vergleich zu einem anderen Computersystem nicht nur mit einem anderen Pedal vertauscht, sondern findet sich unter Umständen im Handschuhfach, wo es wahrscheinlich nicht vermutet wird. Derartige Inkonsistenzen zwischen verschiedenen Systemen sind auf Dauer nicht tragbar. Sie belasten die Benutzer unnötig und provozieren dadurch Fehler und Unzufriedenheit.

1.2 Einfache Änderbarkeit

Die Komplexität von Anwendungssystemen hat allein schon durch ihre Größe zugenommen. Es wird für Softwareentwickler und erst recht für Anwender immer schwieriger, Änderungen an der Benutzerschnittstelle durchzuführen. Die Isolation von einzelnen Mechanismen und Eigenschaften der Benutzerschnittstelle in Komponenten ist ein gangbarer Weg, um zu besserer Veränderbarkeit zu kommen. Existieren für diese Komponenten darüberhinaus geeignete Schnittstellen, um ihr Verhalten zu ändern (Metaschnittstellen, wissensbasierte Komponenten), so hat man eine neue Ebene der Programmierung erreicht: die Modifikation von Systemen durch den Benutzer selbst. Man spricht in diesem Zusammenhang von adaptierbaren Systemen. Dadurch hat der Benutzer die Möglichkeit, die Benutzerschnittstelle innerhalb bestimmter Grenzen nach seinen Bedürfnissen zu modellieren. So werden viele Reibungsverluste vermieden, die zwangsläufig immer dann entstehen, wenn der Benutzer seine Änderungswünsche auf einem langen und meist unerfreulichen Weg über mehrere Zwischeninstanzen einem Programmierer mitteilt. Schon das Nahziel, dem Systementwickler bessere Eingriffsmöglichkeiten bei der Gestaltung von Benutzerschnittstellen zu bieten, ist kaum zu überschätzen.

1.3 Hohe Leistung

Je mehr Zeit für die Erstellung von Systemteilen aufgewendet wird, desto höher kann ihr Leistungsumfang, ihre Effizienz und ihre Zuverlässigkeit werden. Beispielsweise sind Datenbanksysteme ihrer Konzeption nach anwendungsneutrale Komponenten zum Bau von Anwendungssystemen. Das große Interesse an diesen Komponenten führte zu einem hohen theoretischen und praktischen Standard. In ähnlicher Weise interessiert man sich heute für anwendungsneutrale Benutzerschnittstellen, allerdings ohne dafür eine tragfähige Theorie zu haben. Bislang wurde aus verschiedenen Gründen nur die Entwicklung einiger Grundsysteme vorangetrieben, die ansatzweise den Anspruch der Anwendungsunabhängigkeit tragen können. Masken-, Menü- und in neuerer Zeit Fenstersysteme[4] könnten als Beispiele dafür genannt werden. Hat man den Nutzen derartiger Komponenten erkannt, so ist man i.a. bereit, beträchtliche Zeit für ihre Entwicklung und Verbesserung aufzuwenden. Dieser Zeitaufwand läßt sich durch die vielfältige Verwendbarkeit wieder mehrfach einsparen.

---

[4]Siehe Kapitel V.

1.4 Unabhängige Konstruktion

Es gibt inzwischen viele Rahmenbedingungen und Designkriterien für den Entwurf von Benutzerschnittstellen, beispielsweise ergonomische Forderungen, Möglichkeiten, die die Hardware bietet, und methodische Erfahrungen. Diese Anforderungen müssen jedesmal erneut auf ihre Berücksichtigung überprüft werden, wenn ein neues Anwendungssystem mit spezieller Benutzerschnittstelle entwickelt wird. Geht man allerdings den Weg der Bausteinbildung, so müssen diese Kriterien nur beim Entwurf eines Bausteins berücksichtigt werden; mit jedem Einsatz eines solchen Bausteins ist deren Berücksichtigung dann weitgehend garantiert. Die Konstruktion von Benutzerschnittstellen wird damit zu einer teilweise isolierten Aufgabe, die von Spezialisten auf diesem Gebiet gelöst werden kann.

1.5 Rapid Prototyping

Mit Hilfe existierender Schnittstellenkomponenten können leichter und schneller Prototypen für bestimmte Anwendungssysteme erstellt werden. Der Bau solcher Prototypen hilft einerseits dem Systementwickler, frühzeitig Designentscheidungen auf ihre Eignung und Funktionalität hin zu kontrollieren, und andererseits dem Endbenutzer zu entscheiden, ob das skizzierte (prototypisierte) System seinen Anforderungen gerecht werden kann. Der Prototyp dient ihm dann als Gegenstand der Kritik. An Schnittstellenkomponenten für prototypische Systeme müssen weitaus weniger hohe Anforderungen gestellt werden als an solche, die für Endprodukte verwendet werden sollen. Es bietet sich deshalb an, zuerst einmal solche Komponenten für Prototypen zu erstellen.

1.6 Hohe Wirtschaftlichkeit

Die bisher genannten Verbesserungen durch die Bereitstellung von Komponenten führen zu besserer und wirtschaftlicherer Erstellung und Wartung von Software. Häufig entfällt etwa die Hälfte der Software auf die Benutzerschnittstelle. Wirtschaftlichkeitsbetrachtungen waren die Haupttriebfeder für den Entwurf von Maskengeneratoren und Menügeneratoren, die schon seit längerer Zeit mit Erfolg angewendet werden. Softwareerstellende Betriebe sind heute stärker denn je bestrebt, derartige Generatorprinzipien für Benutzerschnittstellen weiterzuentwickeln. Diesen Bestrebungen steht allerdings ein Mangel an geeigneten Modellen und Implementierungstechniken gegenüber, der es erschwert, weitere, komplexere Bausteine in ihrem Aufbau und ihren Wechselwirkungen mit anderen Systemteilen auf eine operationale Art und Weise zu entwerfen, zu implementieren, mit Erfolg einzusetzen und problemlos zu warten.

2. Modelle für den Bau von Benutzerschnittstellen

Anhand von vier Modellen soll im folgenden der Weg skizziert werden, der von der herkömmlichen Methodik, Benutzerschnittstellen zu Anwendungssystemen zu bauen, zu einer neuen Vorgehensweise führt, nämlich der objektorientierten Realisierung weitgehend anwendungsneutraler Bausteine für Benutzerschnittstellen. Es werden drei Schritte beschrieben, ausgehend von der Benutzerschnittstelle als integralem Bestandteil des Anwendungssystems (Modell 1):

- *Abkopplung (Modularisierung)* eines möglichst großen Teils der Benutzerschnittstelle vom Anwendungssystem zu einer weitgehend eigenständigen Systemkomponente (Modell 2);

- *Anwendungsneutralität,* d.h. die Verwendung einer Benutzerschnittstelle (oder zumindest Teile davon) für mehrere Anwendungssysteme (Modell 3);

- *Aufgliederung in Objekte,* d.h. die Benutzerschnittstelle selbst wird zerteilt in einzelne Objekte, die mit dem Benutzer, dem Anwendungssystem sowie untereinander kommunizieren (Modell 4).

2.1 Die Benutzerschnittstelle als Bestandteil des Anwendungssystems

In vielen Anwendungssystemen ist die Benutzerschnittstelle integraler Bestandteil des Anwendungssystems. Sie ist praktisch untrennbar davon, es sei denn, man trennt beide auf der Ebene einzelner Statements der Programmiersprache.

Lange Zeit hat man der Benutzerschnittstelle in Computersystemen nur geringe Beachtung geschenkt. Die Funktionalität der Systeme stand im Vordergrund. Um diese Funktionalität wurden die Elemente der Benutzerschnittstelle "herumgestrickt". Dies entspricht gewissermaßen einem Systementwurf von innen (ausgehend von der Funktionalität) nach außen (zur Benutzerschnittstelle). Auf diese Weise erhält jedes Anwendungssystem seine eigene und speziell dafür erstellte Benutzerschnittstelle (siehe Abbildung IV-1). Für den Benutzer bedeutet dies eine spezielle Form der Kommunikation, die abhängig vom Anwendungssystem ständiges Umdenken und Umlernen erfordert. Der Systementwickler muß für jedes Anwendungssystem eine neue Benutzerschnittstelle bauen, deren Eigenschaften sich meist nicht lokal ändern lassen, sondern sich durch das ganze System ziehen. Dies führt zu beträchtlichen Zeit- und Kostenfaktoren bei der Erstellung von Systemen.

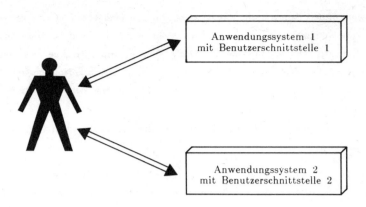

Abbildung IV-1: Die Benutzerschnittstelle als integraler Bestandteil der Anwendungssysteme (Modell 1)

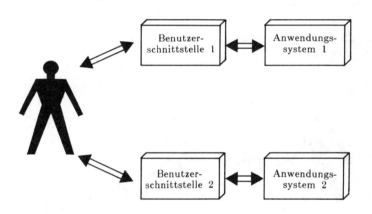

Abbildung IV-2: Die Benutzerschnittstelle als Modul zum jeweiligen Anwendungssystem (Modell 2)

2.2 Die Benutzerschnittstelle als Modul zum Anwendungssystem

Zieht man die Benutzerschnittstelle oder wesentliche Bestandteile als möglichst eigenständige Moduln aus dem jeweiligen Anwendungssystem heraus, so isoliert man damit Eigenschaften der Benutzerschnittstelle (siehe Abbildung IV-2).

Die Konzeption der Benutzerschnittstelle kann damit zumindest teilweise getrennt vom speziellen Anwendungssystem erfolgen. Dies ist ein Schritt in Richtung eines benutzerorientierten Entwurfs und damit eine Loslösung vom Prinzip "Systeme von innen nach außen zu entwickeln" (siehe dazu Abschnitt 2.1). Änderungen an der Benutzerschnittstelle können dann oft lokal erfolgen, ohne das Anwendungssystem selbst zu betreffen.

2.3 Die Benutzerschnittstelle zu mehreren Anwendungssystemen

Im vorhergehenden Modell besitzt jedes Anwendungssystem seine individuelle Benutzerschnittstelle. Mit dem Schritt der Modularisierung wird ein naheliegendes, weiteres Ziel verfolgt. Man möchte die gesamte oder wenigstens Teile der Benutzerschnittstelle für mehrere Anwendungssysteme verwenden (siehe Abbildung IV-3). Man kann Systeme dann schneller erstellen und dem Benutzer eine konsistentere Interaktion mit verschiedenen Systemen ermöglichen (siehe dazu Abschnitt 1).

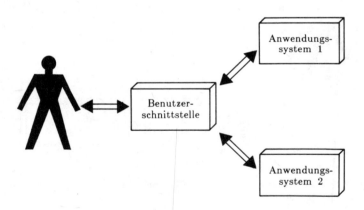

Abbildung IV-3: Die Benutzerschnittstelle zu mehreren Anwendungssystemen (Modell 3)

Anwendungsneutralität in Verbindung mit Modularisierung wird in vielen existierenden Systemen in Ansätzen praktiziert. Die Entwicklung von Maskengeneratoren, Menüsystemen oder Datenbankschnittstellen sind Beispiele dafür. Existierende Komponenten für Benutzerschnittstellen sind allerdings meist noch wenig individualisierbar und von keinem gemeinsamen Konzept getragen. Sie lösen damit nur einen Teil der Anforderungen.

2.4 Die Benutzerschnittstelle als Netzwerk von Objekten

Durch Verfeinerung des vorhergehenden Modells kommen wir zu einem Konzept, mit dem sich die gesamte Benutzerschnittstelle einheitlich beschreiben und realisieren läßt (siehe Abbildung IV-4).

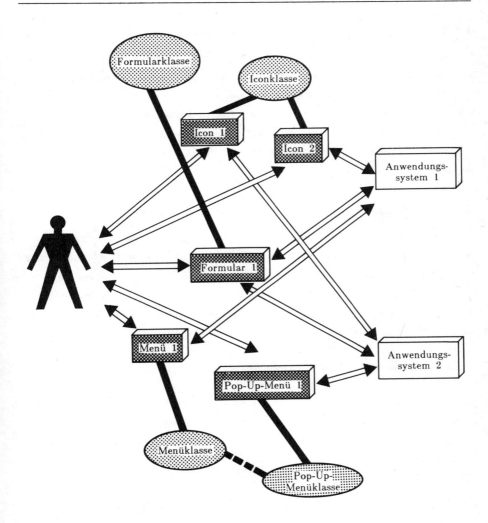

Abbildung IV-4: Die Benutzerschnittstelle als Netzwerk von Objekten (Modell 4)

Mit dieser Systemarchitektur gewinnt man höchste Modularität, kombiniert mit einfacher Individualisierbarkeit (siehe dazu die Ausführungen in Abschnitt 2.4.2), sowie eine Reihe weiterer Eigenschaften, die im folgenden beschrieben werden. Gemeinsame Grundlage der Elemente der Benutzerschnittstelle ist deren Konzeption als Objekte[5]. Sie können prinzipiell drei Arten Kommunikationspartnern haben: den Benutzer, das Anwendungssystem und andere Objekte der Benutzerschnittstelle.

2.4.1 Kommunikation mit dem Benutzer

Die Bausteine (Instanzen) der Benutzerschnittstelle kommunizieren mit dem Benutzer, indem sie seine Eingaben entgegennehmen, evtl. vorverarbeiten (z.B. korrigieren, formatieren) und weiterleiten sowie Information auf dem Bildschirm oder anderen Medien ausgeben. Obwohl der Benutzer mit Objekten der Benutzerschittstelle kommuniziert, kann er den Eindruck haben, er kommuniziere direkt mit dem Anwendungssystem. In Wirklichkeit filtert die Benutzerschnittstelle die "Benutzerfeindlichkeit" des Anwendungssystems heraus.

2.4.2 Kommunikation mit dem Anwendungssystem

Die Stellung von Objekten der Benutzerschnittstelle als Transferglieder bei der Kommunikation des Benutzers mit dem Anwendungssystem erfordert vielfältige Informationsübertragung zwischen ihnen und dem Anwendungssystem. Die Instanzen erfassen die Anfragen des Benutzers und formen sie geeignet in Anfragen an das Anwendungssystem um. Darüber hinaus können sie die Ausgaben des Anwendungssystems in für den Benutzer geeignete bzw. gewünschte Darstellungen verwandeln [Shaw et al. 83].

Kommunikationstechnik mit dem Anwendungssystem

Eines der Probleme mit aus dem Anwendungssystem separierten Elementen der Benutzerschnittstelle ist deren Kommunikation mit dem Anwendungssystem. Es gibt mehrere Techniken, wie Anwendungssystem und Objekte der Benutzerschnittstelle miteinander kommunizieren können:

- *Funktionsaufrufe:*
  Die Instanzen rufen Funktionen (oder Prozeduren) des Anwendungssystems auf.

---

[5]Im technischen Sinne sind es Instanzen verschiedener Klassen, siehe Kapitel III.

- *Botschaften:*
  An Objekte des Anwendungssystems[6] bzw. der Benutzerschnittstelle werden Botschaften gesendet.

- *Constraints:*
  Bestimmte Deskriptoren der Benutzerschnittstelle sind über Constraints[7] mit Deskriptoren des Anwendungssystems verknüpft.

Diese mögliche Bandbreite der Kommunikation ist notwendig, da unter Umständen sehr verschiedenartig konzipierte Anwendungssysteme mit der Benutzerschnittstelle kommunizieren wollen. Bei prozeduralen Systemen, die gegenwärtig die Mehrzahl aller Systeme ausmachen, sind Funktionsaufrufe (Prozeduraufrufe) die übliche Methode, während sich bei objektorientierten Anwendungssystemen eine Kommunikation auf der Ebene von Botschaften anbietet. Die Kopplung über Constraints wird nur in den Fällen in Frage kommen, wo Benutzerschnittstelle und Anwendungssystem auf gleicher Basis konzipiert und implementiert wurden.

Zuordnung zu Anwendungssystemen

Es soll nun dargestellt werden, wie die Zuordnung der Elemente (Instanzen) der Benutzerschnittstelle zu den einzelnen Anwendungssystemen aussieht. Es sind zwei Fälle zu unterscheiden (siehe dazu auch Abbildung IV-4):

- Eine Instanz der Benutzerschnittstelle kommuniziert mit mehreren Anwendungssystemen. Damit wird der Charakter der *Anwendungsneutralität* demonstriert (siehe Abbildung IV-5).

- Ein Anwendungssystem kommuniziert mit mehreren Instanzen der Benutzerschnittstelle. Der Teil der Benutzerschnittstelle wurde also aus dem Anwendungssystem herausgezogen und in einzelne *Moduln* zerteilt (siehe Abbildung IV-6).

Individualisierung der Benutzerschnittstelle

Ein häufig genannter Nachteil der Benutzung von Bausteinen zum Aufbau von Systemen ist ihre relative Starrheit. Manche Bausteine lassen sich nur mit unverhältnismäßig hohem Aufwand anpassen. Hat man sich entschieden, einen Baustein zu verwenden, so muß man ihn so verwenden, wie er ist. Beim Bau von Benutzerschnittstellen braucht

---

[6] Falls es solche gibt - das Anwendungssystem muß nicht objektorientiert realisiert sein.

[7] Siehe Kapitel III.

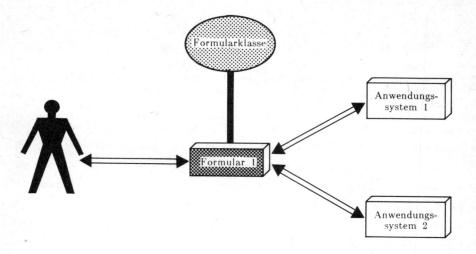

Abbildung IV-5: Eine anwendungsneutrale Instanz

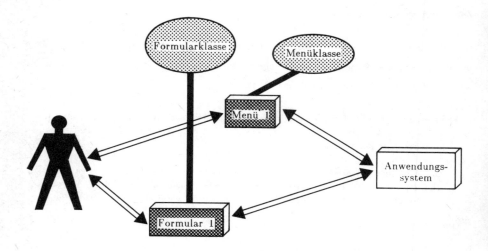

Abbildung IV-6: Instanzen als Moduln für Benutzerschnittstellen

man aber beträchtliche gestalterische Eingriffsmöglichkeiten, d.h. eine gewisse Individualisierbarkeit muß gegeben sein. Andererseits gibt es eine Menge von Eigenschaften der Benutzerschnittstelle, die sich von Anwendung zu Anwendung nicht ändern. Dies sollte man sich zunutze machen können.

Die objektorientierte Realisierung mit Vererbungsmechanismen liefert dazu elegante und praktikable Lösungen:

- Zwei Instanzen der gleichen Klasse kommunizieren mit je einem Anwendungssystem (siehe Abbildung IV-7). Die Instanzen verkörpern jeweils unterschiedliche Zustände bei gleicher Funktionalität *(Individualisierung durch Instantiierung)*. Dies könnten zum Beispiel zwei Icons sein, die jeweils speziellen Text enthalten.

- Zwei Instanzen haben eine gemeinsame Klasse in ihrem Vererbungsnetz (siehe Abbildung IV-8). Dies hat zur Folge, daß sie nur teilweise gleiche Slots und Methoden[8] haben *(Individualisierung durch Spezialisierung)*. In der Abbildung soll als Beispiel die Verfeinerung von normalen Menüs zu sogenannten Pop-Up-Menüs dargestellt werden. Pop-Up-Menüs unterscheiden sich von anderen Menüs ausschließlich durch die Eigenschaft, daß sie nur sichtbar sind, solange sie gebraucht werden, d.h. solange eine Auswahl im Menü stattfindet. Die Realisierung von Pop-Up-Menüs geschieht durch die Definition einer neuen Klasse, die die bereits vorhandene Menüklasse zur Superklasse hat und damit deren Eigenschaften erbt. Die Pop-Up-Menüklasse enthält ansonsten nur die speziellen Pop-Up-Methoden.

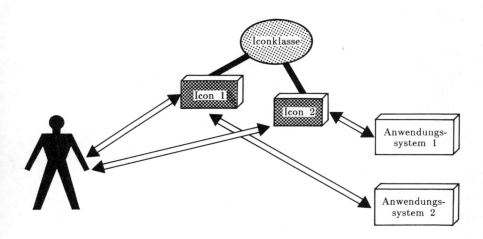

Abbildung IV-7: Individualisierung durch Instantiierung

---

[8]Siehe Kapitel III.

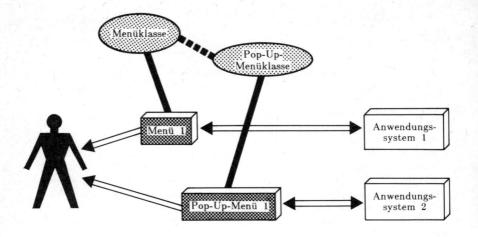

Abbildung IV-8: Individualisierung durch Spezialisierung

2.4.3 Kommunikation mit andereren Instanzen der Benutzerschnittstelle

Die Benutzerschnittstelle ist ein Netz von Instanzen[9], die in der Hauptsache als Vermittler zwischen Benutzer und Anwendungssystem wirken sollen. Es gibt mehrere Gründe, warum diese Instanzen auch untereinander kommunizieren müssen.

1. **Horizontale Schichtung:**

   Eine Reihe von Instanzen wirken als Bearbeiter von Teilaufgaben innerhalb der Benutzerschnittstelle. Sie reichen sich die veränderte Information weiter, bis sie fertig bearbeitet ist und an den Benutzer bzw. das Anwendungssystem ausgeliefert werden kann (siehe Abbildung IV-9).

   Ein Beispiel horizontaler Schichtung der Instanzen kann man sich bei einem Menüsystem vorstellen, wo die erste Instanz ständig die Position der Maus liest und diese einer zweiten Instanz meldet, die dann um die betreffende Menüzeile einen Rahmen zieht. Wählt der Benutzer dann eine Zeile aus, so stellt die zweite Instanz die Zeile invers dar und meldet einer dritten Instanz die Auswahl, die ihrerseits dann das Anwendungssystem davon unterrichtet, um dort eine entsprechende Funktion auszulösen.

---

[9]Vernetzung durch Kommunikations- und Vererbungspfade.

Modulare anwendungsneutrale Benutzerschnittstellen

Mit dem IFIP-Modell [Dzida 83] wird eine ähnliche Aufteilung der Benutzerschnittstelle in Instanzen[10] vorgeschlagen. Es wird dabei in die Ein-/Ausgabeschnittstelle, die Dialogschnittstelle und die Werkzeugschnittstelle aufgeteilt.

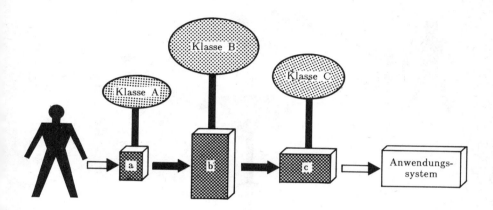

Abbildung IV-9: Horizontale Schichtung von Instanzen der Benutzerschnittstelle

2. Vertikale Schichtung:

Man kann sich vorstellen, daß es Objekte gibt, die dazu dienen, andere Objekte beeinflussen zu können. Man nennt sie *Metaobjekte*[11] (siehe Abbildung IV-10).

Wenn die betroffene Instanz beispielsweise ein Menü ist, so kann die Metainstanz das Menü dahingehend beeinflussen, daß die Farbe der jeweils ausgewählten Menüzeile geändert wird, um sie deutlicher hervorzuheben. Die Metainstanzen können also als Schnittstelle zur Gestaltung der Benutzerschnittstelle selbst dienen. Diese Gestaltung könnte sowohl vom Benutzer wie auch vom Anwendungssystem her gesteuert werden. Die Metaobjekte sind damit auch die Benutzerschnittstelle zur Benutzerschnittstelle.

3. Synchronisation:

Verschiedene Objekte der Benutzerschnittstelle müssen sich synchronisieren, wenn sie mit dem Benutzer oder dem Anwendungssystem kommunizieren wol-

---

[10] Beim IFIP-Modell spricht man von Prozessen und Schnittstellen.

[11] Siehe Kapitel IX.

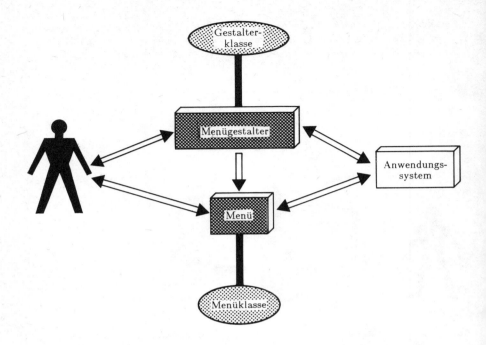

Abbildung IV-10: Vertikale Schichtung von Instanzen der Benutzerschnittstelle

---

len (siehe Abbildung IV-11). Im Fall von alternativen Interaktionsformen (z.B. Menüs oder Kommandozeile) muß zwischen den jeweiligen Objekten, die diese Interaktionsform repräsentieren, entschieden werden, welche zuständig ist. Bei parallelen Aktivitäten ist diese Synchronisation noch komplizierter. Beispielsweise können bei der Auswahl aus einem Menü mehrere Objekte beteiligt sein: eines, das die Darstellung auf dem Bildschirm aktualisiert und ein anderes, das zusätzlich eine kurze Erklärung der Menüzeile gibt, auf die gerade mit der Maus gezeigt wird. Beide Objekte können dazu direkt kommunizieren.

Bei den Window-Bound-Icons (siehe Abschnitt 3.4) gibt es auch eine sehr enge Synchronisation mit ihren jeweils assoziierten Fenstern, um zu garantieren, daß immer nur entweder Icon oder Fenster sichtbar ist, da diese Klasse von Icons gerade die Aufgabe hat, Fenster platzsparend zu repräsentieren.

Wir haben auf Grund der Modelle gesehen, wie sich der Weg von vollständig in das Anwendungssystem einbezogenen Benutzerschnittstellen über mehrere Stufen hin zu einer Benutzerschnittstelle aus einem Netz von Objekten zieht, die vielfältige Arten von Kommunikation und Individualisierbarkeit ermöglichen.

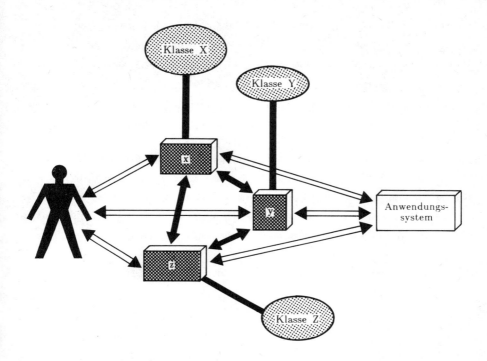

Abbildung IV-11: Synchronisation von Instanzen der Benutzerschnittstelle

Im folgenden Abschnitt wird anhand eines Beispiels erläutert, wie sich das Prinzip der modularen und anwendungsneutralen Benutzerschnittstellen bei einer Realisierung niedergeschlagen hat. Das Beispiel sind Icons. Wir werden zunächst begründen, wozu Icons benötigt werden und warum sie in vielen Anwendungen benutzbar sind.

3. Fallstudie: Icons als anwendungsneutrale Komponenten

Gründe für das Unbehagen bei der Umstellung von manuellen Systemen auf Computersysteme sind unter anderen das Nichtsichtbarsein oder Nichtgreifbarsein der vorhandenen Arbeitsobjekte sowie das neue Abstraktionsniveau und die eingeengten Möglichkeiten bei der Bearbeitung (Manipulation) dieser Objekte.

Der Sachbearbeiter hat keinen Karteikasten mehr, den er, in der gewohnten Art und Weise blätternd, durchsuchen kann. Er kann nicht einfach zwei Formulare (ausgefüllte

Bildschirmmasken), die noch aufeinander abzustimmen sind, mit einer Büroklammer zusammenheften und auf den Stapel der noch offenen Arbeiten legen. Er kann keinen Markierstift mehr nehmen, um eine fragliche Eintragung in einem Auftragsformular (das ihm als ausgefüllte Bildschirmmaske "vorliegt") zu markieren, die erst am nächsten Tag geklärt werden kann. Er kann keine Rechnungsaufstellung in eine Mappe packen und diese seinem Kollegen zur Weiterbearbeitung über den Tisch reichen.

All diesen gewohnten Praktiken liegt ein Prinzip zugrunde: die *direkte Manipulation* [Herczeg et al. 85; Shneiderman 83]. Die bisherigen Objekte am Arbeitsplatz hatten einen Aufenthaltsort, der meist bekannt, benennbar und damit natürlich war. Sie waren leicht sichtbar zu machen, und man konnte auf sie zeigen. Sie waren darüber hinaus greifbar, mit verschiedenen Methoden manipulierbar und damit gestaltbar.

3.1 Direkte Manipulation in Computerspielen

Bei den Computerspielen kann man das Prinzip der direkten Manipulation sehr gut beobachten. Dort möchte man dem Benutzer einen möglichst direkten Kontakt zu den Objekten des Spiels ermöglichen; man muß ihn aus Gründen der Akzeptanz sogar garantieren. Bei der Entwicklung von Schachcomputern wird dies auch sehr deutlich. Bei Geräten früher Generationen wurden die Züge in Form von Koordinaten zwischen Mensch und Computer ausgetauscht. Heutige Schachcomputer visualisieren das Schachbrett in der vom manuellen Schach gewohnten Art. In einer noch ausgereifteren Form benötigt man zur Eingabe der Züge auch keine Tastatur mehr, sondern deutet mit einem Zeigeinstrument auf die zu bewegende Figur und bewegt sie zum gewünschten Ziel. Dies ist eine Entwicklung von der indirekten zur direkten Manipulation in einer für den Menschen natürlichen Art und Weise.

3.2 Direkte Manipulation in Bürosystemen

Das Prinzip der direkten Manipulation wurde bereits mehrfach auf Bürosysteme angewandt. Dabei werden die Objekte der Bürowelt, wie z.B. Dokumente, Ordner, Ordnerschränke, Papierkorb und Postablagefächer, durch kleine Icons [Smith 77] visualisiert. Diese können dann bei Bedarf geöffnet werden, um den zugehörigen Inhalt anzusehen und zu bearbeiten. Durch Zeigen mit der Maus können Objekte ausgewählt und bewegt werden. Ein Fenstersystem sorgt dafür, daß sich solche Objekte auf dem Bildschirm überlappen können und somit keinen Restriktionen hinsichtlich der Platzwahl und Größe unterliegen. Man hat sich bemüht, mit diesen Systemen Teile der manuellen Bürowelt so direkt wie möglich auf dem Computer nachzubilden. Systeme dieser Art, die bereits kommerziell verfügbar sind, sind das Xerox STAR 8010 Information System [Smith et al. 82] sowie die Systeme LISA [Williams 83] und MACINTOSH [Williams 84] von Apple. Andere Computerhersteller arbeiten ebenfalls an entsprechenden Systemen. In anderen Anwendungsbereichen (z.B. Computer-Aided Design) wird die direkte Manipulation in ähnlicher Art und Weise mit großer Selbstverständlichkeit und überzeugendem Erfolg seit längerer Zeit eingesetzt.

Da man sich das Prinzip der direkten Manipulation bei sehr vielen Anwendungssystemen vorstellen kann, ist es besonders interessant, inwieweit diese Methode in Form weitgehend isolierter Systemkomponenten (Komponenten der Benutzerschnittstelle) realisierbar ist. Im folgenden soll ein Ansatz zu einer solchen Lösung kurz erläutert werden, der sich auf das Modell 4 des Abschnitts 2 stützt.

3.3 Codierung von Objekten und Funktionen durch Icons

Icons sind abstrahierte bildhafte Darstellungen von Objekten[12]. Im folgenden ist ein Icon eine Darstellung (Repräsentant, Codierung) eines oder mehrerer Objekte auf einem Bildschirm. Dargestellt werden können beliebige Objekte des Anwendungssystems (z.B. Dokumente) oder Objekte des Dialogsystems (z.B. die Liste der bereits ausgeführten Aktionen). Der Begriff "Objekt" war bis jetzt noch recht eng gefaßt und bezog sich auf den intuitiven Begriff eines Objekts, das man "anfassen" kann, wie wir es aus unserer Umwelt gewöhnt sind. Diese Metapher soll im wesentlichen beibehalten werden. Icons können aber auch Funktionen repräsentieren.

Die auf dem Bildschirm darzustellenden Objekte sind häufig groß und komplex. Man möchte nicht zu jeder Zeit jedes Objekt vollständig und detailliert auf dem Bildschirm sehen. Es gibt zwei grundlegende Methoden, dies zu lösen:

- *Filtern:*
  Es wird nur der Teil eines Objekts gezeigt, der gerade relevant oder interessant ist. In einem CAD-System sieht man den Teil der Graphik, der gerade bearbeitet wird. Man erhält einen Ausschnitt des Objekts. Innerhalb dieses Ausschnitts möchte man aber nicht jedes Detail der Graphik sehen, so daß man noch einen Filter "darüberlegt", der bestimmte Teile des Objekts unterdrückt. Durch diese Methoden des Filterns wird das Objekt unvollständig dargestellt.

---

[12]Mit dem Begriff Objekte sind hier Objekte der Anwendung (z.B. Dokumente, Ordner) gemeint; diese Objekte müssen nicht notwendigerweise programmiertechnisch als Objekte in einer objektorientierten Sprache realisiert sein.

- *Codieren:*
  Anstatt das gesamte Objekt oder Teile davon nicht darzustellen, kann man sie auch symbolisieren (codieren). Durch diese Abstraktion soll sich die Darstellung auf ihre in einem bestimmten Kontext wesentlichsten Charakteristiken reduzieren.

Icons wiederum sind nichts anderes als Codierungen von Objekten. Sie erhalten die Präsenz von Objekten mit einem Minimum an dargestellter Komplexität, und dies zeichnet sie aus. Daraus läßt sich schon eine Anwendung von Icons ableiten. Immer dann, wenn ein Objekt sichtbar bleiben soll, in seiner normalen Darstellung aber zu umfangreich oder komplex und darüber hinaus die Abstraktion seiner Details akzeptabel ist, kann man versuchen, es als Icon darzustellen.

Die Realisierung von Icons soll es erlauben, beliebige Objekte als Icons auf dem Bildschirm darzustellen. Zeigt man auf ein solches Icon mit einem Zeigeinstrument und wählt es aus, so hat man auf einfache Art und Weise ein Objekt ausgewählt. Dies ist der erste Schritt, um ein Objekt zu manipulieren. Visualisiert man durch solche Icons nicht irgendwelche Objekte, sondern Funktionen der Anwendungen, so lassen sie sich durch diese Zeigehandlung auswählen und ausführen. Erkennt man Texte auch als solche bildhaften Darstellungen an, so erkennt man in herkömmlichen Menüs nichts anderes als die codierte Darstellung von Funktionen und die Auswahlmöglichkeit über die Zeigehandlung.

Die Repräsentation von Objekten und Funktionen durch Icons (graphisch und textuell) auf dem Bildschirm und die dazugehörige Zeige- und Auswahlhandlung ist eine weitgehend anwendungsneutrale Kommunikationstechnik. In einer speziellen textuellen Form, nämlich Funktionsmenüs, wird sie bereits seit langer Zeit mit überzeugendem Erfolg angewendet. Die Verallgemeinerung durch graphische Elemente verspricht, eine interessante Perspektive im Hinblick auf die direkte Manipulation von Anwendungen sowie auf die Entwicklung weiterer anwendungsneutraler Benutzerschnittstellen zu sein.

Die beschriebenen Typen von Icons sind nur die einfachste Form. Man kann sich sehr viel komplexere Typen vorstellen, die verschiedene spezielle Eigenschaften haben. In unserem Projekt haben wir weitere Realisierungen in prototypischen Anwendungen untersucht. Die Icons wurden in ObjTalk als anwendungsneutrale Bausteine realisiert und sind mühelos in der Benutzerschnittstelle für Anwendungssysteme zu verwenden. In vielen prototypischen Anwendungen wurden sie in unserem Projekt bereits mit Erfolg verwendet.

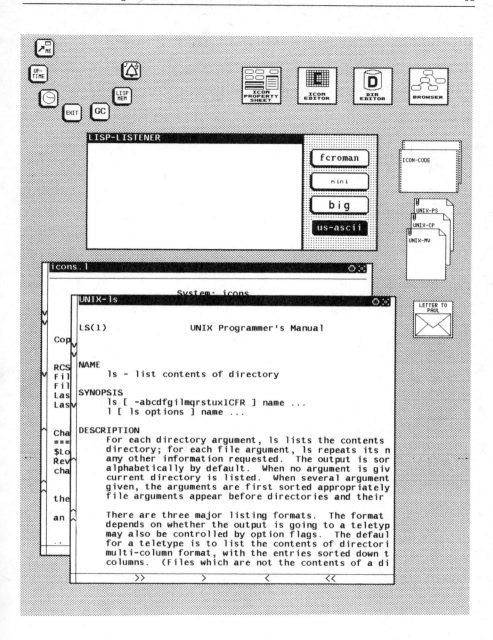

Abbildung IV-12: Beispiele von Icons auf dem Bildschirm

3.4 ObjTalk-Klassenhierarchie der Icons

Für den interessierten Leser wird im folgenden die vereinfachte ObjTalk-Hierarchie einer Icon-Implementierung graphisch dargestellt (siehe Abbildung IV-13) und erläutert:

- *elementary-icon:*
  Diese Klasse beschreibt die Grundeigenschaften von Icons. Ein Icon besitzt zum Beispiel die Referenz zum Objekt, das es repräsentiert, sowie eine Aktion, die es ausführt, wenn es aktiviert wird.

- *picture-icon:*
  Das *picture-icon* realisiert ein Icon, das neben den Grundeigenschaften des *elementary-icon* auch eine graphische Darstellung auf dem Bildschirm besitzt. Dies kann beliebige Rastergraphik sein.

- *text-icon:*
  Icons sind häufig nicht nur bildhafte Darstellungen, sondern können zusätzlich Texte als Beschriftung beinhalten. Dazu kennt das Icon u.a. den Text selbst, einen bestimmten Zeichensatz, die Lage des Textes im Icon sowie Methoden, um den Text zu formatieren und auszugeben.

- *basic-window:*
  Diese Klasse stammt aus dem Fenstersystem und definiert die Fenstereigenschaften[13] von Icons.

- *basic-icon:*
  Ein *basic-icon* kann sowohl eine graphische Darstellung wie auch einen Text enthalten. Dies ererbt es jeweils aus den Superklassen *picture-icon* und *text-icon*. Darüber hinaus hat es alle Eigenschaften eines Fensters, d.h. es kann beispielsweise auf dem Bildschirm herumbewegt werden und sich mit anderen Fenstern überlappen.

- *window-bound-icon:*
  Fenster nehmen auf dem Bildschirm oft beträchtlichen Platz ein. Benötigt man ein Fenster vorübergehend nicht mehr, so ist es wünschenswert, es zeitweise zu einem kleinen Icon zusammenschrumpfen zu lassen. Durch Anklicken des Icons möchte man das Fenster wieder in seiner alten Größe erscheinen lassen, während das Icon selbst verschwindet. *window-bound-icons* besitzen die Fähigkeit, mit einem beliebigen Fenster zu diesem Zweck kommunizieren zu können. Dieser Icontyp ist in unseren Systemen ein häufig benutzter Baustein der Benutzerschnittstelle.

- *document-icon:*
  Dieses Icon verfeinert die Eigenschaften von *window-bound-icon* nur geringfügig. Es bietet ein fest definiertes Bild eines symbolisierten Dokuments, um z.B. als Icon für Textfenster zu dienen.

---

[13] Siehe Kapitel V.

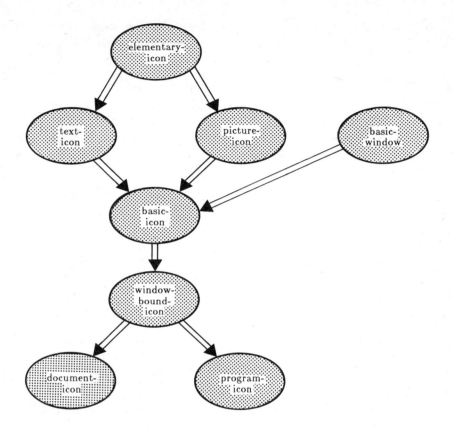

Abbildung IV-13: ObjTalk-Klassenhierarchie der Icons

- *program-icon:*
  Das *program-icon* leistet dasselbe wie das vorhergehende Icon, nur symbolisiert es ein Programmlisting, stellvertretend für ein Fenster, in dem Programmtext aufgelistet oder editiert wird.

Aus dieser in der Realisierung viel komplexeren und umfangreicheren Hierarchie kann sich der Anwendungsprogrammierer die für die spezielle Anwendung angemessenen Icontypen heraussuchen. Die Eigenschaften der Icons werden durch diese Hierarchie systematisch von sehr einfachen Icons mit geringer Funktionalität bis hin zu sehr speziellen Icons mit dezidierter Funktionalität verfeinert. Daran ist ersichtlich, daß die Konstruktion der Benutzerschnittstelle durch die Verwendung von Bausteinen nicht zu einer Armut an Kommunikationskonzepten führen muß. Eine verfügbare und leicht anwendbare Menge von

Bausteinen führt eher zur Bereicherung von Benutzerschnittstellen, da mit verhältnismäßig wenig zusätzlichem Aufwand solche Konzepte als Baustein integriert werden können.

4. Wissensbasierte Benutzerschnittstellen

Eine vollständige Benutzerschnittstelle, die nach dem Modell 4 aufgebaut ist, wird aus einem komplexen Netz sehr vieler Objekte bestehen. Neben den angedeuteten Objekten (z.B. Fenster, Icons, Menüs etc.) wird man noch eine Vielzahl anderer Objekte benötigen, um zum einen eine funktionelle, vollständige Benutzerschnittstelle zu erhalten und sie zum anderen mit mehr Wissen über verschiedene Dinge auszustatten [Bauer, Herczeg 85].

- Man kann *Metaobjekte* für Interaktionsmethoden (Menüs, Textfelder, Icons etc.) integrieren, um diese Methoden gestaltbar zu machen. Diese Metaobjekte sind nichts anderes als repräsentiertes *Wissen über die Eigenschaften der Benutzerschnittstelle.* Mit ihnen schafft man eine neue Ebene der Gestaltbarkeit *(adaptierbare Systeme),* die über der Ebene der üblichen Programmierung liegt und damit für den Benutzer handhabbar sein kann [Herczeg et al. 85].

- Man kann Objekte bereitstellen, die *Wissen über die verschiedenen Benutzer* enthalten, um die Kommunikation den speziellen Bedürfnissen einzelner Benutzer anzupassen. Man spricht hierbei häufig vom *Benutzermodell,* dem Modell, das das Systems vom Benutzer hat. Ein solches Benutzermodell könnte beispielsweise enthalten, daß der Benutzer X wenig Systemerfahrung hat und daher Menüs bevorzugt, während Benutzer Y als Experte ausschließlich eine Kommandoschnittstelle erwartet. Derartige Benutzermodelle sind eine Voraussetzung für Systeme, die sich an den Benutzer selbständig anpassen *(adaptive Systeme).*

- Eine andere Art von Wissen, die in einer solchen Benutzerschnittstelle zu repräsentieren wäre, ist *Wissen über allgemeine ergonomische Bedürfnisse* der Benutzer. Es kann festgehalten werden, daß bei einem Farbsystem nur bestimmte Hintergrundfarben zulässig sind [Herczeg, Maier 83] oder die Größe von Schriftzeichen auf dem Bildschirm einen bestimmten Wert nicht unterschreiten darf.

- Merkt sich das System den Dialogablauf *(Dialoghistorie),* so kann das System auf Wunsch des Benutzers eventuell zu früheren Systemzuständen zurückkehren *(Undo)* oder ausgeführte Aktionen in derselben oder leicht veränderten Form wiederholen *(Redo).* Wissen über die Abfolge von Systemfunktionsaufrufen, die Invertierbarkeit von Funktionen und das Verändern und Hinzukommen von Informationen sind dazu notwendig.

- *Wissen über die Hardware* (z.B. das verwendete Terminal) ist ein möglicher Ansatzpunkt, um oben genannten ergonomischen Forderungen Rechnung zu tragen. Wenn das System beispielsweise in der Lage sein soll, dem Benutzer einen guten Kompromiß zwischen Schreib- und Hintergrundfarbe anzubieten, so muß es auch wissen, welche Farben auf dem Terminal darstellbar sind.

- Nicht zuletzt sollte *Wissen über die Anwendungssysteme* modelliert werden, um die Kommunikation zwischen Benutzerschnittstelle und Anwendungssystem so gut wie möglich zu gestalten. Dazu können Kommunikationsprotokolle definiert werden oder auch Quellen für ein Hilfesystem, das die Funktionen der Anwendung erklären soll.

Es gibt noch sehr viel mehr Wissen, das in der Benutzerschnittstelle modelliert werden sollte, um dem Benutzer eine angenehme und seinen Anforderungen adäquate Kommunikation mit verschiedenen Anwendungssystemen zu erlauben. Das Ziel ist eine Benutzerschnittstelle, die wir als wissensbasiert bezeichnen wollen.[14]

Die Isolierung verschiedener Eigenschaften der Benutzerschnittstelle in Form von Bausteinen ist ein erster Schritt zu einem solchen wissensbasierten System. Die Objekte und ihre Vererbungshierarchien dienen als Strukturierungsprinzip und machen das Wissen dieser Schnittstelle besser kontrollierbar. Objekte, die andere Objekte beschreiben (Metaobjekte), machen die Benutzerschnittstelle für Mensch und Computer gestaltbarer.

5. Schlußbemerkungen

Es gibt viele Gründe, die für die Modularisierung von Benutzerschnittstellen in möglichst anwendungsneutrale Bausteine sprechen. Ausgehend von einer Architektur des Anwendungssystems mit eng verflochtener Benutzerschnittstelle wurde anhand von vier Modellen der Übergang zu einer vom Anwendungssystem weitgehend losgelösten Benutzerschnittstelle in Form eines Netzwerks von kommunizierenden Objekten vollzogen.

Der objektorientierte Ansatz bringt - wie wir gesehen haben - viele Vorteile beim Bau solcher Benutzerschnittstellen:

- Die Aufteilung (der Benutzerschnittstelle) in Objekte ist eine "natürliche" Modularisierungsmethode.

- Die Koppelung von Objekten innerhalb der Benutzerschnittstelle ist auf vielfältige Weise möglich (vertikale und horizontale Schichtung, Synchronisation). Gute Strukturierung wird dadurch unterstützt.

---

[14]Man könnte sie auch intelligente Benutzerschnittstelle nennen, allerdings gibt es sehr viele Vorbehalte zu dieser Namensgebung.

- Individualisierung der Bausteine (durch das Konzept von Klassen und Instanzen sowie durch Vererbungshierarchien) ist sehr einfach möglich.

- Es gibt eine Vielzahl von Methoden für die Objekte der Benutzerschnittstelle, um mit dem Anwendungssystem zu kommunizieren (Funktionsaufruf, Senden von Botschaften, Constraints).

Am Beispiel von Icons wurde die Konzeption einer anwendungsneutralen Schnittstelle und die Realisierung als ein Vererbungsnetzwerk von ObjTalk-Klassen angerissen.

Nach der beschriebenen Architektur wird in unserem Projekt ein "Baukasten" entwickelt, mit dessen Hilfe man sehr schnell Benutzerschnittstellen zu beliebigen Anwendungssystemen erstellen kann. Die Bausteine werden für prototypische Anwendungssysteme verwendet und damit ständig durch kritische Bewertung weiterentwickelt oder verworfen. Neben den beschriebenen Icons gibt es weitere Elemente in diesem Baukasten:

- *Fenstersystem:*
  Das Fenstersystem[15] dient zur Unterteilung des Bildschirms in Fenster (rechteckige Bereiche, Teilbildschirme), die sich gegenseitig beliebig überlappen können [Fabian, Rathke 83]. Innerhalb dieser Fenster können sich z.B. die eigentliche Anwendung, Menüs und Icons befinden.

- *Menüs:*
  Das Menüsystem bietet eine Reihe verschiedenartiger Menütypen an, die bei Bedarf in ihrem Verhalten und Aussehen modifiziert werden können. Es gibt neben Standardmenüs zum Beispiel Pop-Up-Menüs (siehe 2.4.2), Scrolling-Menüs und mehrspaltige Menüs. Meistens sind Menüs mit bestimmten Fenstern oder den darin laufenden Anwendungen verknüpft.

- *Editoren:*
  Editoren[16] für unterschiedliche Arten von Texten sind ein wichtiger Bestandteil einer Benutzerschnittstelle. Als weitere Komponente wurde deshalb ein universeller, fensterorientierter Editor entwickelt, der leicht an verschiedene Anwendungen angepaßt werden kann.

- *Fonts:*
  Auf Rasterbildschirmen kann man verschiedene Zeichensätze (Schriftarten) darstellen. Die Nutzung dieser Möglichkeit kann die Benutzerschnittstelle entscheidend verbessern. Aus diesem Grund wurde eine Systemkomponente für den einfachen Umgang mit mehreren Zeichensätzen und einzelnen Bitmaps entwickelt.

---

[15] Siehe Kapitel V.

[16] Siehe Kapitel VI.

- *Formularsysteme:*
  In laufenden Arbeiten werden zur Zeit verschiedene Formularsysteme entworfen und realisiert [Herczeg 83]. Formulare sind eine altbewährte Interaktionstechnik, die durch die Verwendung von Rasterbildschirmen noch entscheidend verbessert werden kann.

- *Property-Sheets:*
  Zur Visualisierung und Modifikation der Eigenschaften von Objekten der Anwendung und der Benutzerschnittstelle dienen sogenannte Property-Sheets. Man kann sie als eine Mischung aus Menü und Formular betrachten. Sie dienen dem Benutzer zum Beispiel zur Modifikation von Icons auf dem Bildschirm und sind damit Metaobjekte zu Icons.

Mit diesen Ausführungen sollte nicht der Anschein erweckt werden, daß Benutzerschnittstellen völlig losgelöst von Anwendungssystemen betrachtet werden können. Dies ist genausowenig möglich, wie sie unabhängig vom Benutzer betrachtet werden können. Das Ziel ist in erster Linie, Methoden, die ständig in gleicher oder leicht veränderter Form Anwendung finden, so weit wie möglich zu isolieren und als individualisierbare Bausteine bereitzustellen. Das Ziel ist auch nicht die starre Standardisierung von Computerdialogen, denn dies würde zwangsläufig zu einer Verarmung der Kommunikation führen. Genau das Gegenteil ist anzustreben, eine vom Menschen handhabbare Bereicherung der Mensch-Computer-Kommunikation durch isolierte, kontrollierbare und leicht veränderbare Konzepte.

V

Fenster- und Menüsysteme in der MCK

Franz Fabian

Fernschreiberähnliche Schnittstellen werden den Anforderungen der Mensch-Computer-Kommunikation nicht mehr gerecht. Die durch technische Eigenschaften beschränkten Interaktionsformen der Fernschreibertechnologie (d.h. niedrige Datenübertragungsraten, zeilenorientierte, auf Papier druckende Terminals) wurden auch nach der zunehmenden Verwendung von Bildschirmterminals auf die wesentlich leistungsfähigere Hardware übernommen. Gleichzeitig bekam die *interaktive* Nutzung eines Computers in vielen Einsatzbereichen eine sehr viel größere Bedeutung als der bis dahin vorherrschende Batch-Betrieb. Die Zeitintervalle zwischen Benutzereingaben und der Reaktion des Rechners wurden dadurch immer kürzer. Den aus dieser veränderten Benutzungsart entstandenen Anforderungen werden die traditionellen Benutzerschnittstellen in vielen Fällen nicht mehr gerecht. Hinzu kommt ein schwerwiegender Nachteil von Bildschirmterminals. Durch den relativ kleinen Bildschirm kann dem Benutzer nur der unmittelbar zurückliegende Dialogverlauf angezeigt werden. Dadurch verliert der Benutzer leicht den Überblick über seine Dialogsituation ("wo bin ich?", "was kann ich tun?", [Nievergelt 83; Sugaya et al. 84]). Zwar kann der Benutzer durch Eingabe verschiedener Kommandos zumeist eine Auskunft vom System erhalten, wodurch er aber bei der Bearbeitung seiner eigentlichen Aufgabenstellung nur noch mehr behindert wird.

Zur Verbesserung der MCK ist es notwendig, andere Interaktionsformen zu entwickeln. Der explizite Kommunikationskanal (siehe II-5 in Kapitel II) zwischen Mensch und Computer kann durch die verbesserten technologischen Möglichkeiten leistungsfähiger gestaltet werden. Diese neuen Interaktionsformen haben zu berücksichtigen, daß der Bildschirm ein zweidimensionales Medium ist. Eine erste Umsetzung dieser Erkenntnis ist der Einsatz von Bildschirmmasken zur Ein- und Ausgabe von Daten und die Entwicklung von bildschirmorientierten Text- und Programmeditoren (siehe hierzu Kapitel VI). Kennzeichnend für diese Systeme sind:

- eine für den Menschen besser geeignete Darstellung der zu bearbeitenden Information (siehe auch Kapitel VII)
- sofortige Verarbeitung jedes einzelnen Tastendrucks zum frühzeitigen Erkennen von unzulässigen Eingaben und schnelles *Feedback* für den Benutzer

Die Interaktion des Benutzers geschieht bei diesen bildschirmorientierten Systemen hauptsächlich durch das *Verändern des Bildschirminhaltes* (Prinzip der direkten Manipulation) und weniger durch die Eingabe von Kommandos; sie ist daher für den Benutzer anschaulicher.

Beim bildschirmorientierten Arbeiten kann die Position von Daten für den Betrachter zusätzliche Information beinhalten. Gleichzeitig wird auch der Vorgang des Zeigens und Auswählens der auf dem Bildschirm dargestellten Information zu einer häufigen und den Dialog mit dem System vereinfachenden Operation. Die Verwendung eines Zeigeinstruments (Lichtgriffel, Graphiktableau, Maus o.ä.) führt zur Verringerung von einzugebendem Text und erlaubt ein sehr viel schnelleres Arbeiten mit dem System.

1. Aufteilung des Bildschirms in Teilbereiche

Beim Arbeiten mit einem System gibt es unterschiedliche Arten von Informationen. Manche Informationen sind für den Benutzer nur kurzzeitig von Bedeutung (z.B. Systemmeldungen, Eingabeaufforderungen), andere hingegen werden vom Benutzer immer wieder als Gedächtnisstütze benötigt. Dazu kommen noch die vom Benutzer bearbeiteten Daten (der Arbeitsbereich), die sich als Folge seiner Interaktionen laufend verändern. Es ist deshalb sinnvoll, den Bildschirm in voneinander unabhängige Bereiche aufzuteilen, in denen diese unterschiedlichen Arten von Informationen getrennt dargestellt werden können (siehe Abbildung V-1).

Die Aufteilung des Bildschirms in verschiedene Bereiche (in der einfachsten Form als *Split-Screen-Technik* bekannt) ist in fast allen Anwendungen, die Bildschirmmasken verwenden, und bei bildschirmorientierten Editoren zu sehen. Dabei hat man zumeist einen relativ großen Arbeitsbereich, in dem die zu bearbeitenden Daten dargestellt sind, und jeweils ein oder zwei Zeilen für Systemmeldungen und die Eingabe von Kommandos durch den Benutzer. Die Aufteilung des Bildschirm ist im Programmcode festgelegt und kann vom Benutzer nicht verändert werden.

Fenster- und Menüsysteme in der MCK 103

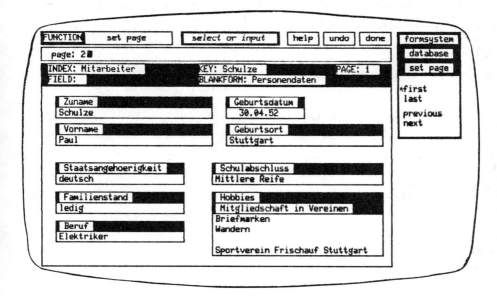

Abbildung V-1: Beispiel für eine Split-Screen-Anwendung (aus [Herczeg 83])

Mehr Flexibilität für den Benutzer bei der Aufteilung des Bildschirms in Teilbereiche bietet der bildschirmorientierte Texteditor Emacs [Stallman 81]. Emacs gestattet dem Benutzer, den Arbeitsbereich weiter zu unterteilen, um so mehrere Dateien oder verschiedene Teile der gleichen Datei gleichzeitig auf dem Bildschirm zu sehen. Die Höhe der einzelnen Bereiche und ihre relative Lage zueinander kann vom Benutzer frei gewählt werden. Allerdings kann bei Emacs der Bildschirm nur in untereinanderliegende Streifen unterteilt werden, die jeweils so breit wie der ganze Bildschirm sind. Eine Aufteilung in Bereiche beliebiger Breite sowie das Anordnen dieser Bereiche nebeneinander ist auch bei diesem System nicht möglich.

Die bisher aufgeführten Gründe für eine Aufteilung des Bildschirms beziehen sich auf eine verbesserte Informationsdarstellung bei jeweils einem bestimmten System. Einige Betriebssysteme (z.B. UNIX, siehe [Kernighan, Pike 84]) erlauben dem Benutzer mehrere Prozesse parallel laufen zu lassen, sie anzuhalten und später wieder fortzusetzen. Bei einem teletypeorientierten Dialog ist es für den Benutzer sehr aufwendig, diese Prozesse zu verwalten. Sich wieder mit dem Zustand eines Prozesses vertraut zu machen, der zu einem früheren Zeitpunkt angehalten wurde und jetzt wieder aktiviert wird, erfordert die Eingabe zusätzlicher Kommandos, die von der eigentlichen Aufgabenbearbeitung ablenken.

2. Die Komponenten eines Fenstersystems

Ein Fenstersystem ermöglicht die Überwindung der in Abschnitt 1 erwähnten Einschränkungen für die Einteilung des Bildschirms in Teilbereiche. Als Softwarepaket bietet es dem Entwickler eines Anwendungssystems die notwendige Funktionalität zur Verwaltung des Bildschirms. Unter Berücksichtigung der in Kapitel VII gemachten Ausführungen bezüglich Visualisierungskonzepten bei der Gestaltung von Benutzerschnittstellen ist ein Fenstersystem ein wesentlicher Bestandteil einer anwendungsunabhängigen Benutzerschnittstelle (siehe hierzu Kapitel IV).

Die Gestaltung der Benutzerschnittstelle des Fenstersystems selbst (z.B. Verwendung eines Zeigeinstruments, Verwendung von Menüs und Property-Sheets[1]) legt gleichzeitig die Rahmenbedingungen für die Realisierung der Benutzerschnittstelle der verschiedenen Anwendungsprogramme fest. Dieser Integrationsfaktor des Fenstersystems bezüglich der Benutzerschnittstellen verschiedener Anwendungssysteme wird um so stärker, je umfangreicher die im Fenstersystem vorhandenen Komponenten für einzelne Aspekte der Benutzerschnittstelle sind.

2.1 Definition Fenster und Fenstersystem

Im engeren Sinn kann ein *Fenstersystem* als ein Programm charakterisiert werden, das es gestattet, rechteckige Teilbereiche des realen Bildschirms (sog. *Fenster*) selbst wieder wie eigenständige Bildschirme zu behandeln (Abbildung V-2). Lage und Größe der Fenster sowie ihre Anzahl sind in den Grenzen des realen Bildschirms beliebig. Fenster können einander ganz oder teilweise überlappen. Mit Hilfe von Fenstern kann eine Analogie zum Schreibtisch hergestellt werden, auf dem verschiedene schriftliche Unterlagen liegen, die sich teilweise überdecken können.

---

[1] Property-Sheets sind eine Mischform von Menü und Formular und dienen zur einfachen Veränderung bzw. Einstellung von Parametern.

Fenster- und Menüsysteme in der MCK

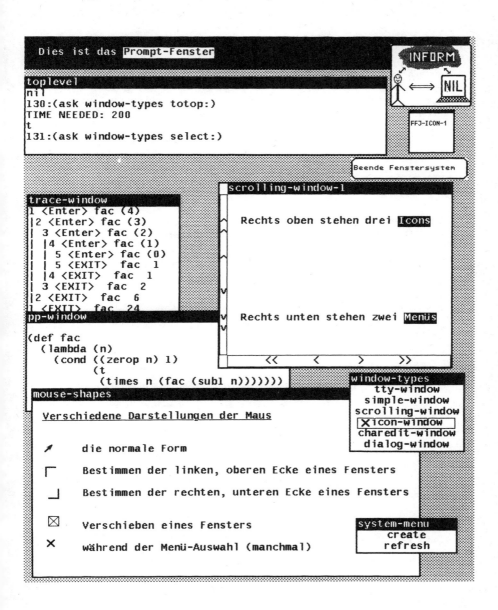

Abbildung V-2: Ein Bildschirm mit verschiedenen Fenstern

Die Funktionalität des Fenstersystems läßt sich in drei Gruppen unterteilen:

1. *Verwaltung der Gesamtheit aller Fenster:*
   Die Verwaltungskomponente hat im wesentlichen die Aufgabe, Überlappungen zwischen verschiedenen Fenstern zu erkennen und bei Änderung der Überdeckungssituation dafür zu sorgen, daß die durch diese Änderung sichtbar werdenden Teile der verschiedenen Fenster wieder auf dem Bildschirm dargestellt werden.

2. *Definition der auf einzelnen Fenstern möglichen Operationen:*
   Hierzu gehören alle Operationen, die auf ein einzelnes Fenster angewandt werden können. Dies sind z.B. Operationen wie "Fenster ganz sichtbar machen", "Fenster verschieben", "Größe eines Fensters ändern", "Teile eines Fensters ausgeben" o.ä.

3. *Repräsentation des Fensterinhalts:*
   Dies umfaßt die dazu notwendigen Definition der Datenstrukturen zur Repräsentation des Fensterinhalts (z.B. Array von Zeichen) und der darauf abgestimmten Funktionen zum Ändern des Inhalts (z.B. print, delete-line, insert-character o.ä.).

Ein Beispiel für diesen engen Begriff des Fenstersystems ist das *Curses-Package* [Arnold 81] für das UNIX Betriebssystem. Dieses Paket unterstützt den Anwendungsprogrammierer bei der Verwaltung des Bildschirms und bei der Ein- bzw. Ausgabe in ein bestimmtes Fenster. Allerdings enthält es keine Komponente, die dem Benutzer die Beeinflussung des Dialogablaufs und des Bildschirmlayouts (Anordnung der Fenster und deren Größe) gestattet. Mit dem Begriff Fenstersystem kann aber noch weitaus mehr verbunden werden. Er kann dann die gesamte Benutzerschnittstelle zu einem EDV-System bezeichnen und die folgenden Punkte beinhalten:

- Dialog mit einem System durch *Editieren von Objekten* auf dem Bildschirm statt des traditionellen Wechselspiels: Eingabe von Kommandos und Ausgabe durch das System
- den Einsatz eines *Zeigeinstruments* (zumeist einer Maus), um auf dem Bildschirm befindliche Objekte zu bezeichnen
- die Verwendung von *Menüs* zur Auslösung von Operationen
- die Steuerung mehrerer gleichzeitig ablaufender Prozesse (Anwendungssysteme) durch den Benutzer

Erst das harmonische Zusammenwirken dieser Einzelkomponenten führt dann zu einer neuen Art von Benutzerschnittstelle, die den Umgang mit EDV-Systemen vor allem für Anfänger und für Benutzer, die nur gelegentlich mit diesen Systemen arbeiten, erheblich erleichtert. Beispiele für diese integrierte Realisierung der Benutzerschnittstelle sind das SMALLTALK System [Goldberg, Robson 83] sowie die Benutzerschnittstellen der Arbeitsplatzrechner STAR [Smith et al. 82], LISA und MACINTOSH [Williams 84].

2.2 Zeigeinstrument als zusätzliches Eingabemedium

Bei einer fernschreiberähnlichen Schnittstelle besteht zwischen ausgegebener Information und ihrer Position auf dem Bildschirm kein Zusammenhang, da sich durch die Kommunikation zwischen Benutzer und Programm diese Position laufend ändert. Neue Ausgaben vom Rechner erscheinen am unteren Bildschirmrand und schieben die bereits auf dem Bildschirm befindliche Information immer weiter nach oben, bis sie am oberen Rand des Bildschirms angelangt ist und verschwindet. Ein Bezug auf die auf dem Bildschirm zu einem bestimmten Zeitpunkt vorhandene Information ist deshalb (wenn überhaupt) meist nur *symbolisch* (d.h. "vorletzte Eingabe", "fünfte Eingabe", "letzte Ausgabe" usw.) möglich, nicht aber durch die Bezeichnung der Stelle, an der sie sich befindet.

Bei bildschirmorientierten Programmen ist dies anders. Hier besteht eine sehr enge Beziehung zwischen einer Information und ihrem Platz auf dem Bildschirm, so daß der Bezug zu einer Information durch den Benutzer mittels Angabe der Position möglich ist. Bei Dateneingabe mittels Bildschirmmasken und noch mehr bei der Verwendung eines bildschirmorientierten Editors ist die *Positionierung des Cursors* eine der am häufigsten auftretenden Tätigkeiten des Benutzers. Die Erleichterung dieser Aufgabe ist deshalb ein zentraler Punkt in der Gestaltung der Benutzerschnittstelle für derartige Systeme. Bei der Maskentechnik wird die Positionierung dadurch erleichtert, das durch das Drücken zumeist einer ausgewählten Taste einfach zum nächsten Feld (bez. einer fest vorgegebenen Reihenfolge der Felder) weitergesprungen werden kann. Bei den Editoren kann der Cursor in der Regel durch Betätigen der speziell dazu vorhanden Cursortasten zeichenweise, manchmal auch durch zusätzliche Kommandos wortweise oder zeilenweise bewegt werden (siehe Kapitel VI). Muß der Cursor auf diese Weise an eine weiter entfernte Stelle positioniert werden, so ist dies auch bei vorhandenen "Auto-Repeat-Tasten"[2] sehr zeitraubend. Deshalb ist zur einfacheren Bedienung ein Zeigeinstrument erforderlich.

Neben der Verwendung eines Zeigeinstruments zur einfachen und schnellen Positionierung des Cursors kann dieses auch zur Auswahl von Objekten, die sich auf dem Bildschirm

---

[2]Auto-Repeat-Tasten senden bei längerem gedrückt halten die zugeordnete Eingabe automatisch mehrfach ab.

befinden, und zur Bezeichnung von Bildschirmbereichen verwendet werden. Solche Interaktionsmethoden sind im Bereich des *Computer Aided Design* und verwandter Anwendungsgebiete schon sehr frühzeitig eingesetzt worden. Sie können auf bildschirmorientierte Programme, bei denen die visuelle Aufbereitung von Information eine große Rolle spielt, übernommen werden.

Als Zeigegeräte werden in graphischen Anwendungen vor allem Graphiktabletts und Lichtgriffel verwendet. Im folgenden soll auf diese Geräte nicht weiter eingegangen werden, obwohl sie prinzipiell ebenfalls zum Einsatz im Rahmen eines Fenstersystems geeignet wären. In letzter Zeit hat sich als Zeigeinstrument bei nicht graphischen Anwendungen die Maus immer mehr durchgesetzt. Natürlich kann auch die Maus in graphischen Anwendungen verwendet werden.

Eine Maus ist ein kleines Gerät, das an der Unterseite eine Kugel und auf der Oberseite eine oder mehrere Tasten besitzt. Beim Verschieben der Maus auf einer meist beliebigen, ebenen Fläche (z.B. Schreibtisch) wird diese Translationsbewegung mittels der Kugel und zweier innen angebrachter Abtaster in relative Positionsänderungen bez. eines x-y-Koodinatensystems umgesetzt und zum Terminal übertragen. Auf dem Bildschirm wird die jeweilige Position der Maus durch ein Symbol (meistens ein Pfeil) angezeigt. Die Vorteile der Maus sind:

- Unabhängigkeit von einem festen Bezugspunkt wegen der relativen Positionierungsmöglichkeit
- kann nach Verwendung einfach losgelassen werden und braucht nicht abgelegt zu werden (im Gegensatz zum Lichtgriffel)
- freie Wahl der Darstellungsform des auf dem Bildschirm mitgeführten Cursors
- läßt den Blick auf den Bildschirm frei (im Gegensatz zum Lichtgriffel)
- zeigt auch nach dem Loslassen noch die Position an
- zusätzliche Eingabemöglichkeit durch ein oder mehrere Knöpfe

Nachteilig ist die Verwendung der Maus lediglich bei der Eingabe von Freihandtext oder Freihandgraphik durch den Benutzer.

2.3 Menüs

2.3.1 Definition und Funktion von Menüs

Ein Menü kann als *Angebot zur Auswahl* definiert werden. Menüs sollen den Benutzer bei der Formulierung einer Eingabe unterstützen. Dies kann in zweierlei Hinsicht geschehen:

1. *Angabe der möglichen Eingaben:*
   Durch die Angabe der zu einem Zeitpunkt möglichen Eingaben wird dem Benutzer das Erinnern der richtigen Eingabe (d.h. der Bezeichnung für die von ihm gewünschte Eingabe) erleichtert. Es ist für ihn einfacher, Begriffe (z.B. Kommandonamen), die er am Bildschirm sieht, mit Bedeutungen zu verbinden (Wiedererkennung), als sich aktiv an solche Begriffe erinnern zu müssen.

2. *Erleichterung der Eingabe:*
   Dem Benutzer wird die Eingabe des gewünschten Begriffs erleichtert, weil er nicht den ganzen Begriff eintippen muß, sondern dem System auf einfachere Art und Weise mitteilen kann, welchen Begriff er eingeben will. Möglichkeiten hierfür sind: Eingabe eines dem Begriff zugeordneten Kürzels, die Betätigung einer Funktionstaste oder Auswahl des Begriffs im Menü selbst mittels eines Zeigeinstrumentes.[3]

Menüs stellen also eine Möglichkeit der Hilfe dar. Der Aspekt der Hilfe ist praktisch immer gegeben, kann aber manchmal zum Hauptzweck werden. In vielen Systemen bedeutet die Aktivierung eines *Hilfesystems* [Fischer, Lemke, Schwab 84; Fischer, Lemke, Schwab 85], daß der Benutzer Fragen zu den zu einem bestimmten Zeitpunkt erlaubten Interaktionsschritten hat. Ein Menü gibt in diesem Fall Auskunft darüber, welche Benutzeraktionen zu einem bestimmten Zeitpunkt möglich sind. Die Anzahl der Alternativen bei einer Eingabe wird eingeschränkt, und gleichzeitig wird an die möglichen Eingaben erinnert. Durch geeignete Wahl der Begriffe im Menü kann dem Benutzer die Funktionalität eines Systems deutlich gemacht und dadurch das Einarbeiten in ein neues System erleichtert werden.

---

[3] Im folgenden sollen nur Menüs betrachtet werden, bei denen die Eingabe eines Begriffs durch Auswahl des Begriffs selbst im Menü durchgeführt wird. Eine Begründung für diese Einschränkung wird in Abschnitt 2.3.4 gegeben.

2.3.2 Darstellungsweise von Menüs

Menüs sollten dem Benutzer so angeboten werden, daß er möglichst einfach den von ihm gewünschten Begriff erkennen kann. Dies hat Auswirkungen sowohl auf die Anzahl der Begriffe in einem Menü als auch auf die Darstellung der Begriffe selbst. Die maximale Anzahl der in einem Menü enthaltenen Begriffe läßt sich nicht allgemein festlegen. Sie hängt sehr stark von den Darstellungen der Begriffe selbst ab. Bestehen die einzelnen Begriffe selbst aus mehreren Worten, so sollte die Anzahl auf einige wenige (unter zehn) beschränkt sein. Wird das Menü aber zur Auswahl einer Farbe aus einer Menge vorgegebener Farben verwendet, und wird zur Darstellung die entsprechende Farbe selbst verwendet, so kann der Benutzer auch in einer größeren Anzahl von Elementen sehr schnell das Gewünschte erkennen.

In der Regel werden die Elemente eines Menüs untereinander angeordnet. Eine mehrspaltige Anordnung kann in zweierlei Hinsicht sinnvoll sein:

- Eine größere Anzahl von Menüeinträgen läßt sich in für den Benutzer sinnvolle Gruppen unterteilen.
- Die Darstellung ist dem Benutzer aus anderen Bereichen bekannt (z.B. Nummernblock auf Tastaturen) und soll deshalb auch für das Menü verwendet werden.

2.3.3 Menüs und Fenster

Fenstersysteme erlauben es, Menüs an beliebiger Stelle des Bildschirms erscheinen und (was genauso wichtig ist) auch wieder verschwinden zu lassen. Somit können Menüfenster abhängig von Systemzustand und Anordnung der Objekte auf einfache Weise auf dem Bildschirm plaziert werden. Sie erhalten damit Eigenschaften einer zweidimensionalen Bildschirmaufteilung, wo Position und Lage zusätzliche Information beinhalten.

In unseren Anwendungen werden Menüs oft in die Nähe der Objekte gerückt, auf die sie sich beziehen. In anderen Systemen haben Menüfenster ihren festen Platz auf dem Bildschirm. Beide Lagebeschreibungen erfüllen einen bestimmten Zweck im Gesamtzusammenhang eines Systems. Gleichartige Menüs, die an verschiedenen Stellen des Bildschirms positioniert sind, beziehen sich auf das jeweils nächstliegende Objekt. Bei einer festen Bildschirmaufteilung wird die spezielle Funktion des Menüs durch seinen Platz charakterisiert.

Eine andere in unseren Systemen verwendete Menütechnik sind sog. *Pop-Up-Menüs*, die bei Bedarf auf dem Bildschirm erscheinen, ihre Einträge zur Auswahl anbieten und nach Auswahl eines Elements sofort wieder verschwinden. Bei der Verwendung von Pop-Up-Menüs spielen Untersuchungen über die Grenzen der menschlichen Informationsverarbeitung eine große Rolle. Solange Menüs nicht gebraucht werden, trägt ihr Vorhandensein auf dem Bildschirm zur Informationsflut bei, die der Benutzer ständig verarbeiten muß. Ein Erscheinen zum "richtigen" Zeitpunkt (auf Veranlassung des Systems oder des Benutzers) stört hingegen nicht, wenn die Möglichkeit des Verschwindens und der Restauration des Bildschirms gewährleistet ist.

2.3.4 Modusfreie Interaktion

Eine der größten Schwierigkeiten, die Benutzer beim Einlernen in ein neues, interaktives EDV-System haben, ist eine für den Benutzer nicht erkennbare Einschränkung der zu einem bestimmten Zeitpunkt möglichen Eingaben, weil er sich durch Eingabe eines Kommandos in einen *Modus* begeben hat [Tesler 81]. Für die Verwendung von modusfreien Interaktionsformen sind Zeigeinstrument und Menüs sehr nützliche Hilfsmittel. Die Interaktion des Benutzers besteht in der Regel aus zwei Schritten:

1. Bestimmung des *Objekts*, auf das eine Operation angewandt werden soll
2. Bestimmung der anzuwendenden *Operation*

Werden diese beiden Schritte in der angegebenen Reihenfolge ausgeführt, so kann durch das im ersten Schritt bestimmte Objekt die Menge der darauf anwendbaren Operationen eingeschränkt werden. Wird dann für den zweiten Schritt dem Benutzer die Menge der möglichen Operationen in einem Menü angeboten, so ist diese Einschränkung für ihn deutlich gemacht, und er kann die gewünschte Operation durch Menüauswahl bestimmen.

Da die Bestimmung eines Objekts am einfachsten durch Zeigen darauf (sofern das Objekt auf dem Bildschirm sichtbar ist) geschieht, ist die nachfolgende Auswahl der Operation aus dem Menü am sinnvollsten ebenfalls durch Zeigen auf den entsprechenden Menüeintrag realisiert. Eine Einschränkung der zu einem Zeitpunkt möglichen Operationen kann durch zwei Ursachen begründet sein:

1. Auf ein Objekt sind *generell* nur bestimmte Operationen anwendbar. Die Menge dieser Operationen hängt in der Regel vom Typ des Objekts ab und ist deshalb für alle Objekte eines Typs dieselbe.

2. Ein Teil dieser Operationen ist *zu einem bestimmten Zeitpunkt* nicht auf ein Objekt anwendbar.

Menüs, die diese Einschränkungen dem Benutzer sichtbar machen, werden auch *kontextsensitive Menüs* genannt. Die Unterschiede der beiden Arten von Einschränkungen werden dem Benutzer meistens dadurch deutlich gemacht, daß für jeden Objekttyp ein eigenes Menü mit den im ersten Punkt genannten Operationen existiert. Die zu einem bestimmten Zeitpunkt möglichen Operationen werden im Menü durch eine hervorhebende Darstellung angezeigt.

2.4 Fenstersysteme als Ersatz für Kommandospracheninterpreter

Moderne EDV-Systeme bieten dem Benutzer eine Vielzahl an Hilfsmittel (Editoren, Compiler, Electronic Mail, Spreadsheet ...), mit denen er seine Aufgaben ausführen kann. Zur Erledigung einer bestimmten Aufgabe benötigt er meistens nicht nur eines der Hilfsmittel, sondern mehrere. Diese sollten nicht nur streng sequentiell, sondern auch zeitlich vermischt eingesetzbar sein.

Für derartige Systeme kann ein Fenstersystem eine wesentliche Unterstützung darstellen. Jedes Hilfsmittel bekommt seinen eigenen Ausgabebereich, ein Fenster, auf dem Bildschirm zugeteilt. Dadurch werden die zeitlich vermischten Ausgaben der einzelnen Systeme voneinander getrennt. Das Fenstersystem übernimmt die Verwaltung des Bildschirms, so daß die einzelnen Anwendungssysteme unabhängig voneinander bleiben. Der Benutzer kann durch Wechseln des Fensters einfach von einem System zum anderen wechseln. Aufgabe des Fenstersystems ist es, die Aus- und Eingabeströme von bzw. zu den einzelnen Anwendungssystemen zu steuern.

Entwicklungen in diesem Bereich der Fenstersysteme sind unter der Bezeichnung *virtuelle Terminals* [Lantz, Rashid 79; Meyrowitz, Moser 81] bekannt geworden. Hauptanliegen dieser Implementierungen ist die gleichzeitige Benutzung eines Bildschirms durch ansonsten unabhängige Anwendungssysteme, die als parallele Prozesse auf Betriebssystemebene realisiert sind.

3. Implementation eines Fenstersystems

In diesem Kapitel wird die Implementation eines Fenstersystems beschrieben. Die einzelnen Komponenten eines Fenstersystems werden ausführlich erläutert, und es werden, sofern notwendig, verschiedene Möglichkeiten für die Realisierung einzelner Komponenten aufgeführt. Die folgenden Ausführungen basieren im wesentlichen auf den Erfahrungen, die der Autor bei der Implementation eines Fenstersystems [Fabian 84] gemacht hat. Auf die Beschreibung der speziell bei dieser Implementation realisierten Lösungen einzelner Komponenten wird jedoch verzichtet und sie wird statt dessen durch allgemein geltende Ausführungen ersetzt.

Wie schon in Abschnitt 2.1 erwähnt, besteht ein Fenstersystem zunächst aus zwei Teilen: erstens aus einer Komponente zur Verwaltung verschiedener Fenster und zweitens aus der Repräsentation eines einzelnen Fensters und der darauf anwendbaren Operationen. Hinzu kommen eine Menge von Basisfunktionen, die, abhängig von den der Implementation zugrundeliegenden Hardware- und Softwarevoraussetzungen, das Bindeglied zu den ersten beiden, relativ geräteunabhängigen Teilen darstellen.

In den folgenden Abschnitten werden nur die für die Realisierung des fensterspezifischen Teils notwendigen Aspekte beschrieben. Eine allgemeine Beschreibung der darunterliegenden Schichten erscheint aufgrund deren Abhängigkeit von der zugrundeliegenden Hardware und Software in diesem Rahmen nicht sinvoll.

3.1 Objektorientierte Programmierung

Zur Implementation des fensterspezifischen Teils eignet sich eine objektorientierte Repräsentationsform besonders gut. Ein einzelnes Fenster benötigt eine Menge von Zustandsvariablen *(passive Komponente)*, die seine verschiedenen Parameter beschreiben (z.B. Position und Größe auf dem Bildschirm, Verweis auf den Fensterinhalt). Zusätzlich gibt es noch eine Menge von Operationen *(aktive Komponente)*, die auf ein Fenster angewandt werden können. Durch eine objektorientierte Realisierung lassen sich diese Eigenschaften der Objekte des Gegenstandsbereichs gut und einsichtig durch die entsprechenden Elemente der Implementation darstellen. Dabei ist es von untergeordneter Bedeutung, ob bei der Implementation eine Sprache mit objektorientierten Sprachmitteln (wie z.B. SIMULA [Birtwistle et al. 73], FLAVORS in ZETALISP, [Lisp Machine Manual 83] oder ObjTalk [Rathke, Laubsch 83]) verwendet wird oder, falls in der verwendeten Programmiersprache diese Sprachmittel nicht vorhanden sind, ein objektorientierter Programmierstil bei der Programmierung eingehalten wird (siehe auch Kapitel III).

Wie in Abschnitt 3.2 näher erläutert, gibt es viele unterschiedliche Typen von Fenstern, die sich teilweise nur wenig voneinander unterscheiden und viele Eigenschaften gemeinsam haben. Vor allem muß für jeden Fenstertyp der gleiche Satz von allgemeinen Operationen definiert sein, wobei sich die Realisierung dieser Operationen bei unterschiedlichen Fenstertypen teilweise voneinander unterscheiden kann. Durch die Verwendung des *Vererbungsmechanismus* einer objektorientierten Sprache kann die Realisierung der verschiedenen Fenstertypen effizient sowohl bezüglich des Umfangs als auch bezüglich der Einfachheit des zu erstellenden Programmcodes erfolgen.

Ein Fenster besteht aus mehreren Komponenten, die unterschiedliche Eigenschaften eines Fensters realisieren. Werden auch in der Implementierung diese Komponenten als eigenständige Teile realisiert (Bausteinprinzip), so können unterschiedliche Fenstertypen einfach durch Kombination der notwendigen Bausteine (Komponenten) erzeugt werden. Das Zusammensetzen der einzelnen Teile zur Definition eines bestimmten Fenstertyps ist mittels eines *multiplen Vererbungsmechanismus* (FLAVORS, ObjTalk) besonders einfach und benötigt bei "geschickter" Realisierung der einzelnen Komponenten nur wenig oder auch gar keinen zusätzlichen Programmcode zur Abstimmung der einzelnen Teile aufeinander. Abbildung V-3 zeigt eine mögliche Hierarchie von Fenstertypen und -komponenten, wie sie in dem vom Autor implementierten System realisiert worden ist.

Auf der Basis eines objektorientiert realisierten Baukastens von Fensterkomponenten ist es für einen Programmierer eines Anwendungssystems, das mit dem Fenstersystem zusammenarbeiten soll, besonders einfach, mittels Vererbung einzelne Fensterkomponenten den Anforderungen der Anwendung entsprechend zu erweitern (verändern) und dann aus den vorgegebenen und selbst erzeugten Komponenten die benötigten speziellen Fenstertypen zu erzeugen.

3.2 Darstellung einzelner Fenster

In einem Fenstersystem sind nicht alle Fenster vom selben Typ, da sie für die unterschiedlichsten Zwecke verwendet werden. Ein Fenster für graphisch orientierte Anwendungsprogramme muß andere Eigenschaften haben als ein Fenster, in dem reine Textausgaben stattfinden. Für spezielle Anwendungen, wie z.B. Menüs, kann ein Fenstertyp rea-

Fenster- und Menüsysteme in der MCK

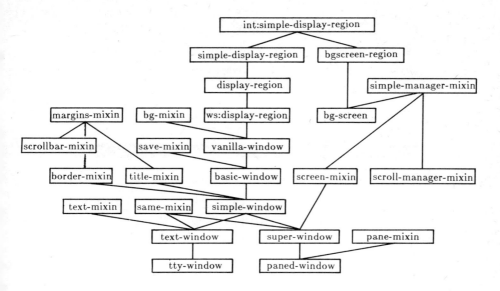

Abbildung V-3: Vererbungshierarchie von Fenstertypen und -komponenten

---

lisiert werden, der für diese Anwendung besonders gut geeignet ist. Andererseits gibt es eine bestimmte Menge von Operationen (siehe Abschnitt 3.3), die auf jedes Fenster anwendbar sein müssen.

Die gleiche Aussage läßt sich bezüglich der Darstellung der Fenster treffen. Zwar können sich verschiedene Fenster in ihrer Darstellung auf dem Bildschirm unterscheiden, doch die meisten Fenster bestehen aus zwei Teilen:

1. *Fensterumrahmung:* Sie dient zur Abgrenzung des Fensters, zur Darstellung eines Namens für das Fenster u.ä.
2. *Fensterinhalt:* Dies ist der Bereich des Fensters, in dem die Ausgaben eines Programms dargestellt werden.

Die *Fensterumrahmung* besteht in der Regel wiederum aus mehreren Teilen (siehe Abbildung V-4). Am häufigsten hat ein Fenster einen *Rahmen*, der den Fensterinhalt gegenüber anderen Fenstern auf dem Bildschirm abgrenzt, und einen *Titel*, d.h. eine Bezeichnung, die dem Benutzer deutlich macht, mit welchem Anwendungsprogramm er in diesem Fenster arbeiten kann. Weitere Elemente der Fensterumrahmung können besonders gekennzeichnete, *maussensitive Bereiche* sein, die es dem Benutzer gestatten, einige der im Abschnitt 3.3 beschriebenen Operationen mittels eines Zeigeinstruments auszulösen (siehe dazu auch Abschnitt 3.4). Ein typisches Beispiel hierfür sind *Scrollbars*, die es dem Benutzer mittels der Maus ermöglichen, auf einfache Art und Weise ein Scrolling des Fensterinhalts durchzuführen.

Abbildung V-4: Ein Fenster mit verschiedenen Elementen in der Umrahmung

Bei der Realisierung der Komponenten der Fensterumrahmung sollte auf eine möglichst starke Unabhängigkeit der einzelnen Teile geachtet werden, so daß diese frei kombinierbar sind und die in Abschnitt 3.1 beschriebene Erweiterbarkeit durch einen Anwendungsprogrammierer einfach gewährleistet ist.

Der *Fensterinhalt* ist derjenige Bereich eines Fensters, der von einem Anwendungsprogramm unter Verwendung normaler Ausgabeoperationen beschrieben werden kann. Abhängig von den verfügbaren Operationen (vgl. Abschnitt 3.3) enthält er die externen Darstellungen (z.B. Texte, Graphiken, Formularmasken) der mittels eines Anwendungsprogramms bearbeitbaren, internen Objekte. Um zeitweise verdeckte Teile eines Fensters auf dem Bildschirm wieder ausgeben zu können, müssen die in einem Fenster vorhandenen externen Darstellungen einfach reproduzierbar sein. Zwar ist dies auch mit Unterstützung des zu einem Fenster assoziierten Anwendungsprogramms möglich, doch kann durch eine geeignete Repräsentation des Fensterinhalts beim Fenster selbst (unabhängig vom Anwendungsprogramm) eine wirkungsvolle Unterstützung geleistet werden.

Die Art dieser Repräsentation kann unterschiedlicher Natur sein:

1. *Bitmap:*
   Darstellung des Fensterinhalts als ein Array von einzelnen Pixels[4]. Dies benötigt sehr viel Speicherplatz, ist aber für Text- und Graphikdarstellungen gleichermaßen geeignet. Voraussetzung ist allerdings, daß der verwendete Bildschirm ebenfalls als Bitmap-Bildschirm realisiert ist.

2. *Bytemap:*
   Darstellung des Fensterinhalts als ein Array von Zeichen. Dies eignet sich besonders bei Fenstern mit reiner Textausgabe und bildet einen guten Kompromiß zwischen Speicherplatzbedarf und Ausgabegeschwindigkeit.

3. *Formularmasken:*
   Die Verwendung höherer Darstellungsstrukturen verringert den Aufwand im Anwendungsprogramm für die Erzeugung der Darstellung auf dem Bildschirm und vereinfacht die Kommunikation zwischen Anwendungsprogramm und Fenster(system).

In den meisten Fällen bildet diese Repräsentation eine softwaremäßige Emulation oder Erweiterung der bei Bildschirmterminals mittels Hardware oder Firmware realisierten Mechanismen. Dies gilt insbesondere auch für die in Abschnitt 3.3 beschriebenen Ausgabeoperationen, die auf diesen Darstellungen arbeiten müssen.

3.3 Die Operationen auf einzelnen Fenstern

Die auf ein Fenster anwendbaren Operationen sind in zwei Gruppen einteilbar. Die erste Gruppe umfaßt Operationen, die auf den Fensterinhalt anwendbar sind und nur durch das Anwendungsprogramm ausgeführt werden können. Die zweite Gruppe von Operationen dient zur Kommunikation mit dem Fenstersystem selbst; Gegenstand einer Operation ist ein Fenster selbst und nicht die in ihm dargestellte Information.

Die Operationen der ersten Gruppe beinhalten die normalen Ausgabefunktionen, wie sie auch bei traditionellen Schnittstellen realisiert sind. Dazu gehören die Ausgabe von Text, die Positionierung des Cursors sowie einfache Kommandos zum Löschen bzw. Einfügen von Einzelzeichen, Zeilen und Fensterinhalt. Dies sind Funktionen, wie sie bei den meisten zeichenorientierten Terminals durch Hard- oder Firmware realisiert sind. Hinzu kommen (abhängig von der Darstellungsform des Fensterinhalts) Funktionen für Linien- und Rastergraphik und Funktionen für die Verwendung verschiedener Zeichensätze.

---

[4]Ein "Pixel" ist ein addressierbarer Punkt auf dem Bildschirm.

Die Operationen der zweiten Gruppe werden in der Regel vom Benutzer ausgelöst (Reorganisation des Bildschirms), einige können aber auch sinnvoll durch ein Anwendungsprogramm verwendet werden:

- Erzeugen und Löschen von Fenstern
- Ändern der Verdeckungssituation: Fenster ganz sichtbar machen ("nach vorn holen"), Fenster vom Bildschirm löschen
- Ändern der Position (verschieben)
- Ändern der Fenstergröße
- Ändern des sichtbaren Teils des Fensterinhalts (Scrolling)
- Verarbeiten von Mausreports
- Darstellen des Fensters auf den Bildschirm (ganz oder teilweise)

3.4 Schnittstelle Benutzer - Fenstersystem

Obwohl der Benutzer in der Regel mit einem Anwendungsprogramm, das in einem Fenster läuft, arbeitet, gibt es auch Situationen, in denen er mit dem Fenstersystem selbst kommunizieren muß. Zur Erleichterung dieser Interaktionen muß es deshalb eine einfach zu bedienende Schnittstelle zu den vom Benutzer anwendbaren Operationen geben. Bei der Gestaltung dieser Schnittstelle ist zu beachten, daß wegen der wünschenswerten Konsistenz der Interaktionsformen mit den verschiedenen Anwendungsprogrammen (siehe dazu auch Kapitel IV) die Interaktionskonzepte auch auf diese Anwendungsprogramme übertragbar sein sollten.

Dem Benutzer muß es einfach möglich sein, den Zustand des Bildschirms, d.h. die Position und Größe einzelner Fenster und die Menge der überhaupt auf dem Bildschirm (ganz oder teilweise) sichtbaren Fenster, so zu verändern, daß er seine momentane Tätigkeit bestmöglich durchführen kann. Deshalb sollte das Fenstersystem dem Benutzer eine einfach zu bedienende Schnittstelle zu den Operationen zur Verfügung stellen, die zur Reorganisation des Bildschirms notwendig sind. Um eine dieser Operationen auf ein Fenster anwenden zu können, muß der Benutzer zwei Dinge tun:

1. das gewünschte *Fenster* identifizieren
2. die gewünschte *Operation* bestimmen

Zwei mögliche Realisierungen (unter Beachtung der Ausführungen in Abschnitt 2.3.4) dieser Benutzerschnittstelle sind:

1. *Kombination Maus/Pop-Up-Menü:*
   Mit jedem Fenster wird ein Menü assoziiert, das die auf dieses Fenster anwendbaren Operationen enthält. Zur Auslösung einer dieser Operationen bewegt der Benutzer die Maus in das gewünschte Fenster und drückt einen bestimmten Knopf der Maus. Daraufhin erscheint das zu dem Fenster gehörende Menü, und der Benutzer kann die gewünschte Operation auswählen.

2. *Maussensitive Bereiche in der Fensterumrahmung:*
   In der Umrahmung eines Fensters sind Symbole enthalten, die bei Auswahl mit der Maus die ihnen zugeordnete Operation auf das Fenster anwenden. Durch eine geeignete Darstellung und Plazierung dieser Symbole erreicht man ebenfalls eine nach kurzer Einlernzeit einfach zu bedienende Benutzerschnittstelle.

Erlaubt es das Fenstersystem, mit mehreren Anwendungsprogrammen parallel zu arbeiten, so ist das *Aktivieren* eines Fensters (und damit des in diesem Fenster laufenden Programms) ebenfalls eine häufig vom Benutzer durchgeführte Tätigkeit und sollte deshalb vom Fenstersystem unterstützt werden. Dies ist z.B. dadurch möglich, daß der Benutzer durch Bewegen der Maus in ein Fenster und Drücken eines Knopfes ein Fenster zum neuen aktiven Fenster macht.

VI

Universelle Editoren für die Mensch-Computer-Kommunikation

Joachim Bauer

Eine der häufigsten Tätigkeiten im Umgang mit Computern ist das Editieren von Texten [Kraut et al. 83]. Bei vielen Aufgaben, z.B. beim Programmieren, beim Verschicken von elektronischer Post oder beim Schreiben von Dokumenten, wird ein Texteditor gebraucht. Darüber hinaus lassen sich auch andere Aufgaben als Editieraufgaben auffassen, z.B. das Navigieren in einem Filesystem mit einem Directory-Editor.

Im Projekt Inform wurde der Editor BISY[1] (siehe Abschnitt 4) entwickelt, der als Werkzeug in unseren Systemen eingesetzt wird. Die bei der Entwicklung von BISY verfolgten Designprinzipien und deren Alternativen werden in diesem Kapitel diskutiert. Als wichtigste Entwurfskriterien werden das WYSIWYG-Prinzip *("What you see is what you get")*, das die Grundlage für andere Prinzipien bildet, und die Erweiterbarkeit gesehen. Daneben werden Fenstertechnik, durchsichtige Interaktion, Hilfekomponenten und Undo-Möglichkeiten gefordert. Abschnitt 3 ist den Implementationsaspekten gewidmet. Hier ist die Art der Textrepräsentation und Bildschirmauffrischung von zentraler Bedeutung. Der letzte Abschnitt beschreibt die Eigenschaften des Editors BISY, bei dessen Implementation die genannten Designprinzipien Verwendung fanden.

Das Kapitel erhebt nicht den Anspruch einer Übersicht über den Stand der Technik bei Editoren, sondern beschränkt sich auf die aus unserer Sicht wichtigen Punkte. Als Übersichtsartikel kann [Meyrowitz, Dam 82] empfohlen werden.

---

[1] BISY steht für "BIldschirm und SYntaxorientierter Editor".

1. Klassifikation von Editoren

Es gibt viele Arten, Editoren zu klassifizieren. Hier werden Editoren anhand der Art der Strukturen, die mit ihnen editiert werden können, klassifiziert[2]. Diese Dimension der Klassifikation wurde gewählt, weil sie zum Verständnis der im weiteren gebrauchten Bezeichnungen für verschiedene Editoren notwendig ist. Andere Klassifikationsmerkmale sind in Abschnitt 2 implizit enthalten.

- *Reine Texteditoren* sind Editoren, für die der Inhalt eines Textes keine Relevanz hat, d.h. der Text wird als eine Folge nicht interpretierter Zeichen angesehen.

- *Programmeditoren* operieren nicht auf Text als einer Folge von Zeichen, sondern auf Strukturen einer Programmiersprache. Sie sind auf das Editieren eines Programmes zugeschnitten.

- *Universelle Editoren* sind Editoren mit einer erweiterbaren Kommandosprache, variabler Syntax- und Tastenbelegungstabelle. Sie haben je nach Art des zu editierenden Textes (z.B. LISP-Programm, Dokument) verschiedene Eigenschaften.

- *Dokumenteneditoren* verarbeiten Text so, daß das entstandene Dokument auf einem Drucker in veröffentlichungsreifer Form ausdruckbar ist. Fast alle Editoren dieser Klasse arbeiten in zwei Phasen:

    - In der Editierphase wird der Text gemischt mit Formatierkommandos geschrieben.
    - In der Formatierphase bereitet der Editor den Text für den Drucker auf.

    Nur sehr wenige Editoren zeigen schon beim Editieren die endgültige Form eines Dokuments (WYSIWYG-Prinzip, siehe Abschnitt 2.1).

- *Graphikeditoren* dienen zum Erstellen graphischer Strukturen auf einem Bildschirm.

Neben dieser Einteilung wird folgende Unterscheidung getroffen:

- Ein *selbständiger Editor* ist ein eigenständiges Programm, das für sich alleine zum Editieren von Texten (Programmen, Dokumenten etc.) benutzt werden kann.

---

[2] Die für die verschiedenen Editorklassen verwendeten Namen werden in anderem Zusammenhang oft anders benutzt, sie sollen in diesem Kapitel aber auf die angegebene Definition eingeschränkt sein.

- Daneben kann ein Editor als ein *unterstützendes Werkzeug* für Benutzerschnittstellen gesehen werden, das überall dort, wo der Benutzer Texte eingeben muß, eingesetzt wird. Der Editor ist dann nur einer von mehreren für eine Benutzerschnittstelle verwendeten Bausteinen.

Im allgemeinen werden in diesem Kapitel *universelle Editoren* als Werkzeug für die Mensch-Computer-Kommunikation behandelt, wobei auf die anderen Klassen von Editoren in soweit eingegangen wird, wie sie Teilaspekt eines universellen Editors sind.

2. Generelle Designprinzipien für Editoren

2.1 WYSIWYG-Prinzip versus Dokumentencompiler

WYSIWYG steht für *"What You See Is What You Get"*. Dieser Name steht für die Eigenschaft eines Systems, einem Benutzer die Resultate von Operationen wirklich sofort zu zeigen und nicht irgendeine formale Darstellung einer Situation oder eines Vorgangs. Wenn das WYSIWYG-Prinzip bei einem Editor beachtet ist, so wird beispielsweise kursiv geschriebener Text nicht in der ersten Form (wie in SCRIBE [Reid, Walker 80]), sondern der zweiten Form dargestellt:

```
1. Eine Zeile mit @i<Kursivschrift> ...
```

2. Eine Zeile mit *Kursivschrift* ...

Das WYSIWYG-Prinzip bürgt bei Editoren dafür, daß der bearbeitete Text zu jedem Zeitpunkt in einer dem Menschen gewohnten und deshalb gut lesbaren Form erscheint. Dadurch können viele Fehler sofort erkannt und behoben werden. Die gute Lesbarkeit ist auch eine wichtige Unterstützung für das interaktive Erstellen von Texten am Bildschirm. Diesen wünschenswerten Eigenschaften eines Editors steht gegenüber, daß für die Erfüllung des WYSIWYG-Prinzips folgende Voraussetzungen erfüllt sein müssen:

- Will man die Eigenschaften des Druckers, mit dem der Text ausgedruckt werden soll, voll ausnützen, müssen die Eigenschaften des Bildschirms mindestens so gut sein wie die Eigenschaften des Druckers. Ein normales, zeichenorientiertes Terminal ist z.B. nicht in der Lage, die verschiedenen Schrifttypen eines Laserdruckers schon beim Editieren zu zeigen.

- Es muß ein leistungsfähiger Computer zur Verfügung stehen, da kleine Änderungen eines Texts große Folgewirkungen haben können (z.B. kann das Löschen einer Zeile, den Seitenumbruch aller Folgeseiten verschieben).

Eine Alternative zu Editoren nach dem WYSIWYG-Prinzip sind, soweit es das Editieren von Dokumenten betrifft, Dokumentencompiler [Furuta et al. 82]. Man kann dann zum Editieren einen beliebigen Texteditor nehmen und in den normalen Text Formatierkommandos einfügen. Der größte Nachteil von Dokumentencompilern ist, daß die Rohtexte, die die Formatierkommandos enthalten, oft sehr schlecht lesbar sind. Ihre Vorteile sind:

- Auch in einfachen, weniger leistungsfähigen Systemen können Texte relativ effizient erstellt werden. Der Formatierprozeß läuft unabhängig davon im Hintergrund.

- Auch mit einfachen Terminals können Texte für leistungsfähige Drucker erstellt werden, weil komfortable Eigenschaften des Druckers im Quelltext durch Kommandos verschlüsselt sind.

- Es ist möglich, den gleichen Text auf verschiedenen Medien auszugeben, da im Textfile keine Steuerzeichen für den Drucker, sondern Kommandos für den Textcompiler stehen.

In den meisten Dokumenteneditoren wird eine Mischform zwischen WYSIWYG und Kompilieren des Textes angewandt. Dabei werden Eigenschaften, die nur kleine Textteile betreffen, wie z.B. Randausgleich und Unterstreichungen, schon beim Editieren dargestellt und Dinge, die größere Textteile betreffen, wie z.B. eine Seiteneinteilung, erst nach dem Editieren gemacht. Die Textaufbereitung für einen Typenraddrucker mit einem besseren zeichenorientierten Terminal bringt mit dieser Methode recht brauchbare Ergebnisse.[3]

Bei Programmeditoren wird die Einhaltung des WYSIWYG-Prinips allgemein als notwendig erachtet, weil Programmeditoren heute zum interaktiven Ändern eines Programms Verwendung finden, wobei ein Programmlisting, das über einen Formatierer gelaufen ist, als Arbeitsgrundlage untergeordnete Bedeutung hat.

2.2 Bildschirmorientiertheit

Bei bildschirmorientierten Editoren bildet der Bildschirm einen Ausschnitt aus dem zu editierenden Text. Dieser Ausschnitt kann meistens nach oben und unten bewegt werden, um andere Textteile sichtbar zu machen. Für das Sichtbarmachen von zu breiten Zeilen gibt es zwei Möglichkeiten:

---

[3]Ein Beispiel ist das Dokument in Abbildung VI-2, Seite 129.

1. Die Zeilen werden am rechten Rand umgebrochen. Die Umbruchstelle muß mit einem speziellen Zeichen markiert werden, damit sie sich von einem realen Zeilenende unterscheidet.

2. Es wird nur der Teil der Zeile gezeigt, der ohne Umbruch in den sichtbaren Ausschnitt paßt. Auch hier sollte ein Ausschnittrand, hinter dem sich noch Zeichen verstecken, besonders gekennzeichnet werden, um wirkliche Zeilenenden von durch den Ausschnittrand bewirkten unterscheiden zu können. Diese Methode ist nur anwendbar, wenn der verdeckte Text sichtbar gemacht werden kann. Dies kann auf folgende Arten geschehen:

    a. durch Umschalten in den in Punkt 1 verwendeten Modus

    b. durch Verschieben des Textes in horizontaler Richtung: In manchen Fällen (z.B. beim Editieren von Tabellen) ist es dringend erforderlich, den Text seitwärts verschieben zu können. Dadurch kann Text auf natürliche Art und Weise angesehen werden. Der zu editierende Text ist dann eine nach rechts und unten offene und nach links und oben geschlossene Viertelebene (Abbildung VI-1), auf der das Fenster des sichtbaren Textausschnittes beliebig verschoben werden kann.

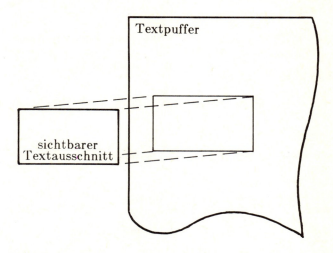

Abbildung VI-1: Der editierte Text als Viertelebene

Der Bildschirm sollte möglichst so groß sein, daß ein DIN-A4-Blatt auf einmal gezeigt werden kann. Vor allem bezüglich der Breite ist dies wichtig, da sonst bei Umbruch der

Zeilen durch zu viele umgebrochene Zeilen die Übersicht schlecht wird oder bei Abschneiden der Zeilen zu viele Sätze nicht flüssig gelesen werden können. Bei der Bildschirmlänge sind 24 Zeilen der augenblickliche Standard. Unsere Erfahrungen haben gezeigt, daß Bildschirme, die eine ganze Schreibmaschinenseite darstellen können, einen großen Gewinn bringen.

2.3 Strukturorientiertes Editieren

Jeder bildschirmorientierte Editor erlaubt es zeichenweise zu positionieren und zu löschen. Darüber hinaus ist noch die Manipulation größerer Einheiten notwendig. Die Art dieser Einheiten hängt von der Struktur des Textes ab:

- Bei fast jeder Art von Texten ist es sinnvoll, die Strukturen *Wort* und *Zeile* zu unterstützen, die Zeile wegen der zweidimensionalen Sichtweise auf einen Text, das Wort, weil dies die Spracheinheit ist, mit der der Mensch normalerweise umgeht [Thimbleby 81].

- Beim Editieren von Programmen kann ein Editor durch die Sonderbehandlung spezieller syntaktischer Elemente eines Programms (z.B. Strichpunkt und begin/end in PASCAL, Listen in LISP) zum fehlerarmen Programmieren beitragen [Wood 81].

- Die größeren Einheiten eines Dokuments sind Worte, Sätze und Paragraphen.

2.4 Erweiterbarkeit

Die Erweiterbarkeit eines Editors ist aus mehreren Gründen ein sehr wichtiges Entwurfskriterium:

- Viele Benutzerwünsche können nicht vorausgesehen werden.

- Selbst wenn alle Wünsche verschiedener Benutzer bekannt sind, sind diese oft so vielfältig und teilweise einander widersprechend, daß sie nicht alle in der Grundversion erfüllt werden sollten und in manchen Fällen auch nicht könnten.

- Der Einsatz desselben Editors für verschiedene Aufgaben vermindert den Entwicklungsaufwand.

- Ein Benutzer, der mehrere Editierschritte durch Tastaturmakros oder Kommandoprozeduren zusammenfaßt, kann seinen Arbeitsaufwand dadurch erheblich verringern.

Aus diesen Punkten resultieren zwei verschiedene Arten der Erweiterbarkeit, nämlich

1. das Zuschneiden des Editors auf die Bedürfnisse eines bestimmten Benutzers (z.B. die Definition von Tasten für die für einen einzelnen Benutzer wichtigen Aktionen) und

2. das Verändern des Editorverhaltens bei bestimmten Texttypen (z.B. das Anzeigen zusammengehöriger Klammern beim Editieren von LISP-Programmen).

Abhängig von der Erfahrung des Benutzers und dem Umfang der Erweiterungen sind verschiedene Erweiterungsmechanismen einsetzbar. Im folgenden wird die Wirkungsweise von Tastaturmakros, Tastendefinitionen und Kommandoprozeduren beschrieben.

2.4.1 Tastaturmakros

Das Definieren von Tastaturmakros (englisch: "keyboard macros") ist die einfachste Methode, einen Editor zu erweitern, und auch von Nichtprogrammierern leicht erlernbar[4]. Mit einem Tastaturmakro kann eine Folge von Tasten abgespeichert und mit einem einzigen Tastendruck wieder abgerufen werden. Es ist ein sehr wichtiges Werkzeug, wenn einfache Editiertätigkeiten wiederholt ausgeführt werden sollen.

2.4.2 Eigene Tastendefinitionen

Vor allem universell einsetzbare Editoren enthalten sehr viele Befehle. Da nicht für jede Anwendung und jeden Benutzer dieselbe Anordnung von Tasten sinnvoll ist, halten wir es für sehr nützlich, bestehende Kommandos auf eine beliebige Taste legen zu können. Falls Kommandoprozeduren (siehe Abschnitt 2.4.3) möglich sind, sind Tastendefinitionen sogar fast unumgänglich, weil man die selbst geschriebenen Kommandos sinnvollerweise einer Taste zuordnen will.

Der Unterschied zu Tastaturmakros besteht darin, daß mit diesen nur schon definierte Tasten zusammengefaßt werden können. Tastendefinitionen erlauben aber die Neudefinition von Tasten.[5]

---

[4] Auch EDV-Laien haben bei uns sehr schnell Tastaturmakros verwendet.

[5] Ein Beispiel für eine mit Tastaturmakros nicht mögliche Aktion ist das Vertauschen zweier Tastenbelegungen.

2.4.3 Eigene Kommandoprozeduren

Da nicht alle Anwendungen antizipiert werden, muß ein Editor, der universell einsetzbar sein soll, das Definieren neuer Kommandos zulassen. Dazu muß eine Programmiersprache zur Verfügung stehen, in die die Editierkommandos eingebettet sind. Diese soll einfach erlernbar und benutzbar sein. Zumindest jeder Programmierer sollte in der Lage sein, einfache Erweiterungen zu schreiben.

Unsere Erfahrungen mit Erweiterungen für den Editor Emacs [Gosling 82] haben gezeigt, daß lineares Programmieren ohne Verzweigungen und Schleifen für die meisten Erweiterungen nicht ausreicht, sondern es müssen ausreichend viele Kontrollstrukturen (z.B. if, while, for) vorhanden sein.

2.4.4 Fehlerbehandlung und Programmierwerkzeuge

Wenn ein Editor erweiterbar ist, muß es eine sinnvolle Fehlerbehandlung geben. Es darf z.B. nicht möglich sein, rekursive Tastaturmakros zu definieren, die nicht abbrechen. Zusätzlich sollten Programmierwerkzeuge zur Verfügung stehen, die das Testen von Kommandoprozeduren unterstützen (z.B. Tracer oder Stepper).

2.5 Gleichzeitiges Editieren mehrerer Texte

Beim Editieren eines Textes besteht oft der Wunsch, einen anderen Text anzusehen oder einen Teil dieses Textes zu kopieren. Oft entsteht während des Arbeitens der Wunsch, auch in einem anderen Text eine Änderung vorzunehmen. Dazu will man nicht immer den Editiervorgang ganz beenden, um das andere Dokument zu editieren. Deshalb sollte ein Editor mehrere Texte gleichzeitig in verschiedenen Textpuffern halten können, zwischen denen problemlos hin- und hergesprungen werden kann. Abbildung VI-2 zeigt eine Momentaufnahme des Editierens von mehreren Texten in verschiedenen Textpuffern.

2.6 Fenster

Die Aufteilung des Bildschirms in Fenster (d.h. rechteckige Ausschnitte aus dem Bildschirm) dient dazu, verschiedene Informationen gleichzeitig sichtbar zu machen. Bei Editoren können Fenster für verschiedene Zwecke dienen:

Universelle Editoren für die MCK

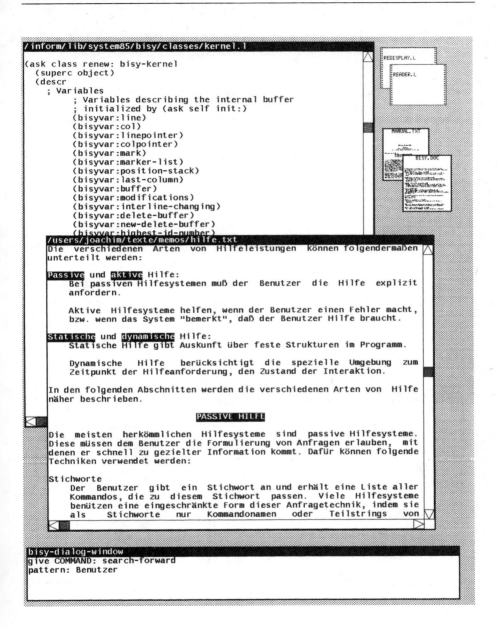

Abbildung VI-2: Das Editieren mehrerer Texte in verschiedenen Textpuffern

- Bei selbständigen Editoren haben sie die Aufgabe, das Editieren verschiedener Texte zu unterstützen, so daß mehrere Texte gleichzeitig auf dem Bildschirm sein können (Abbildung VI-2).

- Bei Editoren, die als Werkzeuge in komplexeren Systemen verwendet werden, sind Fenster von großer Wichtigkeit, um Texte an einer der Anwendung gerechten Stelle editieren zu können. Ein Feld eines Formulars kann beispielsweise ein Fenster sein, in dem ein Editor läuft (Abbildung VI-3).

Es gibt verschiedene Stufen der Realisierung von Fenstern. Eine einfache z.B. beim Editor Emacs angewandte Methode ist, den Bildschirm nur in vertikaler Richtung zu teilen. Diese Vorgehensweise reicht für viele Zwecke aus. Die nächste Stufe ist eine Aufteilung in beiden Dimensionen, so daß ein Fenster ein beliebiger rechteckiger Ausschnitt aus dem Bildschirm sein kann. Die komfortabelste Lösung sind überlappende Fenster. Diese sind beim Editieren mehrerer großer Texte eine Hilfe, da man ein momentan unwichtiges Fenster nicht verkleinern oder verschwinden lassen muß, sondern einfach wie ein Papier auf dem Schreibtisch nach unten schieben kann (vgl. Kapitel V).

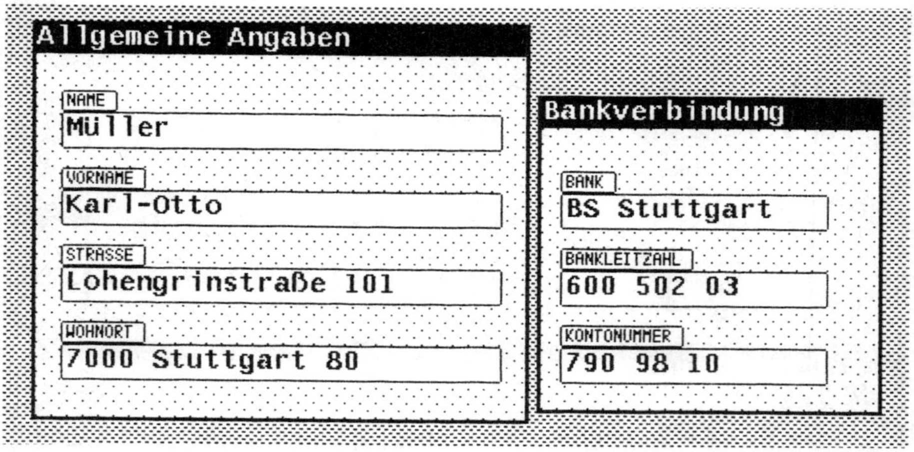

Abbildung VI-3: Editoren als Teile von Formularen

2.7 Interaktion

Die Art der Interaktion zwischen Editor und Benutzer ist von entscheidender Bedeutung für die Akzeptanz des Systems. Ein Editor, der alle wünschenswerten Eigenschaften bietet und effizient läuft, ist trotzdem kein guter Editor, wenn die Interaktion mit ihm umständlich und/oder schwer zu erlernen ist. Ein guter Editor sollte einfache, schnelle und leicht erlernbare Eingabemöglichkeiten und eine gute Rückkopplung durch geeignete Ausgaben bieten.

2.7.1 Direkte Manipulation

Bildschirmorientierte Editoren arbeiten meistens nach dem Prinzip der direkten Manipulation (siehe Abschnitt 3 in Kapitel IV), d.h. Änderungen werden durchgeführt, indem man mit dem Cursor an die zu ändernde Stelle fährt und dort direkt eintippt oder löscht. Eine Alternative dazu ist *symbolisches Editieren*. Das Positionieren und Löschen durch die Kommandofolge "setze-cursor 4 10; loesche-zeichen" ist ein Beispiel hierfür. Die direkte Manipulation ist der symbolischen Arbeitsweise vorzuziehen, weil das direkte Arbeiten mit dem Text dem Benutzer eine gute Rückkopplung gibt und eine natürlichere Arbeitsweise als die indirekte Eingabe von Kommandos erlaubt (siehe Kapitel VII).

2.7.2 Tastenorientiertheit

Bei rein tastenorientierter Interaktion wird jede Aktion durch das Drücken einer Taste ausgelöst. Die normalen alphanumerischen Zeichen sollten bewirken, daß das entsprechende Zeichen eingefügt wird. Darüber hinaus muß es dann noch Sondertasten geben, mit denen der Cursor bewegt, Löschungen vorgenommen und gewisse Kommandos ausgeführt werden können.

Die wichtigsten Sondertasten sind die Tasten für Zeichenlöschungen[6] und die Pfeiltasten[7] für Cursorbewegungen. Diese sind auf den meisten Terminals mit der richtigen Beschriftung vorhanden. Weitere Aktionen, beispielsweise das Einlesen einer Datei, können meistens nur über die Kontrolltaste[8] ausgelöst werden, deren semantische Nähe zu der zugeordneten Aktion zweifelhaft ist. Ein Ausweg sind programmierbare Funktionstasten, vor allem dann, wenn diese der Anwendung entsprechend beschriftet werden können.

---

[6] Die Tasten "Delete" oder "Rubout".

[7] Vier Tasten mit Pfeilen nach oben, unten, links und rechts.

[8] Die Kontrolltaste erzeugt in Verbindung mit den Tasten "a" bis "z" und einigen Sonderzeichen die Ascii-Codierungen 0 bis 31.

Ein Problem mit Sondertasten ist, daß sie meistens so angeordnet sind, daß fließendes Schreiben dadurch empfindlich gestört wird. Dies ist bei Benutzung von Tastenkombinationen mit der Kontrolltaste oder der Escapetaste[9] weniger der Fall. Bei Benutzung der Escapetaste ist problematisch, daß für eine einzelne Aktion zwei Tasten nacheinander gedrückt werden müssen, was bei mehrmaliger Wiederholung dieser Taste sehr unangenehm sein kann.

Gerade bei Editoren ist eine tastenorientierte Interaktion von großem Vorteil:

- Da beim Eintippen von Texten ohnehin die Tastatur verwendet werden muß, ist es naheliegend, die wichtigsten anderen Aktionen auch über Tasten zu steuern.

- Bei Editoren gibt es viele Einzelaktionen, die häufig ausgeführt werden und nur sehr geringe Auswirkungen haben. Damit Aufwand und Wirkung in einem angemessenen Verhältnis zueinander stehen, sollten diese einfach ausgelöst werden können (für das Löschen eines einzelnen Zeichens sollte keine mehrbuchstabige Kommandoeingabe nötig sein).

- Bei Editoren bezeichnet der Cursor die Stelle, an der eine Aktion ausgeführt werden soll. Wenn die Aktion durch eine Taste ausgelöst wird, kann der Cursor dort stehen bleiben; bei anderen Interaktionsformen wird er oft zur Steuerung der Eingabe an anderer Stelle gebraucht.

2.7.3 Zeigeinstrumente

Zeigeinstrumente dienen dazu, direkt auf eine Stelle des Bildschirms zu zeigen, d.h. dem Rechner mitzuteilen, daß man an dieser Stelle etwas machen will. Sie haben auch bei Editoren große Vorteile:

- Besonders bei großen Bildschirmen kann das Positionieren mit den Pfeiltasten sehr umständlich sein. Steht ein Zeigeinstrument zur Verfügung, kann man direkt auf eine Position zeigen.

- Bei Aktionen, die ganze Bereiche umfassen, ist ein Zeigeinstrument ein wichtiges Werkzeug, um den Bereich zu beschreiben.

- Wenn der Editor die Verwendung mehrerer Fenster erlaubt, ist das Zeigen auf ein Fenster eine schnelle Methode, um es auszuwählen.

---

[9]Die Escapetaste kann jeder Taste vorangestellt werden, erlaubt also 128 zusätzliche Codierungen.

- Menüauswahl durch Zeigen ist eine schnelle und durchsichtige Interaktionsform. Sogenannte Pop-Up-Menüs (siehe Kapitel V) haben einen Bezug zu einer bestimmten Position im Text, auf der die Aktion ausgeführt wird (Abbildung VI-4).

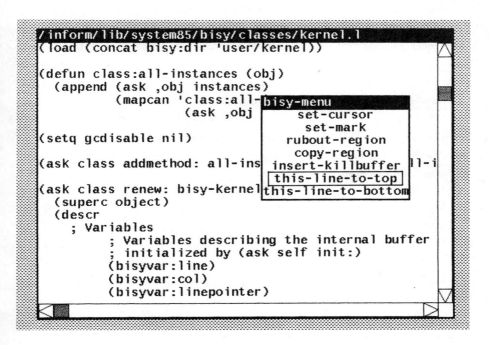

Abbildung VI-4: Interaktion durch ein Pop-Up-Menü

Der Benutzer zeigt mit der Maus auf die Zeile, die die oberste Zeile werden soll und wählt "this-line-to-top" aus.

Unter den bekannten Zeigeinstrumenten (Maus, Lichtgriffel, Tablett etc.) ist die Maus für Editoren besonders gut geeignet, da sie schnelle und präzise Positionierung erlaubt [Card, English, Burr 78].

2.7.4 Kommandos

Kommandos sind umständlicher als tastengesteuerte Eingabe. Dafür kann sich ein Benutzer besser an Kommandonamen erinnern als an eine bedeutungslose Tastenkombination. Für seltene Aktionen sind Kommandos also sinnvoller als Tasten.

Da kurze Kommandonamen zwar den Vorteil einer schnelleren Eingabemöglichkeit haben, aber das Finden semantisch sinnvoller Bezeichnungen erschweren, sollten Kommandonamen eher länger und aussagekräftig sein (z.B. "lösche-zeile" statt "lz"). Die umständlichere Eingabe kann durch sinnvolle Unterstützung vereinfacht werden. Dies kann dadurch geschehen, daß das System schon bei der Eingabe der einzelnen Buchstaben prüft, ob es sich um ein korrektes Kommando handelt, und nur korrekte Kommandos annimmt. Die Kommandoeingabe sollte vom Benutzer abgebrochen werden können, damit er ein fälschlicherweise eingegebenes Kommando nicht bis zum Ende durchführen muß. Damit lange Kommandonamen nicht zu lästig werden, sollten eindeutig abgekürzte Kommandos auf Verlangen[10] vom System expandiert werden.

Dasselbe gilt für Teilstrings von Kommandos. Gibt es z.B. die Kommandos "lösche-zeile" und "lösche-zeichen" und kein anderes Kommando, das mit "lö" anfängt, kann die Eingabe von "lö" eine Expansion bis zu "lösche-zei" bewirken, eine weitere Eingabe von "c" die Expansion zu "lösche-zeichen". Die Expansion sollte nicht ohne Verlangen des Benutzers automatisch erfolgen, weil sonst kleine Tippfehler große Auswirkungen haben können. Aus dem gleichen Grund sollte eine vollständige Expansion des Kommandonamens auch nicht gleich eine Ausführung des Kommandos bewirken, sondern es sollte noch auf eine Bestätigung durch den Benutzer gewartet werden.

2.7.5 Menüs

Die Verwendung von Menüs (siehe Kapitel V) in Editoren ist nicht unproblematisch. Es stellen sich die Fragen:

- *Sind Menüs überhaupt notwendig? Sind Kommandos nicht ausreichend?*
  Menüs sind sicher nicht notwendig, können das Arbeiten mit dem Editor aber komfortabler machen. Die Arbeit mit der Maus ist bequemer, wenn man mit ihr nicht nur positionieren, sondern auch andere Operationen (z.B. löschen) auslösen kann. Dies kann man erreichen, indem man die Maus zur Menüsteuerung einsetzt (Abbildung VI-4).

---

[10] Z.B. durch Drücken der Leertaste.

- *Wie realisiert man eine große Fülle von Kommandos?*
  Große Menüs sind bei Editoren höchstens als Hilfeangebot sinnvoll. Bei der eigentlichen Interaktion sollten nur sehr wenige für den Einsatz der Maus sinnvolle Einträge Verwendung finden. Beim Einsatz von Menüs als Hilfekomponente kann die Fülle von Kommandos durch Stichworte eingeschränkt werden.

- *Welche Kommandos will man überhaupt in Menüs?*
  In Menüs bei Editoren sollen vor allem solche Kommandos stehen, für die die Aktion "Zeigen mit der Maus" relevant ist, z.B. "lösche den Bereich zwischen der Maus und dem Cursor".

2.7.6 Uniformität der Interaktion

Unter Uniformität der Interaktion verstehen wir, daß ähnliche Aktionen auch ähnliche Wirkungen haben. Aktionen, von denen der Benutzer erwartet, daß sie komplementär sind, sollten sich auch so verhalten. Beispiel: Wenn man bei einem Kommando "nächste-zeile" von Spalte 30 der augenblicklichen Zeile in Spalte 1 der nächsten gerät, weil die nächste Zeile leer ist, sollte "vorherige-zeile" wieder auf Spalte 30 führen.

2.7.7 Linguistische Uniformität

Namen sollten nach einem konsistenten Schema gebildet werden. Beispiel: Wenn "cursor-an-den-zeilenanfang" den Cursor an den Anfang einer Zeile setzt, sollte das entsprechende Kommando für den Anfang eines Worts "cursor-an-den-wortanfang" heißen und nicht "gehe-an-den-wortanfang".

2.8 Hilfe

Bei einem Editor sollten die einfachen Operationen so klar sein, daß er nach einer kurzen Einführung von Laien benutzt werden kann. Für das Erkunden neuer, komplexerer Operationen sollten folgende Arten von Hilfe zur Verfügung stehen:

- *Beschreiben einer Taste:*
  Der Benutzer drückt eine Taste und will wissen, welche Aktion durch diese Taste ausgelöst wird.

- *Beschreiben von Funktionstasten:*
  Auf Anforderung des Benutzers kann ein Bild der Tastatur mit einer der Anwendung entsprechenden Beschriftung gezeigt werden.

- *Suchen einer Taste:*
  Der Benutzer gibt einen Kommandonamen an und erhält als Ergebnis die Taste, mit der er das Kommando ausführen kann.

- *Beschreiben eines Kommandos:*
  Der Benutzer gibt ein Kommando ein, das beschrieben werden soll.

- *Suchen eines Kommandonamens:*
  Der Benutzer will eine bestimmte Aktion ausführen, weiß aber nicht, ob es eine solche gibt oder wie sie heißt. Ein einfacher Ansatz ist eine Stichworteingabe, die die Ausgabe aller relevanten Kommandonamen bewirkt. Durch Eingabe mehrere Stichworte, wird der Suchraum eingeschränkt.

Neben diesen einfachen Hilfen sind noch weitere Hilfestellungen durch das System denkbar. Im folgenden sind vier Ansätze dazu aufgezählt:

- *Dynamische Hilfe:*
  Der Benutzer hat versehentlich eine falsche Taste gedrückt und eine ihm unbekannte Aktion ausgelöst. Die dynamische Hilfekomponente beantwortet ihm die Fragen [Nievergelt 83]:

    o Wie kam ich in die augenblickliche Situation?
    o Welche Eingaben verlangt das System von mir?
    o Wie komme ich wieder zur Ausgangssituation zurück?

- *Hilfenetzwerk:*
  Ein Ansatz für ein Hilfesystem ist ein Netzwerk von Information, in dem die Information in kleinere "Happen" unterteilt ist, die untereinander in Bezug stehen. Das Netzwerk kann mit Menüs erkundet werden [Hayes 82]. Ein solches Netzwerk steht z.B. mit dem "info"-Kommando für den Editor Emacs zur Verfügung.

- *Natürlichsprachliche Hilfe:*
  Die einfachste Möglichkeit, Fragen zu stellen, ist die Verwendung natürlicher Sprache. Das prototypische System PASSIVIST [Lemke 84] erlaubt einfache natürlichsprachliche Anfragen über Positionierungen und Löschungen bei dem Editor BISY.

- *Aktive Hilfe:*
  Wenn einem Benutzer bestimmte Konzepte und Kommandos gar nicht erst in den Sinn kommen, nutzt ihm ein Hilfesystem, das er fragen müßte, nichts. Vielmehr sollte ihn das System auf komfortablere Kommandos aufmerksam machen, wenn er sie nicht benutzt. Ein aktives Hilfesystem, das den Benutzer beim Editieren beobachtet und ihm Ratschläge gibt, ist das prototypische System AKTIVIST [Schwab 84].

2.9 Undo: Rückgängigmachen von Aktionen

Jede Aktion sollte rückgängig gemacht werden können. Eine Minimalform der Undo-Eigenschaft[11] ist, gelöschte Textstücke wiederzubekommen. Dies ist einfach zu verwirklichen und zu bedienen, wenn man sich auf die letzte Löschung beschränkt. Letzte Löschung heißt hier: die letzte zusammenhängende Folge von Löschungen, die nicht durch Positionierungen unterbrochen wurde. An Löschungen, die weiter zurückliegen, kann man sich ohnehin schlecht erinnern, und ein Mechanismus zum Wiedererlangen von Texten, deren Löschung weiter zurückliegt, ist schwieriger zu bedienen.

Ein Undo-Mechanismus, der auf alle Aktionen wirkt, ist besser durchschaubar und darf ruhig weit zurückreichen. Für den Fall, daß versehentlich zuviel rückgängig gemacht wurde, muß die Möglichkeit des Rückgängigmachens des Rückgängiggemachten bestehen.

2.10 Funktionsumfang

Der Funktionsumfang eines Editors ist von großer Bedeutung für seine Akzeptanz. Viele der in Abschnitt 2 genannten Punkte finden hier Anwendung. Ein wünschenswerter Funktionsumfang läßt sich durch folgende Punkte umschreiben:

- *Positionieren:*
  Zeichenweises und an Strukturen orientiertes (siehe Abschnitt 2.3) Positionieren sollte möglich sein. Das Setzen von Markierungen, zu denen man zurückkehren kann, ist ebenfalls ein wichtiges Werkzeug beim Editieren.

- *Einfügen:*
  Zeichen und ganze Textstücke (z.B. Strukturen, die an anderer Stelle gelöscht wurden) sollten eingefügt werden können. Die nächstliegende Art Text einzutippen ist, schon vorhandene Buchstaben zu überschreiben (analog zur Schreibmaschine), was normalerweise aber nicht gewünscht wird. Meistens soll Text eingefügt werden, ohne daß der schon vorhandene Text gelöscht wird. Deshalb sollte der normale Eingabemodus so sein, daß Buchstaben eingefügt werden und der rechts davon stehende Text nach rechts weggeschoben wird [Thimbleby 82].

- *Löschen:*
  Löschungen sowohl von Einzelzeichen als auch von größeren Strukturen sollten möglich sein.

---

[11] Für die Funktion des Rückgängigmachens von Benutzeraktionen hat sich der englischsprachige Ausdruck "Undo" durchgesetzt.

- *Beliebige Textlänge und -breite:*
  Beliebig lange und beliebig breite Texte sollten editierbar sein. Dazu ist noch ein Mechanismus erforderlich, um zu "blättern", d.h. die nicht sichtbaren Textteile sichtbar zu machen. Vertikales Blättern sollte sowohl zeilenweise als auch seitenweise möglich sein. Horizontales Blättern ist nicht unbedingt erforderlich (siehe Abschnitt 2.2). Die kleinste Einheit, um die geblättert werden kann, sollte jedoch auf alle Fälle größer als eine Spalte sein. Neben dem Blättern um eine ganze Bildschirmseite wäre etwa das Blättern um zehn Spalten sinnvoll.

- *Suchen und automatisches Ersetzen:*
  Das Suchen und automatische Ersetzen von Strings ist eine sehr wichtige Aktion bei Editoren. Die Frage ist, ob man auch das Suchen und Ersetzen von Strings, die einem bestimmten Muster genügen, anbieten soll (z.B. "ersetze alle Zeilen, die mit ';' anfangen, durch eine Leerzeile"). Dies ist zwar manchmal eine wünschenswerte Eigenschaft, aber von Nichtprogrammierern kaum bedienbar. Bei den Ersetzungen sollte es zwei Möglichkeiten geben:

  1. An jeder Stelle, an der der angegebene String vorkommt, wird dieser ohne Rückfrage ersetzt.

  2. Für jeden in Frage kommenden String, wird der Benutzer gefragt, ob dieser ersetzt oder übersprungen werden soll. Eine weitere Möglichkeit ist, das Rückgängigmachen der letzten Ersetzung zuzulassen (die Erfahrung zeigt, daß der Benutzer oft voreilig quittiert).

- *Rückgängigmachen von Kommandos:*
  siehe Abschnitt 2.9

- *Kopieren und Verschieben von Textteilen:*
  Die Aktionen Verschieben und Kopieren können vom Editor durch das Konzept "Löschen und Aufbewahren des Gelöschten im Löschpuffer ; Einfügen des Löschpuffers an einer beliebigen Stelle" bereitgestellt werden. Wenn man nur kopieren will, muß man an der Stelle, an der gelöscht wurde, auch gleich wieder einfügen und an einer anderen Position nochmals einfügen. Dieses Konzept hat den Vorteil, daß es recht durchsichtig und leicht erlernbar ist. Unsere Erfahrungen haben aber gezeigt, daß die zusätzliche Möglichkeit, Bereiche kopieren zu können, ohne sie löschen zu müssen, recht nützlich ist.

- *Kommandosprache:*
  Zum Erweitern des Editors sollte eine Kommandosprache zur Verfügung stehen.

- *Tastendefinitionen und Tastaturmakros:*
  Ein Benutzer soll sowohl Tasten als auch Tastaturmakros definieren können (siehe Abschnitt 2.4).

2.11 Sonstiges

Der Cursor steht in den meisten Systemen visuell *auf* irgendeinem Zeichen (dargestellt durch einen Block oder einen Unterstrich). Die logische Position befindet sich aber in Wirklichkeit *zwischen* zwei Zeichen. Es ist deshalb besser, den Cursor auch wirklich zwischen zwei Zeichen darzustellen, z.B. mit einem Pfeil oder einem senkrechten Strich.

Tabulatoren sollten in Texten als Einzelzeichen nicht vorkommen. Wenn sie doch vorkommen, müssen sie die gleiche Wirkung wie die entsprechende Anzahl von Leerzeichen haben.

Wenn es Kommandos gibt, deren Ausführung sehr lange dauert, ist es dem Benutzer anzuzeigen, ob er gerade eingabeberechtigt ist oder nicht. Dies kann z.B. dadurch geschehen, daß der Cursor eine andere Gestalt bekommt. Man könnte den Cursor auch verschwinden lassen; dies erschwert aber Vorausplanungen des Benutzers.

Wenn ein Editor nicht nur als Eingabegerät von Texten für einen Dokumentencompiler dienen soll, sondern den interaktiven Entwurf von Texten unterstützen soll, ist es unumgänglich, Hervorhebungen im Text wie Unterstreichungen oder Inversdarstellung zuzulassen.

Es stellt sich die Frage, ob das Positionieren an unbeschriebene Stellen verboten werden soll oder nicht. Für Programmierer, die ihre Programme mit dem Editor schreiben, ist die Antwort klar: Dort, wo nichts steht, ist auch nichts. Bei Sekretärinnen, die die Schreibmaschine gewohnt sind, sieht die Sache anders aus: Sie versuchen, an eine leere Stelle zu positionieren, um dort beispielsweise das Datum hinzusetzen. Das Positionieren "ins Leere" könnte so verwirklicht werden, daß, wenn jemand positioniert und unmittelbar darauf schreibt, die leeren Stellen mit Leerzeichen aufgefüllt werden.

3. Implementationsaspekte

3.1 Textrepräsentation

Eine zentrale Stellung bei Editoren nimmt die Repräsentation des Textes im Speicher ein. Denkbare Repräsentationen sind zweidimensionale Arrays (mit Zeilen und Spalten als Indizes), Listen und Darstellungen mit Hilfe des Textlückenverfahrens. Zweidimensionale Arrays sind nur dann sinnvoll, wenn eine feste Textlänge und Textbreite vorliegt. Die beiden anderen Verfahren sind für variable Textlängen und -breiten gut geeignet.

3.1.1 Textlückenverfahren

Beim Textlückenverfahren (englisch: "buffer gap scheme") ist der Text in Form von zwei fortlaufenden Zeichenfolgen, die durch eine Lücke (englisch: "gap") getrennt sind, dargestellt. Änderungen finden immer nur an der Lücke statt, so daß bei Einfügungen nur Zeichen angehängt, bei Löschungen nur Zeichen weggenommen werden müssen, ohne dabei die anderen Zeichen verschieben zu müssen. Wenn der Textpuffer nur inspiziert wird oder lokale Änderungen stattfinden, bleibt die Lücke immer an derselben Stelle. Sobald an anderer Stelle Text geändert wird, muß die Lücke an diese Position geschoben werden (Abbildung VI-5). In [Finseth 80] wird das Textlückenverfahren näher beschrieben.

Abbildung VI-5: Das Textlückenverfahren

Die Vorteile des Textlückenverfahrens sind

- *Geringer Speicheraufwand:*
  Für jedes Zeichen wird nur ein Byte verbraucht. Die Verwaltungsinformation ist gering und von der Größe des Textpuffers unabhängig.

- *Effizienz:*
  Das Verfahren ist sehr schnell. Das liegt daran, daß die meisten Editiervorgänge lokal an einer Stelle stattfinden und so die Lücke wenig oder gar nicht bewegt werden muß. Außerdem kann das Bewegen der Lücke sehr effizient implementiert werden.

Ein Nachteil des Textlückenverfahrens ist, daß schon im voraus mehr Platz reserviert werden muß, als für den Text notwendig ist, weil ohne eine ausreichende Lücke nicht editiert werden kann.

3.1.2 Listen

Bei einem in LISP geschriebenen Editor bieten sich als Grundlage für die Realisierung der Textrepräsentation Listen an. Die Speicherverwaltung wird dann vom Lispsystem übernommen, das Funktionen zum Umhängen von Pointern bietet. Die einfachste Möglichkeit ist es, jede Zeile als eine Liste von Zeichen darzustellen und den Textpuffer als eine Liste solcher Zeilen (Abbildung VI-6).

```
((T e x t l u e c k e n v e r f a h r e n)
 (Z e i l e _ 2))
```

Abbildung VI-6: Textrepräsentation mit Listen

Die Implementation mit Listen hat den Vorteil, daß im voraus nicht bekannt sein muß, wie groß ein Text sein wird, weil nur so viel Speicherplatz verbraucht wird, wie der Text zu einem bestimmten Moment benötigt. Ein Nachteil des Listenverfahrens ist, daß der Speicheraufwand hoch sein kann, da jedes Zeichen einen Zeiger auf das nächste Zeichen beinhaltet.

3.2 Bildschirmauffrischung

Eine zentrale Rolle spielt die Art der Bildschirmauffrischung (englisch: "redisplay"). Das nächstliegende Verfahren ist, den Bildschirm nach jeder Benutzeraktion aufzufrischen. Dieses Verfahren hat aber die folgenden Nachteile:

- Es werden mehr Daten übertragen, als unbedingt nötig ist. Dies kann insbesondere bei langsamer Datenübertragung die Antwortzeit des Systems unnötig erhöhen.

- Schnelles Betätigen von Tasten hintereinander kann bewirken, daß die Ausgabe nachhinkt und Textstücke gezeigt werden, die gleich darauf wieder verschwinden (z.B. beim schnellen Vorwärtsblättern will man nicht jede Seite ganz sehen).

- Bei Kommandoprozeduren, die der Benutzer schreibt, oder bei Tastaturmakros wird jede Einzelaktion sichtbar gemacht (meistens will man nur das Endergebnis eines Tastendrucks sehen).

Die genannten Nachteile lassen sich durch eine *zentrale, von den Einzeloperationen unabhängige Bildschirmauffrischung* vermeiden. Zentrale Bildschirmauffrischung bedeutet, daß nicht bei jeder Operation eine eigene Bildschirmauffrischung ausgelöst wird, sondern es wird nach jeder Operation der Sollzustand des Bildschirms mit dem Istzustand (dem Zustand vor der Operation) verglichen, und es findet eine geeignete Aktion statt. Ein Algorithmus, der den Aufwand beim Bildschirmauffrischen minimiert, wird in [Gosling 81] beschrieben.

Um den Bildschirm nicht unnötig aufzufrischen, kann die Bildschirmauffrischung unterbrochen werden, sobald der Benutzer eine weitere Eingabe macht. Dies kann leicht dadurch geschehen, daß das Bildschirmauffrischungsprogramm hin und wieder (z.B. nach dem Auffrischen einer Zeile) nachprüft, ob eine Taste gedrückt wurde und, wenn dies zutrifft, abbricht. Die Bildschirmauffrischung wird vervollständigt, sobald zwischen zwei Benutzerausgaben genügend Zeit bleibt.

3.2.1 Terminalunabhängige Ausgabe

Falls eine Editor nur einfache Terminaleigenschaften benützt, ist es sinnvoll, ihn terminalunabhängig zu machen. Dies kann in einer ersten Stufe dadurch geschehen, daß die Funktionen für die Terminalsteuerung von den übrigen Funktionen isoliert werden und so leicht für jedes Terminal neu geschrieben werden können. Für die Anpassung an ein bestimmtes Terminal muß dann eine bestimmte Datei mit Terminalfunktionen hinzugeladen werden.

Eine elegantere Lösung ist die Verwendung einer Datenbasis, in der die Eigenschaften verschiedener Terminaltypen beschrieben werden. Der Terminaltreiber des Editors sieht bei jeder Aktion zur Steuerung des Bildschirms in dieser Datenbasis nach und führt die dem Terminal entprechende Operation aus.

Die Vorteile terminalunabhängiger Ausgabe liegen auf der Hand. Bei den meisten Rechnerinstallationen finden verschiedene Terminaltypen Verwendung, für die dann ein und derselbe Editor benutzt werden kann. Dies vereinfacht sowohl die Implementation und Wartung als auch die Benutzung. Allerdings hat die Terminalunabhängigkeit auch Nachteile:

- Terminalspezifische Eigenschaften, die die Ausgabe effizienter machen, können nicht immer ausgenützt werden.

- Wenn sich die Eigenschaften verschiedener Terminals stark unterscheiden, muß man sich auf die Möglichkeiten beschränken, die das schlechtere Terminal bietet.

- Komfortable Terminaleigenschaften lassen sich oft nur durch komplizierte Zeichenfolgen beschreiben, die sich schlecht in allgemeiner Form darstellen lassen und deshalb nicht nutzbar sind.

Mit einer Datenbasis von Terminaleigenschaften zu arbeiten, aber für wichtige Terminals eigene effiziente Treiber zu schreiben, stellt eine Möglichkeit dar, Effizienz und Terminalunabhängigkeit zu vereinen. Dieses Verhalten ist im Editor Emacs [Gosling 82] realisiert.

3.3 Tastenbelegungstabelle

Die Tastenbelegungstabelle (englisch: "readtable") ist eine variable Tabelle, in die die augenblickliche Belegung der Tasten eingetragen ist. Immer wenn eine Taste gedrückt wird, nimmt das Programm den Tabelleneintrag für diese Taste und führt die dort stehende Aktion aus. Die Einträge müssen dynamisch geändert werden können. Die Tastenbelegungstabelle ist

- ein *Aspekt der Terminalunabhängigkeit*, weil bei verschiedenen Terminaltypen unterschiedliche Tastenbelegungen notwendig und möglich sind,

- eine *notwendige Voraussetzung für die Erweiterbarkeit* durch eigene Tastendefinitionen und Tastaturmakros des Benutzers.

Mit Arrays der Größe 128 kann eine Tastenbelegungstabelle in einfacher Weise so aufgebaut werden, daß jedes Element ein Zeiger auf eine Aktion ist. Die Indizes 0 bis 127 entsprechen den ASCII-Codierungen der Tasten. Bild VI-7 zeigt ein Beispiel.

Da die Pfeiltasten und Funktionstasten der Terminals oft mehr als ein Zeichen an den Rechner schicken, sind für die Erhaltung der Variabilität eines Editors *mehrstufige Tastenbelegungstabellen* notwendig, d.h. an der entsprechenden Stelle in der Tabelle muß statt einer Aktion eine Untertabelle stehen [Bauer 84b].

Taste	Index		Aktion
^@	0	---->	(undefiniert)
^A	1	---->	(undefiniert)
^B	2	---->	(undefiniert)
^C	3	---->	(setq stop t)
RETURN	13	---->	(neue-zeile)
L	76	---->	(einfügen L)
RUBOUT	127	---->	(lösche-zeichen-nach-links)

```
(def leseschleife
  (lambda nil
    (while (not stop)
      (do (eval (tastenbelegung (lies-taste))))))))
```

Abbildung VI-7: Beispiel für eine Tastenbelegungstabelle

3.4 Implementierungssprache

Die Implementierungssprache hängt stark von der Anwendung eines Editors ab. Soll ein eigenständiger, von anderen Systemen unabhängiger Editor implementiert werden, empfiehlt es sich, eine Programmiersprache wie C [Kernighan, Ritchie 83] zu verwenden. Diese ist systemnah, erlaubt variable Datenstrukturen und ist sehr effizient. Soll der Editor von anderen Programmen benutzt werden, empfiehlt es sich, ihn in der derselben Programmiersprache wie diese zu implementieren.

Für prototypische Implementierungen eignet sich auch bei Editoren die Sprache LISP sehr gut, weil LISP zur Programmentwicklung gute Unterstützung bietet (Tracer, Stepper, Debugger) und weil die dynamische Speicherverwaltung von LISP ausgenützt werden kann (siehe Abschnitt 3.1.2). Editoren, die mehrere Textpuffer erlauben, können diese sehr elegant durch Objekte (z.B. mit der objektorientierten Programmiersprache ObjTalk [Rathke 84]) umschreiben. Jeder Textpuffer ist dann die Instanz einer Klasse Textpuffer.

Die Abbildung VI-8 ist ein Versuch, die verschiedenen Eigenschaften von ObjTalk, Franz-Lisp [Foderaro, Sklower 82] und C tabellenartig aufzuzeigen. Dabei sind die Punkte Speicher- und Zeiteffizienz eher beim Benutzen, die übrigen Punkte eher beim Erstellen

Universelle Editoren für die MCK

und Anwenden des Editors relevant. Wenn ein genügend leistungsfähiger Rechner verwendet wird, sind die Effizienzkriterien von untergeordneter Bedeutung.

	ObjTalk	FranzLisp	C
Speichereffizienz	schlecht	schlecht	sehr gut
Zeiteffizienz	schlecht	schlecht	sehr gut
Programmierumgebung	gut[12]	sehr gut	kaum vorhanden
Schnittstelle zu anderen Programmen	sehr gut	gut	schwierig
Unterstützung durch Datentypen	sehr gut	gut	auf niedriger Ebene
Erweiterbarkeit	sehr gut	gut	schlecht

Abbildung VI-8: Eigenschaften von ObjTalk, FranzLisp und C

Einige Nachteile der verschiedenen Implementationssprachen können dadurch ausgeglichen werden, daß für spezielle Zwecke eine andere Programmiersprache mitverwendet wird:

- Das in C implementierte Emacs [Gosling 82] verwendet für Erweiterungen die eigens dafür geschaffene Programmiersprache MockLisp, einen stark vereinfachten Lispdialekt.

- Das in FranzLisp und ObjTalk implementierte BISY verwendet aus Effizienzgründen einige C-Funktionen für die Bildschirmauffrischung.

4. Der Editor BISY

BISY ist ein von uns entwickelter universeller Editor. Er kann als selbständiger Texteditor eingesetzt werden oder als Werkzeug für andere Systeme dienen. Eine Anwendung bei uns ist beispielsweise ein Postsystem, bei dem BISY zum Erstellen und Modifizieren der zu verschickenden Dokumente benutzt wird. Eine ausführliche Beschreibung von BISY findet sich in [Bauer 84b].

---

[12] Diese wird ständig weiterentwickelt.

4.1 Eigenschaften

Das WYSIWYG-Prinzip war ein grundlegendes Kriterium beim Entwurf des Editors. Jeder Tastendruck wird sofort zum Rechner übertragen. So sind der Eingabetaste entsprechende, flexible Reaktionen möglich. Im Lispmodus bewirkt beispielsweise die Eingabe einer schließenden Klammer, daß die zugehörige öffnende Klammer angezeigt wird. Die beim Erstellen von Dokumenten verwendeten Hervorhebungsmöglichkeiten, Fettdruck und Unterstreichung, werden auch am Bildschirm unmittelbar angezeigt.

Mit BISY können beliebig breite und lange Texte[13] editiert werden. Die Größe des sichtbaren Textausschnitts kann vom Benutzer bestimmt werden und ist auf dem verwendeten Terminal[14] bei einem gut lesbaren Zeichensatz maximal 64 Zeilen mal 85 Spalten[15]. Nicht sichtbarer Text kann durch vertikales und horizontales Verschieben des Textes sichtbar gemacht werden.

Strukturorientiertes Editieren ist mit den Strukturen "buffer" (der ganze Textpuffer), "line" (eine Zeile), "word" (ein Wort) und "region" (ein Bereich) möglich. Beim Lispmodus kommt die Struktur "list" (eine Liste) hinzu. Alle Strukturen können mit den elementaren Cursorbewegungen (nach rechts, links, oben, unten) und mit Löschungen (nach rechts und links) verknüpft werden.

BISY ist durch ObjTalk-Klassen repräsentiert, von denen beliebig viele Instanzen kreiert werden können, d.h. es können mehrere Texte gleichzeitig editiert werden. Jeder Textpuffer befindet sich in einem eigenen Fenster. Das verwendete Fenstersystem [Fabian 84] erlaubt überlappende Fenster, die vom Benutzer beliebig verschoben und in der Größe verändert werden können. Nicht benötigte Fenster können zu einem Symbol geschrumpft werden, das, wenn man es wieder auswählt, zum ursprünglichen Fenster expandiert (Abbildung VI-2).

Die Interaktion mit dem Benutzer geschieht weitgehend tastengesteuert und mit der Maus. Es existiert eine mehrstufige Tastenbelegungstabelle, die die zu jeder Taste oder Tastenfolge gehörende Aktion beschreibt. Die Maus kann zum Positionieren (mit dem

---

[13] Die Grenze setzt der zur Verfügung stehende Speicherplatz.

[14] Ein Bitgraph-Terminal [Bitgraph 82].

[15] Kleinere Zeichensätze erlauben zwar, mehr Text darzustellen, sind aber relativ schlecht lesbar.

linken Knopf) und zur Menüauswahl (mit dem rechten Knopf) verwendet werden. Durch das Drücken des rechten Mausknopfes wird abhängig von der Position der Maus ein Menü sichtbar. An Stellen, an denen sich kein Fenster befindet, ist dies ein globales Menü, auf dem Fensterrahmen ein Menü, das Aktionen zum Modifizieren des Fensters enthält, und auf dem Text Editierkommandos, die sich auf die Position der Maus beziehen (Abbildung VI-4).

Neben der tastengesteuerten Interaktion können auch Kommandos eingegeben werden. Die Kommandonamen sind aussagekräftig, aber teilweise sehr lang (z.B. "set-cursor-to-beginning-of-buffer"). Bei der Eingabe werden eindeutige Abkürzungen auf Verlangen (durch Tippen der Leertaste) vom System expandiert.

Als Hilfemöglichkeiten stehen das Beschreiben einer Taste, das Suchen einer Taste für ein bestimmtes Kommando, das Beschreiben eines Kommandos und das Suchen nach Kommandos aufgrund von Stichworten zur Verfügung. Außerdem gibt es prototypische Implementationen für dynamische, natürlichsprachliche Hilfe und aktive Hilfe [Lemke 84; Schwab 84].

Zum Rückgängigmachen steht ein Undo-Kommando zur Verfügung, das alle Aktionen, die durch das Drücken der letzten Taste ausgelöst wurden, rückgängig macht.

Ein Textpuffer von BISY kann in verschiedenen Zeichensätzen dargestellt werden. Im Normalfall wird ein normaler amerikanischer Zeichensatz, der verschiedene Arten von Klammern enthält, verwendet. Für das Editieren deutscher Dokumente kann ein deutscher Zeichensatz verwendet werden. Zum Editieren von großen Tabellen, die man ganz sehen will, ist der Einsatz eines kleineren Schrifttyps, der mehr Zeichen in einer Zeile zuläßt, sinnvoll. Zur Zeit ist es noch nicht möglich, in einem Textpuffer mehrere Zeichensätze gleichzeitig zu verwenden.

BISY ist durch Tastaturmakros, Tastendefinitionen und Kommandoprozeduren erweiterbar. Die Kommandosprache besteht aus den als FranzLisp-Funktionen zur Verfügung stehenden Editierkommandos und allen Standard-FranzLisp-Funktionen. Für den Anwender, der BISY als Werkzeug in anderen Programmen verwenden will, stehen verschiedene ObjTalk-Klassen zur Verfügung, die er in seiner Anwendung verwenden und erweitern kann.

4.2 Implementation

Die Implementation von BISY erfolgte ursprünglich ganz in LISP. In der aktuellen Version sind einige Programmstücke für die Bildschirmauffrischung aus Effizienzgründen in C programmiert. Die Schnittstelle zum Fenstersystem und zu Anwendungsprogrammen wird durch ObjTalk-Objekte repräsentiert. Die Textrepräsentation geschieht mit Listen, weil bei einer Listenrepräsentation sehr kleine Textpuffer (z.B. Formularfelder) auch nur wenig Platz brauchen.

Die Bildschirmauffrischung bei BISY ist ein vom übrigen Programmcode getrenntes Modul. Sie verwendet den von Gosling beschriebenen Algorithmus [Gosling 81]. Dieser teilt die Bildschirmauffrischung in zwei Abschnitte:

1. Berechung der Kostenmatrix: Diese gibt für die verschiedenen Möglichkeiten, den Bildschirm aufzufrischen, die jeweiligen Kosten (d.h. Rechenzeit) an.
2. Ausführung der Bildschirmauffrischung anhand der Kostenmatrix.

Um den Bildschirm nicht unnötig oft aufzufrischen, wird die Auffrischung durch Benutzereingaben unterbrochen und nach Beendigung der Eingabe fortgesetzt. Das hat zur Folge, daß für das Zeigen von Zwischenzuständen, die der Benutzer nicht sehen will, keine Rechenzeit verwendet wird.

4.3 Bewertung

Eine Bewertung von Editoren kann nie unabhängig von der beabsichtigten Anwendung gemacht werden. Mögliche Bewertungsschemata sind:

- *Effizienz:*
  Unsere Erfahrungen haben gezeigt, daß ein Benutzer eher bereit ist, auf ein paar zusätzliche schöne Eigenschaften eines Editors zu verzichten als auf Geschwindigkeit.

- *Bedienung:*
  Umständliche Tastenfolgen für häufig benötigte Kommandos erschweren die Editierarbeit unnötig.

- *Erlernbarkeit:*
  Die Schwelle für die Benutzung eines Editors sollte nicht zu hoch sein. Die ersten einfachen Editierschritte sollten schon nach einer kurzen Einführung möglich sein.

- *Funktionalität:*
  Effiziente und leicht zu bedienende Editoren nützen nichts, wenn man mit ihnen nur sehr wenige Dinge machen kann.

- *Erweiterungsmöglichkeiten und Integration in andere Systeme:* Gute Erweiterungsmöglichkeiten und die Fähigkeit der Integration in andere Systeme erlauben einen vielfältigen Einsatz des Editors.

Der gravierendste Nachteil von BISY ist die geringe Effizienz. Diese resultiert zum größten Teil aus der Verwendung von FranzLisp und ObjTalk: In ObjTalk benötigen die Objekte große Mengen von Speicherplatz; in FranzLisp unterbricht die Speicherbereinigung (englisch: "garbage collection") die Arbeit an nicht vorhersehbaren Stellen für zu lange Zeit [Lieberman, Hewitt 83].

BISY ist einfach zu bedienen. Expertenbenutzer können die wichtigsten Aktionen mit einem Tastendruck auslösen. Positionierungen können sehr schnell mit der Maus erfolgen.

BISY kann nach einer kurzen Einführung sehr schnell bedient werden. Komplexere Aktionen können durch die Verwendung einer Strukturtaste und der einfachen Aktion ausgeführt werden (Beispiel: "word ->"). Das heißt, der Benutzer muß nicht jede einzelne Struktur und die zugehörigen Aktionen lernen, sondern es genügt, ihm die Elementaroperationen und die Bedeutung der Strukturtasten beizubringen.

Die Funktionalität ist groß. Für den fortgeschrittenen Benutzer gibt es sehr viele Möglichkeiten der Textbearbeitung. Die Einbettung in ObjTalk und FranzLisp macht BISY bezüglich der Erweiterbarkeit und der Integration in andere, in FranzLisp geschriebene Systeme sehr flexibel.

Zusammenfassend kann man sagen, daß BISY als Werkzeug in anderen Systemen, in denen relativ kleine Texte editiert werden sollen, seine Stärken hat. Als selbständiger Editor ist BISY zwar auch einsetzbar, ist aber weniger effizient als beispielsweise Emacs.

5. Abschließende Bemerkungen

In diesem Kapitel wurden weitgehend Editoren beschrieben, die auf herkömmlicher Technologie, d.h. auf zeichenorientierten Terminals und relativ beschränkter Computerleistung für den einzelnen Benutzer, basieren. Nur bei bestimmten Aspekten, nämlich der Fenstertechnik und der teilweisen Verwendung der Maus, kam moderne Technik zum Tragen.

Editoren wie die des Xerox STAR [Seybold 81] oder des Apple MACINTOSH [Williams 84] verbinden hohe Computerleistung für den einzelnen Benutzer mit modernen Interaktionstechniken. Die Interaktion mit der Maus ist nicht eine Technik unter vielen, sondern die Grundlage beim Arbeiten mit diesen Systemen. Die Integration von Graphik und Text ist möglich. Allerdings bieten beide Systeme beim Textformatieren nicht die vollen Möglichkeiten von Dokumentencompilern wie SCRIBE [Reid, Walker 80], und die Kombination von Text und Graphik hat bestimmte Grenzen.[16]

Zusammenfassend sind wir der Auffassung, daß zukünftige Entwicklungen von Editoren darauf abzielen sollten,

- die interaktive Editierbarkeit des Endprodukts zu verbessern und so Dokumentencompiler überflüssig zu machen;

- Graphikeditoren mit Texteditoren zu verbinden, so daß an jeder beliebigen Stelle im Text Graphik und an jeder Stelle in einer Graphik Text eingefügt und editiert werden kann;

- ein leicht zu erlernendes Interaktionskonzept zu verwenden, das unter Verwendung eines Zeigeinstruments eine direkte Manipulation des Textes erlaubt sowie

- dem Benutzer Werkzeuge in die Hand zu geben, die es ihm erlauben, den Editor an seine Bedürfnisse anzupassen und für seine Anwendungen zu erweitern.

---

[16]Beim MACINTOSH kann beispielsweise der innerhalb einer Graphik stehende Text nicht editiert werden.

VII

Visualisierungstechniken

Dieter Böcker

Als eines der gravierendsten gesellschaftlichen Probleme beim Einsatz und Umgang mit Rechnern wird deren Undurchschaubarkeit angesehen. Diese reale oder angenommene Undurchschaubarkeit läßt den Computer zumindestens für Laien bedrohlich erscheinen - unabhängig vom Ausmaß der tatsächlich von ihm ausgehenden Bedrohung. Es ist daher naheliegend, zu fordern, daß zum Zwecke der Erhöhung der Transparenz von Computern deren Benutzerschnittstellen mit *Inspektionswerkzeugen* ausgestattet sein sollten; mit diesen sollte es möglich sein, Entscheidungen und Aktionen des Computers zu hinterfragen und erläuternde Informationen zu erzeugen. Wichtig werden solche Werkzeuge *bei aus Benutzersicht komplexen Systemen*, ihre Notwendigkeit begründet sich aus der vom Benutzer geforderten subjektiven Sicherheit über die Aktionen des Rechners. Neben natürlichsprachlichen Hilfesystemen (siehe z.B. [Lemke 84; Schwab 84]) sind Visualisierungskomponenten das beste Mittel, um komplexe Systeme (wie z.B. Expertensysteme) verstehbar und durchschaubar zu machen. Das höchste Ausmaß *subjektiver* Sicherheit empfindet man über die Dinge, *die man mit eigenen Augen gesehen hat*.

Gleichzeitig tragen Visualisierungen zur *Entzunftung* der Informatik - etwa im Sinne von Fischer [Fischer 82a] - dadurch bei, daß sie zu einem Abbau des von Laien ebenfalls als bedrohlich empfundenen *Fachchinesisch* der Informatik führen. Den Vorteil der relativen *Nichtfachsprachgebundenheit* teilen Visualisierungen auf Rechnersystemen mit den z.B. auf Flughäfen weitverbreiteten, wegweisenden *Piktogrammen* oder verschiedenen *kulturfreien*, graphischen Intelligenztests.[1]

Die in diesem Kapitel vorgestellten Visualisierungstechniken wurden vorwiegend in Zusammenhang mit dem Bau von Programmierumgebungen entwickelt. Sie sind jedoch in modifizierter Form ebenso für andere Anwendungsbereiche relevant.

---

[1] Graphik ist eine mögliche Visualisierungstechnik neben anderen, wie z.B. Trickfilme.

1. Formen der Mensch-Computer-Kommunikation

Die heute in interaktiven Systemen zu beobachtende Kommunikation zwischen Mensch und Computer ist durch eine starke Asymmetrie gekennzeichnet[2]. Der Mensch ist gezwungen, seinen Anteil an der Kommunikation vorwiegend durch mechanische Bewegungen der Finger zu bewerkstelligen; die Informationsabgabe des Computers geschieht überwiegend über den Bildschirm; alle anderen prinzipiell denkbaren Kommunikationsformen (z.B. Sprachausgabe) werden nur selten in speziellen Anwendungen verwendet. Der Kommunikationskanal vom Computer zum Menschen ist damit von wesentlich größerer Bandbreite als der vom Menschen zum Computer. Während in der einen Richtung fast ausschließlich formale Sprachen Verwendung finden, können in der anderen formale und natürliche Sprachen sowie stehende und sich bewegende graphische Darstellungen verwendet werden. Die Asymmetrie der Kommunikation ist die Erscheinungsform einer weitergehenden Problematik: der Art und Weise wie Sprecher- und Hörerrolle zugeteilt sind. Bei menschlicher Kommunikation übernimmt jeder Kommunikationspartner[3] beide Rollen, in der MCK wird dem Computer vorwiegend die Rolle des Sprechers und dem Menschen vorwiegend die Rolle des Hörers zugeteilt; es ist für den Menschen einfacher, sich die vom Rechner übermittelten Inhalte zu rekonstruieren. Der Mensch "versteht" eher den Computer als dieser ihn.

In der heutigen Praxis stellen lediglich die Zeigeinstrumente eine der üblichen menschlichen Kommunikation ähnelnde, stark mit referentiellen Mitteln arbeitende Kommunikationsform dar. Das wesentliche Problem der mit ihnen möglichen deiktischen Sprechakte, z.B. zur Inspektion von Informationsstrukturen, besteht in ihrer Interpretation. Es kann z.B. schwierig sein festzustellen, was der Benutzer meint, wenn er mit einer *Maus* als Zeigeinstrument auf ein Bildschirmobjekt deutet. Vielfach muß, um zu entscheiden, ob er den einzelnen Buchstaben, das Wort oder den ganzen Absatz meint, zunächst der relevante Kontext der Aktion bestimmt werden; ist dieses nicht automatisch möglich, muß für zusätzliche einfache Möglichkeiten zur Kontextanzeige und zum Kontextwechsel gesorgt werden. Im Falle der *Maus* kann dies dadurch geschehen, daß mehrfaches Drücken der "Knöpfe" der "Maus" verschiedene Kontexte aktiviert.

---

[2] Dies steht in krassem Gegensatz zur bez. der Mittel symmetrischen Mensch-Mensch-Kommunikation, die sich der natürlichen Sprache, Mimik und Gestik bedient.

[3] "Partner" solte hier in seiner ursprünglichen Bedeutung als Teilnehmer, als Kommunikationsgegenüber verstanden werden; jede weitergehende Interpretation entspricht nicht der Intention des Autors.

Die geringe Bandbreite der menschlichen Ausgabekanäle (fast ausschließlich manuelles Eintippen) in der heutigen MCK führt zu erheblichen Problemen, ein Beispiel: Die Dokumentation von Programmen wird z.T. gerade deswegen vernachlässigt, weil das Eintippen von Zusatzinformationen aufwendig und daher dem Programmierer lästig ist. Eine entscheidende Verbesserung des Kommunikationskanals vom Menschen zum Computer ist *langfristig* nur durch die Verwendung von gesprochener natürlicher Sprache als Kommunikationsmedium zu erwarten, wenn auch davor gewarnt werden muß, dieses als Allheilmittel anzusehen. Vor allem darf nicht übersehen werden, daß es einen engen Zusammenhang zwischen dem Verstehen natürlicher Sprache und dem beim Hörer voraussetzbaren Wissen über den Gegenstand der Kommunikation gibt.

Das WYSIWYG-Prinzip

Das *WYSIWYG-Prinzip* ("What you see is what you get") ist ein allgemeines Designprinzip für Benutzerschnittstellen, das vor allem im Zusammenhang mit Textverarbeitungssystemen diskutiert wird: Es fordert, daß das, was auf dem Bildschirm zu sehen ist, auch tatsächlich den ganzen, augenblicklich für den Benutzer relevanten Zustand des Rechners ausmacht. Der Benutzer sollte keine weiteren Transformationen machen müssen, um z.B. bei der Benutzung eines Texteditors aus dem aktuellen Aussehen des Bildschirminhalts das Aussehen des später gedruckten Textes zu erschließen. Ein anderer Aspekt des WYSIWYG-Prinzips besteht in der Forderung nach sofortiger Reaktion des Systems; dies bedeutet, daß die Idee des Interpreters bis zur Zeichenebene befolgt wird. Sobald sich das System aus den vom Benutzer eingegebenen Zeichen "einen Reim machen" kann, sollte es prinzipiell die Initiative übernehmen *können*; ob es das in jedem Fall tun *sollte*, hängt von weiteren Kriterien ab. Wichtig wird diese Forderung nach sofortiger Reaktion des Systems z.B. im Zusammenhang mit kleinen Fehlern oder Versehen des Benutzers, die zum frühest möglichen Zeitpunkt erkannt werden sollten, da sie später unter Umständen nur schwer zu entdecken oder nur umständlich zu korrigieren sind.

Eng mit dem WYSIWYG-Prinzip hängt die Idee des *ikonischen Manipulierens* zusammen, es sind gewissermaßen zwei Sichten ein und desselben Problems: Einerseits geht es darum, eine möglichst direkte visuelle Kontrolle darüber zu haben, "was im Rechner passiert", andererseits möchte man das, "was im Rechner passiert", möglichst direkt manipulieren können. Dabei kann es unterschiedliche Grade an Direktheit geben.

2. Psychologische Grundlagen: das visuelle System des Menschen

Neben den soziologischen und arbeitswissenschaftlichen Voraussetzungen sind wesentliche Randbedingungen der MCK durch das menschliche informationsverarbeitende System gegeben; für unsere Überlegungen ist insbesondere das visuelle System des Menschen von Interesse. Es gehört unseres Erachtens zu den wichtigsten Aufgaben eines Informatikers, sich über die auf Seiten des Menschen vorzufindenden Eigenschaften und Kommunikationsvoraussetzungen im klaren zu sein, da nur dadurch vermieden werden kann, daß es stets der Mensch ist, der sich dem Computer anpassen muß, statt daß umgekehrt das Computersystem dem menschlichen Kommunikationspartner angepaßt wird.

Entwicklungsgeschichtlich ist das Auge ein Teil des menschlichen Gehirns; es ist daher nicht verwunderlich, daß das Sehen/Erkennen von Dingen auf das Funktionieren eines - wie man heute sagen würde - *hochintegrierten* Systems zurückzuführen ist. Zwischen dem Auge und den "höheren" Funktionen des Gehirns bestehen eine Vielzahl von Wechselbeziehungen; es besteht ein enger Zusammenhang zwischen verbalen Beschreibungen, Absichten und Voreinstellungen und dem visuell Wahrgenommenen: was das Auge sieht, hängt z.T. davon ab, was die Person zu sehen glaubt.

Aus der Vielzahl der experimentellen Belege für die (auch im Vergleich zu anderen sensorischen Systemen) überragende Leistungsfähigkeit des menschlichen visuellen Systems[4] sei hier nur ein Beispiel angefügt: Moran [Moran 73] gab seinen Versuchspersonen die Aufgabe, Folgen von Himmelsrichtungen zu lernen, etwa:

    Nord, Ost, Süd, Ost, Süd, West

Eine zweite Gruppe bekam die Aufgabe, sich die Folge zu merken, wobei sie sich zu diesem Beispiel die in Abbildung VII-1 dargestellte Figur vorstellen möge. Dieser Versuch ergab sehr deutlich, daß die Gruppe, die auf die "graphische Gedankenstütze" hingewiesen wurde, bei der Reproduktion wesentlich weniger Fehler machte. Dies ist insofern bemerkenswert, als in den Versuchen sichergestellt wurde, daß die Folgen kurz genug waren, um noch ausschließlich mit dem Kurzzeitgedächtnis verarbeitet werden zu können.

---

[4] Eine auch nur annähernd vollständige Darstellung der vielfältigen Eigenschaften des menschlichen visuellen Systems kann und soll hier nicht versucht werden; dem interessierten Leser sei z.B. die Lektüre von [Frisby 79] empfohlen.

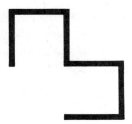

Abbildung VII-1: Visualisierte Folge von Himmelsrichtungen

Auch die menschliche Sprache ist sich der Überlegenheit von bildlichen Darstellungen gegenüber gesprochener Sprache bewußt; dies zeigt sich in vielen Redewendungen wie *"sich ein Bild von etwas machen"* und *"Ein Bild sagt mehr als tausend Worte."*

Im Sinne der Psychologie der Informationsverarbeitung, wie sie etwa in den Arbeiten von Newell und Simon [Newell, Simon 72] vertreten wird, haben bildliche Darstellungen auch den Vorteil, daß durch ihre Verwendung der zentrale Interpreterzyklus des menschlichen informationsverarbeitenden Systems entlastet und für andere Aufgaben frei wird.

3. Visualisierungskomponenten in Programmierumgebungen

3.1 Visualisierung und Softwareproduktion

> *Most mathematicians visualize their formulae and manipulate them as structure.* J. Hadamard

Das Erstellen von Software ebenso wie das Arbeiten mit ihr wird heute überwiegend noch als eine irgendwie geartete *Problemlösetätigkeit* verstanden, zu deren Durchführung ein "logisches Denkvermögen" als die beste Voraussetzung gilt. Dieser vereinfachenden Gleichung wird dann flugs noch eine zweite zur Seite gestellt, die das *Programmieren* auf ein *Umgehen mit symbolischen Formeln* reduziert[5]. Diese Vorgehensweise, die sich lediglich der Tradition der Mathematik verpflichtet fühlt und in ihr entstanden ist, ist äußerst kritisch zu beurteilen, vernachlässigt sie doch die Tatsache, daß es sich bei den

---

[5] Siehe z.B. das Acronym FORTRAN: Formula Translator

zu lösenden Problemen vorwiegend um schlecht definierte Designprobleme handelt, die strukturell von den typischerweise durch mathematische Verfahren gelösten Problemen verschieden sind[6]. Insbesondere reicht die *mathematische Tradition* nicht aus, um Kriterien bez. der Benutzerschnittstelle zu gewinnen. Wir glauben, daß die von verschiedenen Autoren entworfene *Wissenschaft des Designs* (siehe etwa [Alexander 64; Fischer 82a; Fischer, Böcker 83a; Böcker 84] und vor allem [Simon 81]) der Problemstellung eher gerecht wird.

Die im folgenden vorgestellten Werkzeuge können zu verschiedenen Zwecken eingesetzt werden: Da sie die Betrachtung des Programmes und die Beobachtung des Programmverhaltens unterstützen, können sie außer zur Fehlersuche auch zu Dokumentationszwecken (vgl. auch Kapitel VIII) eingesetzt werden.

3.2 Beobachtungswerkzeuge für statische Strukturen

Die folgenden Abschnitte beschreiben in exemplarischer Weise Visualisierungstechniken für Programmcode, für aus dem Code abstrahierte Strukturen und für die in Programmen verwendeten Datenstrukturen.

3.2.1 Pretty-Printer

> *... it is ironic that "structured programming" has dealt with unstructured programming languages. They are "unstructured" in the sense that programs have no spatial organization, and data is designated abstractly, without displaying it's structure.* D.C. Smith

Pretty-Printer gehören zu den ältesten Werkzeugen von Programmierumgebungen, in denen Visualisierungsaspekte verwirklicht sind. Man versteht darunter ein Programm, das Programmtext in einem Format ausdruckt, das die logische Struktur des Programms widerspiegelt[7]. Pretty-Printer enthalten Wissen darüber, wie Programmcode dargestellt wer-

---

[6] Es ist auffällig, daß graphische Softwareentwurfsmethoden wie etwa SADT [Ross, Shoman 77], Jackson-Methode [Jackson 83] oder HIPO [IBM 74] stets einen starken Bezug zur (industriellen) Realität haben und dort auch verbreitet sind, während die vorwiegend aus universitären (und damit der Mathematik nahestehenden) Zusammenhängen heraus entstandene Methode des strukturierten Programmierens eher formale Aspekte der verwendeten Programmiersprache und des Umgehens mit ihr in den Vordergrund rückt.

[7] Eine wesentliche Voraussetzung zum Einsatz von Pretty-Printern ist daher, daß die logische Struktur eines Programms durch die Konstrukte der Programmiersprache darstellbar ist: dies ist z.B. bei Assemblersprachen nur sehr bedingt der Fall.

den muß, damit er vom menschlichen Programmierer leicht gelesen werden kann. Sie legen fest, an welcher Stelle im Code Zeilenwechsel eingefügt werden sollten und wie weit die dann folgende Zeile eingerückt werden muß. Es gibt zwei Gründe für das Einfügen von Zeilenwechseln, die jeweils für sich genommen oder gemeinsam gelten:

- *Notwendigkeit:*
  Das Programm ist zu lang, so daß es nicht in eine Zeile paßt.

- *Ästhetik:*
  Die lineare Struktur des Programms sollte in eine zweidimensionale umgewandelt werden, weil in dieser die logische Struktur des Programms besser zum Ausdruck kommt.

Ein Pretty-Printer erfüllt in einer Softwareproduktionsumgebung mehrere Funktionen gleichzeitig:

- Programme werden leichter lesbar.
- Anfänger können durch Nachahmung einen bestimmten Programmierstil erlernen.
- Die Kommunikation zwischen mehreren Programmierern wird durch einen gemeinsamen Stil erleichtert.
- Trotz mehrfacher Änderungen bleibt ein Programm lesbar.

Die meisten Pretty-Printer lösen die sich unter dem Notwendigkeitsgesichtspunkt stellenden Probleme zufriedenstellend (in [Böcker 84] findet sich ein Überblick über die hierbei verwendeten Techniken)[8]. Unter dem Gesichtspunkt der Visualisierung geht der in Interlisp-D [Interlisp-D-Manual 82] enthaltene Pretty-Printer weit über die Leistungsfähigkeit üblicher Pretty-Printer hinaus. Er verwendet verschiedene Schrifttypen, um

- normalen Programmcode,
- die Namen von benutzerdefinierten Funktionen an der Definitionsstelle,
- die Namen von benutzerdefinierten Funktionen an der Aufrufstelle,
- Sprungmarken,
- Kommentare und
- Makros

---

[8] Die von einem guten Pretty-Printer zu lösenden Probleme ähneln sehr den Problemen, die auch das in Abschnitt 3.2.3 vorgestellte KÄSTLE-System zur graphischen Darstellung von LISP-Zeigerstrukturen löst.

darzustellen. Die Abbildung VII-2 zeigt einen Ausschnitt aus dem Code eines Editors für Zeigerstrukturen. Man erkennt, daß der Interlisp-D-Pretty-Printer automatisch Verwaltungsinformationen, wie etwa Kreations- und Modifikationsdatum der Datei und der einzelnen Funktionen, dem Ausdruck hinzufügt.

Ein noch über die Eigenschaften des Interlisp-D-Pretty-Printers hinausgehender Vorschlag ist von [Baecker, Marcus 83] gemacht worden. Programmtext (C-Code) wird von ihnen unter Ausnutzung auch komplizierterer Techniken der Buchdruckkunst in ein graphisch äußerst ansprechendes Produkt verwandelt.

3.2.2 Visualisierung der Kontrollstruktur von Programmen

Flußdiagramme, Nassi-Shneiderman-Struktogramme

Die ersten Visualisierungmöglichkeiten wurden für einfachere anweisungsorientierte Sprachen in der Form von Flußdiagrammen geschaffen. Diese stellen eine sehr direkte Umsetzung der Kontrollstrukturen in eine graphische Form dar. Der Wert dieser Diagramme wird durch verschiedene neuere Untersuchungen sehr in Frage gestellt (siehe z.B. [Shneiderman et al. 77]). Für funktionale Programmiersprachen sind diese und verwandte Techniken, wie etwa Nassi-Shneiderman-Struktogramme [Nassi, Shneiderman 73], ohnehin nur bedingt brauchbar, da die grundlegende Kontrollstruktur, der funktionale Aufruf, nicht adäquat darstellbar ist.

Programmbäume

Ein wichtiges Hilfsmittel zur Dokumentation und zum Verständnis von Programmen, die in funktionalen Programmiersprachen geschrieben sind, stellen Übersichten, "Programmbäume", dar, aus denen die Aufrufstruktur der Funktionen ersichtlich ist. Dies gilt besonders für Programmiersprachen wie LISP, die keine statische, am Programmcode ablesbare Schachtelung von Funktionen erlauben wie etwa Pascal. Programme, die derartige Übersichten über mögliche Aufrufstrukturen aus dem Text von LISP-Funktionen rekonstruieren, schaffen hier einen Ausgleich. Es kann zwischen zwei verschiedenen Arten von Programmbäumen unterschieden werden (vgl. hierzu [Maier 81]):

Visualisierungstechniken

```
(FILECREATED " 4-NOV-81 13:53:53" {PHYLUM}<DIETER>WINDOWS.;55 33871

    changes to:  PPCREDRAW DELETENODE WINDOWSFNS CLEARREGION APPLYTOSELECTEDITEM AUGMENTSTRUCTURE
CARPOINTER CARSPLINEDRAW CCSIZE CCSIZE1 CDRPOINTER CDRSPLINEDRAW DASSOC DELETEONE DELETEPOINTER
DELETESTRUCTURE DEPTH FINDSTARTPOSITIONS INCONSCELL MAXFIRSTN MOVEPOINTER NEWPOINTER NODEOUT
NOLONGERPOINTEDTOP NOTREACHABLE NOTREACHABLE1 PATHP PPCBLUEBUTTONFN PPCMENUWHENHELDFN
PPCMENUWHENSELECTEDFN PPCONS PRINTOUT1 REDRAW REQUESTUSER START

    previous date: " 1-NOV-81 23:28:53" {PHYLUM}<DIETER>WINDOWS.;51)


(PRETTYCOMPRINT WINDOWSCOMS)

(RPAQQ WINDOWSCOMS ((FNS * WINDOWSFNS)
                    (RECORDS * WINDOWSRECORDS)))

(RPAQQ WINDOWSFNS (APPLYTOSELECTEDITEM AUGMENTSTRUCTURE CARPOINTER CARSPLINEDRAW CCSIZE CCSIZE1
                            CDRPOINTER CDRSPLINEDRAW CLEARREGION DASSOC DELETEONE
                            DELETEPOINTER DELETESTRUCTURE DEPTH DEPTH1 FINDSTARTPOSITIONS
                            FLIPREGION INCONSCELL MAXFIRSTN MOVEPOINTER NEWPOINTER NODEOUT
                            NOLONGERPOINTEDTOP NOTREACHABLE NOTREACHABLE1 PATHP
                            PPCBLUEBUTTONFN PPCMENUWHENHELDFN PPCMENUWHENSELECTEDFN PPCONS
                            PRINTLENGTH PRINTOUT1 REDRAW REQUESTUSER START))
(DEFINEQ

(APPLYTOSELECTEDITEM
  [LAMBDA (FN)                             (* hdb " 4-NOV-81 12:14")
                                           (* monitors the movements of the mouse and the selection
                                           of items)

    (PROG [HITCELL HITCELLREGION (WINDOWREGION (WINDOWPROP CONSWINDOW (QUOTE REGION)]
          (COND
            ((NULL TOPLEVELCONSES)
              (RETURN NIL)))
      regionhitwait                        (* waits until mouse moves into the area of a cons-cell)
          (GETMOUSESTATE)
          (OR (SETQ HITCELL (INCONSCELL ALLCONSES (create POSITION
                                                         XCOORD ← LASTMOUSEX
                                                         YCOORD ← LASTMOUSEY)))
              (AND (NOT (INSIDE? WINDOWREGION LASTMOUSEX LASTMOUSEY))
                   (RETURN))
              (GO regionhitwait))
      regionclickwait                      (* region hit; now wait for button press)
          (GETMOUSESTATE)
          (AND (LASTMOUSESTATE (OR RED BLUE YELLOW))
               (OR (INSIDE? (SETQ HITCELLREGION (fetch CARORCDRREGION of HITCELL))
                            LASTMOUSEX LASTMOUSEY)
                   (GO regionhitwait))     (* button pressed outside region;
                                           wait for new region)
               (FLIPREGION HITCELLREGION CONSWINDOWDS)
               (GO upwait))
          (GO regionclickwait)
      upwait                               (* button pressed; now wait for button going up)
          (GETMOUSESTATE)
          (AND (LASTMOUSESTATE UP)
               (OR (INSIDE? HITCELLREGION LASTMOUSEX LASTMOUSEY)
                   (AND (FLIPREGION HITCELLREGION CONSWINDOWDS)
                        (GO regionclickwait)))
               (FLIPREGION HITCELLREGION CONSWINDOWDS)
               (APPLY* FN HITCELL)         (* success; process selected item)
               (RETURN))
          (GO upwait])

(AUGMENTSTRUCTURE
  [LAMBDA (HITCELL)                        (* hdb " 4-NOV-81 12:16")
                                           (* menu-funtion; adds new conses to existing structure)

    (SELECTQ (fetch THETYPE of HITCELL)
             (CAR (RPLACA (fetch THECONS of HITCELL)
                          (REQUESTUSER "Typein structure to attach:")))
             (CDR (RPLACD (fetch THECONS of HITCELL)
                          (REQUESTUSER "Typein structure to attach:")))
             (SHOULDNT))
    (REDRAW)
    T])
```

Abbildung VII-2: Der Interlisp-D-Pretty-Printer (Ausschnitt aus einem Programm)

- Bäume, die die *textuelle Reihenfolge* des Auftretens von Funktionen im Programmcode widerspiegeln: Der Code einer Funktion wird als Text betrachtet, und dort vorkommende Aufrufe an weitere benutzerdefinierte Funktionen[9] (einschließlich der von diesen aufgerufenen Funktionen) werden in der Reihenfolge ihres Auftretens in den Baum aufgenommen; tiefere Aufrufebenen werden durch Einrücken kenntlich gemacht.

- Bäume, die eine mögliche *dynamische Reihenfolge* der Evaluation der einzelnen Funktionen widerspiegeln: Der Code einer Funktion wird in der Reihenfolge betrachtet, in der die Funktionen tatsächlich evaluiert werden; falls zur Berechnung der Argumente einer Funktion andere benutzerdefinierte Funktionen verwendet werden, so werden letztere zuerst im Programmbaum aufgeführt.

Beide Arten von Programmbäumen sind Werkzeuge, die einen Überblick über die Grobstruktur eines Programms liefern. In ihnen sind mehrere wichtige Aspekte eines Programms zusammengefaßt und miteinander vermengt: es ist einem Programmbaum nicht anzusehen, ob er den Datenfluß, den Kontrollfluß oder beides beschreibt.

Die tatsächliche Aufrufverschachtelung ergibt sich dynamisch, wenn das Programm abläuft, und ist nur durch Inspektion des Aufrufkellers oder durch die Simulation eines Programmablaufs zu ermitteln. Sie hängt sowohl von den zu verarbeitenden Daten (im Falle einer bedingten Verzweigung) als auch von den speziellen Eigenschaften der beteiligten Funktionen ab (z.B. der Art der Argumentevaluation).

FooScape

Eine Alternative zu Programmbäumen besteht aus einer "Landschaft von Funktionen oder Objekten", wie sie im FooScape-Paket realisiert ist, das die Abbildung VII-3 zeigt. Die Funktionen (Objekte) sind durch Pfeile miteinander verbunden, die die Abhängigkeiten zwischen den Funktionen veranschaulichen und deren "Pfeilspitzenanzahl" die Stärke der Interaktion zwischen den Funktionen (Objekten) widerspiegelt.

STRUPPI

In [Bauer 84a] wird ein graphischer Pretty-Printer für LISP-Strukturen (genannt STRUPPI) beschrieben. LISP-Datenstrukturen (= LISP-Programme) werden als ineinan-

---

[9]Die Menge der in den Programmbaum aufzunehmenden Funktionen sollte beliebig auswählbar sein.

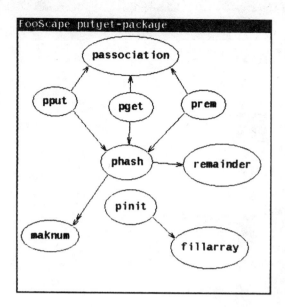

Abbildung VII-3: Eine Landschaft von Funktionen

der verschachtelte Kastenstrukturen[10] dargestellt. Die Abbildung VII-4 zeigt in graphischer Form den Code einer Funktion zum Eintragen von Informationstripeln in eine Datenbasis. STRUPPI wurde auf dem Hintergrund von theoretischen Vorstellungen der Gestaltpsychologie [Wertheimer 23] entworfen; die von ihr erkannten Gesetze der *Ähnlichkeit*, der *Nähe*, der *Umschlossenheit* und der *guten Fortsetzung* bildeten die explizite, psychologische Grundlage beim Entwurf.

STRUPPI unterscheidet bei der Darstellung zwischen normalen Funktionsaufrufen und LISP-Special-Forms (z.B. *cond*-Statements). Der Gültigkeitsbereich von Parametern wird - soweit die textuelle Repräsentation der dargestellten Funktion dies zuläßt - durch den umgebenden Rahmen veranschaulicht.

---

[10] Ähnliche Versuche werden von diSessa im BOXER-Projekt [diSessa 82] unternommen, um eine einfache, graphische Programmiersprache für pädagogische Zwecke zu entwickeln.

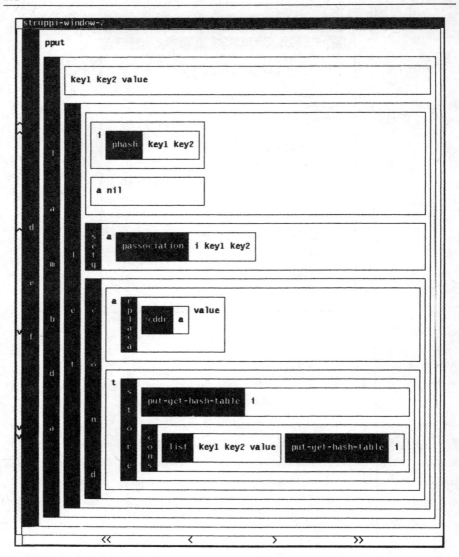

Abbildung VII-4: STRUPPI - ein graphischer Pretty-Printer

3.2.3 Visualisierung von Datenstrukturen

Das Verständnis der in einem Programm verwendeten Datenstrukturen ist für das Verständnis eines Programms sehr wesentlich. Normalerweise ist es für LISP-Programmierer nicht notwendig, LISP-Programme oder LISP-Datenstrukturen in Begriffen ihrer internen Struktur zu verstehen, die eine Struktur binärer Zeiger ist. Die weitaus gebräuchlichste LISP-Struktur ist die Liste, und nur in wenigen, definierten Ausnahmefällen ist es notwendig, sich die dahinterliegende Struktur von CONS-Zellen zu vergegenwärtigen[11]. Notwendig wird dies z.B. dann, wenn man die intrinsischen "Wie funktioniert eine Funktion?" und extrinsischen "Wie und wozu wird die Funktion verwendet?" Begründungen solcher LISP-Funktionen wie *rplaca, rplacd, nconc*, aber auch *copy* oder die Unterschiede zwischen *eq* und *equal* verstehen will. Insbesondere für Einführungszwecke ist es daher wünschenswert, ein Werkzeug zur Verfügung zu haben, das es erlaubt, mit beliebigen Zeigerstrukturen zu experimentieren. Das im folgende beschriebene KÄSTLE-Paket [Nieper 83] stellt ein solches Werkzeug dar. Mit ihm können graphische Darstellungen von LISP-Datenstrukturen (Punktpaare und Symbole) automatisch erzeugt und mit Hilfe eines Zeigegerätes direkt am Bildschirm editiert werden.

Das Problem der Darstellung von Zeigerstrukturen ist dem in der Literatur diskutierten Problem des Layouts von Baumstrukturen (siehe z.B. [Wirth 76] oder [Vaucher 80]) ähnlich. Allerdings weichen die für LISP entwickelten Quasistandards z.T. erheblich von den für allgemeine (binäre) Bäume geforderten graphischen Darstellungseigenschaften ab. Die von Vaucher geforderte Äquidistanz eines Knotens zu allen seinen Söhnen ist für LISP-Strukturen z.B. völlig unzweckmäßig und daher ungebräuchlich.

Das oberste, vage definierte Ziel des KÄSTLE-Pakets besteht darin, eine möglichst schöne, möglichst übersichtliche, gut gegliederte, knappe graphische Darstellung einer Listenstruktur zu liefern.

Der von KÄSTLE verwendete Planungsalgorithmus für das Layout ist einfach[12]: Die Graphik wird am rechten und am unteren Rand der Ausgabefläche abgeschnitten, und Überschneidungen von Pfeilen werden nicht berücksichtigt. Der Benutzer hat dann die

---

[11]LISP-Datenstrukturen sind Netzwerke aus CONS-Zellen. Eine CONS-Zelle besteht aus zwei Teilen, einem CAR- und einem CDR-Teil, die jeweils Atome oder Verweise auf CONS-Zellen enthalten. Eine solche CONS-Zelle wird als zweiteiliges Kästchen dargestellt (vgl. Abbildung VII-5, in der der Einsatz des KÄSTLE-Pakets bei der Programmierung eines Editors dargestellt ist, der einen "Buffer-Gap" Algorithmus verwendet).

[12]In [Böcker 84] sind weitere, kompliziertere Verfahren beschrieben.

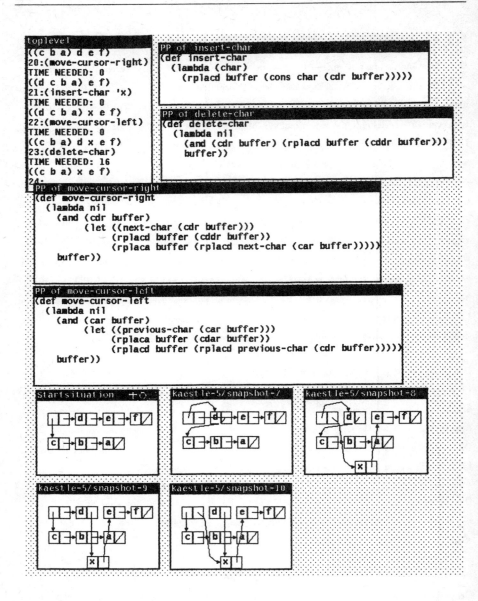

Abbildung VII-5: KÄSTLE

Möglichkeit, Teile der Graphik zu verschieben, zu löschen oder noch nicht abgebildete Teile zusätzlich an einem von ihm gewählten Ort darzustellen. Er kann also für ihn wichtige Teile auswählen, unwichtige Teile unterdrücken und durch Verschieben von Teilstrukturen die Abbildung in eine für ihn übersichtliche Form bringen, so daß sie die der Datenstruktur zugrundeliegende Semantik, d.h. ihre logische Struktur widergespiegelt.

Neben der Manipulation einer schon vorhandenen Darstellung auf dem Bildschirm kann auch der Planungsprozeß durch Voreinstellungen gesteuert werden, und zwar hinsichtlich

- der maximal auszudruckenden Listentiefe und -länge,
- der maximal auszudruckenden Atomlänge,
- der Art des Vorgehens beim Planen des Druckbildes (CAR-zuerst- oder CDR-zuerst-Planung).

In KÄSTLE stehen u.a. folgende Operationen zur Verfügung:

- *Graphische Darstellung von Strukturen:* Mehrere unabhängige Strukturen können, beginnend an einem vom Benutzer wählbaren Ort, dargestellt werden.
- *Verändern der graphischen Darstellung:* Bisher unvollständig dargestellte Teilstrukturen können bewegt, expandiert oder gelöscht werden.[13]
- *Verändern der Struktur:* Es können Atome eingetragen und Zeiger eingesetzt werden.

Das KÄSTLE-System ist auch ein hervorrragendes Beispiel für sehr *direkte Interaktionsformen*: Die graphischen Objekte des KÄSTLE-Systems sind der interne Zustand, der Benutzer kann vergessen, daß er durch seine Interaktionen eigentlich nicht den Bildschirm, sondern dahinterliegende symbolische Strukturen manipuliert.

Da die Semantik der dargestellten LISP-Strukturen, die eine bessere Zieldefinition abgeben könnte, dem Layout-Planungsprogramm nicht bekannt ist, käme es darauf an, dem Layout-Planungsprogramm *Wissen* über die dargestellten Strukturen mitzugeben (vgl. hierzu [Böcker, Fischer 76]). Dies könnte in einfacher Form etwa durch spezielle "Pretty-Print-Makros" (siehe [Foderaro, Sklower 82]) geschehen, die beim Vorliegen einer bestimmten Struktur "wissen", wie man diese Struktur so zeichnet, daß sie vom Men-

---

[13] Die Möglichkeit zum Löschen und Bewegen von Teilstrukturen kommt konzeptionell der Idee eines symbiotischen Systems entgegen, in dem verschiedene Aufgaben jeweils von dem Teilsystem übernommen werden, das am besten dazu geeignet ist.

schen als solche erkannt wird. Mögliche Strukturen, die speziell behandelt werden könnten, wären:

- Assoziationslisten
- Eigenschaftslisten
- doppelt verkettete Listen
- zirkuläre Listen
- *tconc*-Strukturen
- ObjTalk-Strukturen

Mit ähnlichen Methoden könnten auch Systeme implementiert werden, die einfache Abstraktionen der dargestellten Strukturen vornehmen und damit zur Verringerung der Komplexität aufgefundener Strukturen beitragen.

Die beim Entwurf des KÄSTLE-Systems gewonnenen Erfahrungen haben gezeigt, wie schwierig es sein kann, ästhetische Kategorien und Forderungen wie die nach *visueller Ausgewogenheit* und *Kompaktheit der Darstellung* in effiziente Programme umzusetzen.

Das nur schwer algorithmisierbare Problem eines "hübschen" Ausdrucks kann aber zum Teil wieder an den Benutzer zurückgegeben werden; ein symbiotisches System (siehe etwa [Fischer 82b]) kann den Schöndruck eines Programms dem Benutzer als manipulierbares Objekt bereitstellen, an dem er die letzten Verbesserungen vornehmen kann, die seinen persönlichen ästhetischen Kategorien entsprechen. Dieses persönliche Darstellungsformat ist eine Eigenschaft des Programms neben vielen anderen.

Symbiotische Systeme, die eine Arbeitsaufteilung entsprechend den Fähigkeiten der jeweiligen Partner vornehmen, stellen die einzige echte Alternative zu Layout-Compilern dar. Das Problem der "schönen" Darstellung von Code verlagert sich dann jedoch in die Benutzerschnittstelle: Die ästhetische Qualität des Codes wäre z.T. eine Funktion der Einfachheit der Bedienung des Pretty-Printers.

Verwandte Arbeiten

Auf der unteren Ebene der in üblichen Programmiersprachen enthaltenen Datenstrukturen wurden erste Versuche zur graphischen Repräsentation von Datenstrukturen von Yarwood [Yarwood 77] unternommen. Er versucht, Felder, ihre Inhalte und in sie hineinzeigende Zeiger graphisch darzustellen. Diese Graphiken sollen dann zum Bestandteil der schriftlichen Programmdokumentation (siehe auch Kapitel VIII) werden, indem sie den Code eines Programms an einem Beispiel illustrieren[14]. Eine zentrale Rolle kommt dabei der Wahl eines geeigneten Beispiels zu.

Gimpel [Gimpel 80] beschreibt ein System, das graphische Elemente benutzt, um die logische Struktur von C- oder Pascal-Programmen zu verdeutlichen. Myers [Myers 80] beschreibt das INCENSE-System, das es dem Programmierer erlaubt, die in Programmen der Pascal-ähnlichen Programmiersprache MESA [Mitchell et al. 79] benutzten Datenstrukturen zu untersuchen, zu dokumentieren und zu modifizieren.

In objektorientierten Ansätzen (wie z.B. ObjTalk [Rathke 84; Rathke, Laubsch 83]) existieren üblicherweise Programmpakete, die es erlauben, die Objekte und die zwischen ihnen bestehenden Zusammenhänge (z.B. die Vererbungs- und Klassenhierarchie) zu inspizieren. Im Lisp-Maschinen-LISP [Lisp Machine Manual 83] gibt es ein (allerdings nicht graphisches) INSPECTOR-Paket, das zu ähnlichen Zwecken verwendet wird.

3.3 Beobachtungswerkzeuge für dynamische Prozesse

Der Programmierer, der versucht, ein vorliegendes Programm allein aufgrund des Programmcodes zu verstehen, gleicht einem Automechaniker, der versucht, die Funktionsweise eines Autos oder eines Automotors zu verstehen, ohne das Fahrzeug in Betrieb zu nehmen. Herkömmliche Techniken zur Erfassung des dynamischen Verhaltens von Programmen (Haltepunkte, Speicherauszüge) erstellen Momentaufnahmen von diskreten Zuständen. Offensichtlich ist damit der Nachteil verbunden, daß immer nur *ein* Zustand der Daten sichtbar ist. Die in den folgenden Abschnitten vorgestellten Beobachtungswerkzeuge für dynamische Prozesse versuchen, solche Nachteile zu vermeiden und die Dynamik der zu beobachtenden Prozesse für den Beobachter zu visualisieren. Ein besonderer Wert kommt solchen Werkzeugen bei sehr schnell oder sehr langsam ablaufenden Prozessen zu. Trickfilmartige Simulationstechniken, Zeitlupen- und Zeitrafferaufnahmen stellen adäquate Mittel dar, derartige Prozesse transparent zu machen.

---

[14] Da Yarwood in einer Stapelbetriebsumgebung arbeitet, sind Code und Dokumentation nicht integriert, sondern stehen relativ lose nebeneinander; Yarwood selbst spricht daher auch nur von *program illustration*.

3.3.1 Programmstatistiken

Die einfachsten Werkzeuge, um das dynamische Verhalten von Programmen zusammenfassend darzustellen, dienen dazu, Programmstatistiken, d.h. Übersichten über den Speicherverbrauch und das Zeitverhalten von Programmen oder von einzelnen Funktionen zu erstellen. Das Ergebnis der Anwendung derartiger Werkzeuge sind im wesentlichen Zahlen: Zeitmessungen, Aufruf- oder Durchlaufhäufigkeiten und die Anzahl belegter Speicherzellen. Wie die meisten frühen Werkzeuge von Programmierumgebungen[15] wurden sie vor allem benutzt, um Laufzeit- und Speicherplatzoptimierungen durchzuführen. Genaue Messungen und Untersuchungen darüber, durch welche Teile eines Programms unerwartet hohe Rechenzeiten entstehen, sind die Voraussetzungen für wirkungsvolle Optimierungen.

Sheil [Sheil 83] weist darauf hin, daß diesen Werkzeugen auch in Softwareproduktionsumgebungen, die durch die Methode des "Rapid Prototyping" bestimmt sind, eine Bedeutung zukommt, da auch in diesen die frühzeitige Optimierung von Teilkomponenten nötig ist, wenn die Entwicklung von aufeinander folgenden Prototypen *schnell* gehen soll. Die Erfahrung zeigt, daß gerade größere Programmieraufgaben meist Teile beinhalten, deren effizientes und fehlerfreies Funktionieren die Voraussetzung für experimentelles Vorgehen in anderen Bereichen darstellt.

Die Ergebnisse dieser traditionellen Meßwerkzeuge für Programmverhalten können entsprechend der Form realer technischer Meßinstrumente (mit verschiedenen Skalenarten) leicht um Visualisierungskomponenten erweitert werden. Auch für Histogramme und "Tortendiagramme" ergeben sich in diesem Zusammenhang gute Verwendungsmöglichkeiten (Beispiele und weitere Einzelheiten finden sich z.B. bei [Model 79; Nieper 84]).

3.3.2 VisTrace

> ... being able ... to see a program run gives one a grasp of detail that is hard to obtain in any other way. W.R. Sutherland

LISP-Programme bestehen aus einer Kollektion von (häufig rekursiven) Funktionen, zwischen denen - anders als etwa in Pascal - keine statischen Abhängigkeiten bestehen bzw. definiert sind. LISP zeichnet sich als Programmiersprache dadurch aus, daß Entscheidungen so lange wie möglich hinausgeschoben werden:

---

[15] Häufig sind diese Werkzeuge nicht Bestandteil der Programmierumgebung, sondern des Betriebssystems, in dem sie zur Bestimmung des Betriebsmittelverbrauchs benutzt werden.

Visualisierungstechniken

- Variablenbindungen werden dynamisch erzeugt, ihr Typ wird erst zur Laufzeit festgelegt.

- Die dynamische Struktur eines LISP-Programms ergibt sich aus der Reihenfolge des Aufrufs der einzelnen Funktionen, die wiederum, datenabhängig, von Fall zu Fall sehr unterschiedlich sein kann.

- Es ist eine weit verbreitete Programmiertechnik, auszuführenden Code erst zur Laufzeit zu generieren, um ihn dann auszuführen.

Den Vorteilen, die sich aus diesen dynamischen Festlegungen ergeben, steht als Nachteil gegenüber, daß der statische Programmcode für den tatsächlichen Ablauf weniger aussagekräftig wird[16]. Insbesondere bei großen LISP-Programmen, die aus mehreren hundert oder tausend Funktionen bestehen, ist die dynamische Struktur eines Programms schwer zu durchschauen. Das VisTrace-Paket stellt ein Hilfsmittel dar, um das dynamische Verhalten von großen Programmpaketen zu verstehen. Es ist besonders geeignet, den ersten Einstieg in ein Programm zu erleichtern. Gleichzeitig dient es dazu, grobe Informationen über die Gesamtzahl der Aufrufe und das Zeitverhalten einzelner LISP-Funktionen gewinnen.

Gegenüber herkömmlichen TRACE-Paketen, wie sie in jedem LISP vorhanden sind, ist der Vorteil eines *visuellen* Vorgehens vor allem darin zu sehen, daß der Beobachter sehr viel leichter typische Ablaufmuster von Programmen erkennen kann. Es ist unmittelbar *einsichtig*, was ein Programm gerade tut, in welchen Codeteilen es sich gerade aufhält. Damit kann das VisTrace-Paket auch zum "Meta-Monitoring" benutzt werden. Es eignet sich z.B. dazu, abzuschätzen, zu wieviel Prozent ein umfangreicheres Programm bereits abgearbeitet ist und wieviel noch zur Bearbeitung ansteht.

Die Abbildungen VII-6 bis VII-8 zeigen Schnappschüsse des VisTrace-Pakets. Es hat in seinem Verhalten gewisse Ähnlichkeiten mit einem Trickfilm: Die Namen der jeweils aktiven Teile (Funktionen) eines Programms werden auf dunklem Untergrund dargestellt. Die durch die Einrücktiefe der einzelnen Funktionsnamen angedeutete Aufrufhierarchie der Funktionen stellt nur eine mögliche (statische) Form dar. Dynamisch können sich weitere ergeben, die nicht mit der statisch angegebenen übereinstimmen. Rekursive Kontrollstrukturen, die in der statischen Form der Aufrufhierarchie nicht zu erkennen sind, sind in der dynamischen Version durch mehrmaliges Blinken des Funktionsnamens zu erkennen.

---

[16]Dies ist einer der wesentlichen Gründe dafür, daß auf LISP basierende Programmierumgebungen als Vorbild für zukünftige, *designunterstützende* Programmierumgebungen dienen können, denn in LISP-Programmierumgebungen wurden - gezwungenermaßen - die ersten und mächtigsten Beobachtungs- und Inspektionswerkzeuge geschaffen.

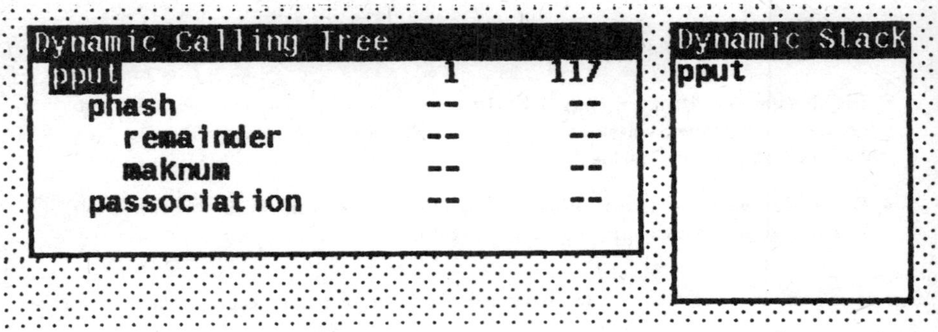

Abbildung VII-6: Das VisTrace-Paket, nach dem Aufruf von *pput*

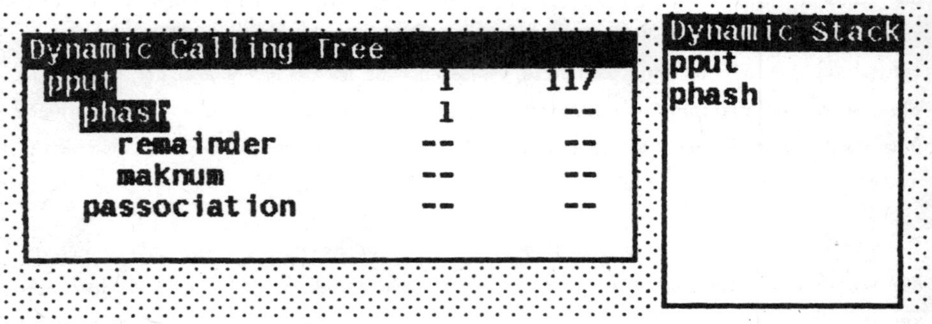

Abbildung VII-7: Das VisTrace-Paket, etwas weiter

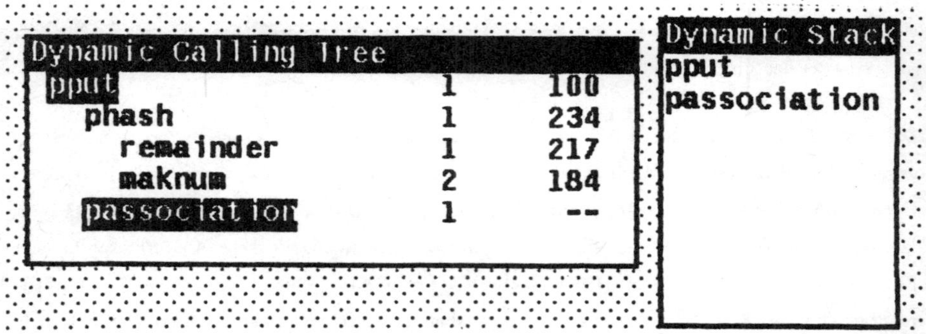

Abbildung VII-8: Das VisTrace-Paket, gegen Ende

3.3.3 FooScape-Trace

Statt eines Programmbaums kann natürlich auch das in Abschnitt 3.2.2 vorgestellte FooScape-Paket als "graphische Grundlage" herangezogen werden. Der Kontrollfluß kann dann durch das abwechselnde "Aufleuchten" der einzelnen Blöcke und Pfeile angedeutet werden. Die Blöcke können als Indikatoren der globalen Interaktion angesehen werden, resultierend in einen Film der Programmausführung. Die Abbildung VII-9 zeigt den Code der vom Benutzer aufgerufenen Funktion *pput* und den FooScape-Trace einiger von ihr aufgerufener Funktionen.

3.3.4 Ein visueller Stepper

Stepper gehören neben dem Setzen von Unterbrechungspunkten zu den ältesten Softwareproduktionswerkzeugen, die dem Programmierer den dynamischen Ablaufs eines Programmcodes in Begriffen des *"Wie"* veranschaulichen. Wir verstehen darunter Testhilfen der Programmierumgebung zur Einzelschrittabarbeitung von Programmen. Stepper sind, solange nicht die Sprachebene selbst gewechselt wird und etwa Binärdumps betrachtet werden, das schärfste "Sezierwerkzeug", mit dem das dynamische Verhalten von Programmen beobachtet werden kann. Gerade diese "Beobachtungsschärfe" jedoch führt häufig zu dem Problem, daß durch sie zuviel Information erzeugt wird und der Gesamtüberblick verloren geht.

Der hier zu beschreibende *visuelle Stepper* ermöglicht es, die Evaluation eines LISP-Ausdrucks Schritt für Schritt zu verfolgen, wobei nicht nur der aktuell zu evaluierende Ausdruck und die erhaltenen Ergebnisse sichtbar sind, sondern auch die dazugehörige Umgebung, aus der heraus der Aufruf erfolgt. Dies ist wichtig, da die statische, durch den Code gegebene Umgebung eine wesentliche Komponente des Problemlöseraums definiert, innerhalb dessen der Verstehensprozeß des Programmierers abläuft.

Im Rahmen eines von uns entworfenen prototypischen Systems (genauer beschrieben in [Failenschmid et al. 82]) wird der Code der jeweils aufgerufenen Funktionen in einem separaten Fenster auf dem Bildschirm ausgegeben und der aktuell evaluierte S-Ausdruck im Code der Funktion durch Negativdarstellung angezeigt. Nach dem Ende eines Evaluationsschritts wird das Ergebnis der Evaluation ausgegeben, so daß erkennbar ist, was die einzelnen Ausdrücke als Wert zurückgeben.[17]

---

[17] Der *Cornell Program Synthesizer* [Teitelbaum, Reps, Horwitz 81] war eines der ersten Systeme, die während des Übersetzungsprozesses anzeigen, wo sich das System beim Parsen von Ausdrücken gerade befindet.

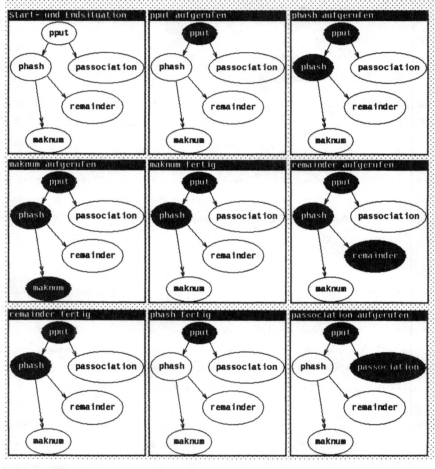

Abbildung VII-9: FooScape-Trace

Optional können alle in den Funktionen verwendeten globalen und lokalen Variablen in einem separaten Fenster mit ihrem aktuellen Wert dargestellt werden[18]. Es können auch zusätzliche, nicht direkt in den beobachteten Codeteilen auftretende Variablen beobachtet werden (etwa um Seiteneffekte festzustellen).

Daneben existiert die Möglichkeit, den Aufrufkeller der Funktionen in einem weiteren Fenster auszugeben. Neben Einzelschritten sind auch trickfilmartige Abläufe möglich, bei denen die Einzelschritte unmittelbar ohne Interaktion des Benutzers aufeinander folgen. Die Liste der wünschenswerten Eigenschaften läßt sich leicht erweitern: Die Geschwindigkeit der Evaluation eines Ausdrucks zum Zwecke der Beobachtung sollte einstellbar sein, so daß der Benutzer *mit einem Gaspedal* die Geschwindigkeit, mit der die Evaluation abläuft, wählen kann, um uninteressante, ihm bereits bekannte Programmteile schnell (oder gar nicht) und noch nicht verstandene langsam zu *durchfahren*. Ebenso sollte es möglich sein, *rückwärts zu fahren* oder *anzuhalten* und *auszusteigen*, um sich *Sehenswürdigkeiten* näher anzusehen. Die heute auf Kleinrechnern existierenden Spiel- und Lernprogramme bieten gutes Anschauungsmaterial für derartige Echtzeitanwendungen.

Der Vergleich mit einem sich durch eine Landschaft bewegenden Fahrzeug gibt Anlaß, über weitergehende Verbesserungsmöglichkeiten nachzudenken. Solche könnten darin bestehen, daß die einzelnen Codeteile mit Zusatzinformationen versehen werden, die dem Benutzer in einem weiteren Bildschirmfenster wie die Wegweiser in einer Landschaft zusätzliche Informationen zu dem gerade ablaufenden Code mitteilten. Beispiele für solche Informationen sind:

- *Der Wert der Variable x sollte jetzt nicht größer als y sein,*
- *Als nächstes erfolgt die Berechnung von ... ,*
- *Die Berechnung ist zu 80% abgeschlossen.*

Damit würde ein visueller Stepper zu einem allgemeinen Beobachtungs- und Erklärungswerkzeug, das Dokumentationsinformationen zu Erklärungszwecken heranzieht. In [Böcker 84] sind Vorschläge gemacht worden, wie einfache Erklärungswerkzeuge mit LISP-Code assoziiert werden könnten.

---

[18] Eines der ersten Werkzeuge zur Beobachtung der Belegung von Variablen ist für Assemblersprachen von Petit [Petit 71] beschrieben worden.

4. Visualisierung in Anwendungsprogrammen

Die Beispiele des vorhergehenden Abschnitts entstammten dem Bereich von Programmierumgebungen. Dies hängt damit zusammen, daß unsere eigene Programmierumgebung das für uns nächstliegende Anwendungsgebiet ist. Es ist jedoch offensichtlich, daß die im Zusammenhang mit Programmierumgebungen vorgestellten Visualisierungstechniken leicht auf andere Anwendungsbereiche übertragen werden können und sollten. In den Kapiteln IV und V sind weitere, allgemein für den Bau von Benutzerschnittstellen verwendbare Visualisierungstechniken beschrieben.

Bereits sprachlich legt die Forderung nach *Transparenz* von Computersystemen den Einsatz von Visualisierungstechniken nahe. In vielen Anwendungsprogrammen ergibt sich die Frage *"Wo etwa im Gesamtprozeß sind wir?"*, die den mit den VisTrace- und FooScape-Paketen gelösten Problemen ziemlich ähnlich ist. In beiden Fällen handelt es sich darum, einen mehr oder minder detailreichen Überblick über die augenblicklich im Rechner ablaufenden Prozesse zu bekommen. Handelt es sich bei dem der Programmiersprache zugrundeliegenden Paradigma um ein so mächtiges Konzept wie dem der *sich gegenseitig Nachrichten zusendenen Objekte* (siehe Kapitel III), dann ist prinzipiell kein Unterschied zwischen Programmiersprachen- und Anwendungsebene erkennbar: es geht in beiden Fällen um die Visualisierung der Protokolle des Kommunikationsprozesses.

Gute Beispiele für die fließenden Übergänge zwischen Programmiersprache und Anwendungsprogramm stellen die Smalltalk-Umgebung [Smalltalk 81; Ingalls 81; Tesler 81; Goldberg, Robson 83] und die aus ihr heraus entwickelten kommerziellen Anwendungen dar. Xerox STAR-Computer und Apple LISA haben viele Visualisierungstechniken direkt aus der Smalltalk-Umgebung übernommen.

Charakteristisch ist auch der Wandel der Paradigmen, durch die die Diskussionen über Computerspiele beherrscht werden: Während vor zehn oder zwanzig Jahren logisch schwierige Spiele wie etwa Schach oder Dame diese Diskussionen beherrschten, kreisen Diskussionen über Spiele neuerdings vorwiegend um die Attraktivität von Echtzeitaspekten oder um optische Effekte einzelner Spiele. Der *intelligente* Computer ist durch den *attraktiven* Computer teilweise verdrängt worden. Damit einher geht eine Entdämonisierung des Computers: Selbst in Kampfspielen spielt man nicht mehr gegen den Computer, sondern gegen die durch den Computer realisierten feindlichen Armeen oder Fabelwesen.

5. Abschließende Bemerkungen

Bezüglich der Rolle, die dem Einsatz von graphischen Elementen an der Mensch-Computer-Schnittstelle zukommt, lassen sich zwei grundlegend verschiedene Sichtweisen unterscheiden:

- *Programmierersicht:* Aus der Sicht des Programmierers existieren primär symbolische Strukturen; einige davon mögen auch Graphik realisieren, z.B. in Form eines Programmpaketes. Dieses mag in verschiedenen Anwendungen wie etwa Programmierumgebungen, Textediting, Finanzplanungsprogrammen oder Spielen verwendet werden.

- *Benutzersicht:* Der Bildschirm ist *das* graphische Objekt, das sich ihm darbietet und das er auf die eine oder andere Art manipulieren kann. Das graphische Objekt Bildschirm ist das primäre Kommunikationsgegenüber, verschiedene Anwendungen *leben* in diesem Bildschirm und sind ihm als solche untergeordnet.

Sofern überhaupt bereits über den Einsatz von graphischen Mitteln in allgemeinen Benutzerschnittstellen nachgedacht wird, herrscht heutzutage noch die erste dieser beiden Sichtweisen vor. Es ist jedoch abzusehen, daß sich die Computersysteme der Zukunft immer mehr in Richtung der zweiten entwickeln werden.

VIII

Software-Dokumentationssysteme

Matthias Schneider

Die Anforderungen an Softwareprodukte haben sich im Laufe der Zeit verändert. Mit dieser Veränderung verändert sich auch der Software-Entwicklungsprozeß. Die herkömmlichen Entwicklungswerkzeuge sind nicht mehr adäquat für die auftretenden Probleme. Zur Lösung dieser Probleme müssen neue Designmodelle und -werkzeuge entworfen werden, da die herkömmlichen Modelle (Life Cycle Models) mit ihrer Phasenorientierung die komplexen Designvorgänge beim Systementwurf nicht ausreichend beschreiben und aus ihnen abgeleitete Entwicklungswerkzeuge den Softwareentwurf daher nicht hinreichend unterstützen können.

In diesem Kapitel wird ein zu phasenorientierten Modellen alternatives Designmodell für den Softwareentwurf vorgestellt, das die parallele Durchführung von Problemanalyse und Programmimplementation ermöglicht. Das Modell betont und unterstützt die Kommunikation zwischen den einzelnen am Systementwurf beteiligten Personen. Die Aufgabe von Entwicklungswerkzeugen ist es, diese Kommunikation zu ermöglichen und zu vereinfachen. Das Entwicklungssystem muß dazu *Wissen* über die *Umgebung des entstehenden Produkts*, die *Entwicklungsumgebung* und über den *Designprozeß* besitzen. Mit diesem Wissen wird der Unterstützungsrechner quasi ein weiterer Kommunikationspartner für die Designer.

Das Wissen über das Produkt, das üblicherweise in einer Dokumentation gesammelt wird, sollte schon während des Entwicklungsprozesses dem Designer zur Verfügung stehen. Dokumentationen auf Papier sind dazu wenig hilfreich. Die Aufgabe, dieses Wissen zu sammeln und dem Designer während des Entwicklungsvorgangs zur Verfügung zu stellen, soll von Dokumentationssystemen übernommen werden, die ein zentraler Bestandteil der Softwareproduktionsumgebung werden.

1. Problemstellung

In vielen Bereichen, in denen heute Computer eingesetzt werden, lassen sich weder die zu lösenden Probleme noch mögliche Lösungsansätze genau definieren [Hayes 78]. Beide Teilaspekte beeinflussen sich gegenseitig, d.h. die Problemdefinition definiert den Bereich möglicher Lösungen, jeder Versuch, das Problem zu lösen, konkretisiert die Fragestellung. Diese Tatsache beeinflußt den Designvorgang.

Für ein derartiges Programmdesign beschreiben Life-Cycle-Modelle [Howden 82] den Softwaredesignprozeß nicht ausreichend, weil sie davon ausgehen, daß die Anforderungen an ein Programm nach der Anforderungsanalyse statisch festgelegt werden können. Diese Annahme läßt sich jedoch in vielen Fällen nicht halten. Es gibt kein gutes Betriebssystem, dessen Eigenschaften nicht im Laufe seiner Benutzung durch die Anforderung der Kunden verändert wurden. Vielmehr müssen neue Hilfsmittel entworfen werden, die die parallele Entwicklung von Problemdefinition, Lösungsentwurf und Implementation unterstützen.

In den Forschungsgebieten "Wissensbasierte Systeme" und "Mensch-Computer-Kommunikation" (MCK) finden sich gute Beispiele für Anwendungen, bei denen die Probleme nicht klar definiert werden können. Es geht bei Lösungsversuchen in diesen Bereichen weniger darum, eine "korrekte" Implementation (in Bezug auf eine vollständige Spezifikation) zu finden, als um die Frage, wie die Spezifikationen zu finden sind, die dann zu einer Lösung des vorhandenen Problems führen.

Im ersten Teil dieses Kapitels wird der Softwareproduktionsprozeß aus unserer Sicht beschrieben und ein wissensbasiertes Kommunikationsmodell für Softwareproduktion entworfen. Der zweite Teil diskutiert und illustriert die zentrale Rolle von Dokumentation beim Softwareentwurf.

2. Der Softwareproduktionsprozeß

Bei der Softwareproduktion lassen sich die folgenden vier Aktivitäten unterscheiden:

1. *Problemanalyse und Beschreibung:* Hierbei muß eine intensive Kommunikation zwischen Benutzern und Systemdesignern stattfinden.

2. *Entwurf eines Programms, das das Problem lösen soll:* Der Systemdesigner sucht nach bereits bestehenden Lösungen ähnlicher Probleme und nach Programmoduln, die er für sein Programm verwenden kann (Spezifikation).
3. *Programmierung der Lösung:* Das Programm wird dem Entwurf entsprechend implementiert.
4. *Programmverifikation:* Der Programmierer wird versuchen, die Konsistenz zwischen dem Design und seinem Programm zu zeigen.

Herkömmliche Modelle des Softwaredesignprozesses spezialisieren diese Phaseneinteilung sogar noch weiter. Ihre Schwäche beruht darauf, daß sie diese Aktivitäten als separierbar annehmen. Die daraus abgeleiteten Designmethoden (z.B. stepwise refinement [Wirth 71]) und die Unterstützungshilfsmittel (z.B. JSP [Jackson 79]) sind jeweils nur für einen Teil des Designprozesses konzipiert.

Tatsächlich sind diese Aktivitäten aber nie vollständig getrennt und laufen auch nicht sequentiell ab. Modelle, die diese Annahme treffen, sind für den Entwurf von spezifizierbaren Systemen geeignet, als Designmodelle für den Entwurf großer, schlecht strukturierter Softwareprodukte sind sie unzureichend.

2.1 Systemdesign ohne ausreichende Spezifikation

Die Probleme, die heute mit Hilfe des Computers gelöst werden sollen, sind meist schlecht strukturiert und mangelhaft spezifiziert [Hayes 78]. Die Lösung solcher Probleme (ohne genau festgelegte Ziele) ist möglich [Simon 81], wenn dem Designer geeignete Werkzeuge zur Verfügung stehen. Der Systemdesigner kann nicht davon ausgehen, daß er vom Kunden eine unmittelbar verwendbare Problembeschreibung erhält. Er muß

- bei der Problemspezifikation eine aktive Rolle übernehmen,
- unvollständige Problemdefinitionen ergänzen,
- versuchen, eine Lösung für das Problem zu finden, ehe er es vollständig verstanden hat.

Die Designaufgabe läßt sich bei der Lösung derartiger Probleme nicht mehr in wohldefinierte Aufgabenbereiche mit sequentieller Abfolge aufteilen. Es wird sich vielmehr eine zyklische Abfolge von Spezifikation, Implementation und Test ergeben, in deren Verlauf das Produkt durch fortwährende Modifikation aus einem ersten Prototypen entsteht. Zur Unterstützung des Designers in diesem Entwurfsprozeß gibt es mehrere, sich nicht gegenseitig ausschließende Möglichkeiten:

- *Entwicklung von experimentellen Programmiersystemen*, die die gleichzeitige Erarbeitung von Spezifikationen und prototypischen Implementationen unterstützen [Deutsch, Taft 80; Sheil 83] (Rapid-Prototyping-Ansatz). Dadurch kann die schwierige Antizipation des Programmverhaltens teilweise durch die einfachere Analyse eines existierenden Systems ersetzt werden.

- *Entwicklung von wissensbasierten Programmiersystemen*, die der Tatsache Rechnung tragen, daß Programme mehr sind als ausführbarer Code, und die den Designer bei dem Versuch unterstützen, das Wissen über ein Programm vollständig zu erfassen und im Verlauf des Designprozesses einzusetzen.

- Entwicklung von Systemen, die die *Kommunikation zwischen Kunden/Benutzern und Programmdesignern* während des gesamten Prozesses unterstützen und fördern.

- *Systeme zur Programmierung durch die Benutzer selbst*. Wenn der Anwendungsexperte selbst in der Lage ist, die für ihn notwendigen Programme zu erstellen und einfach zu modifizieren, ist eine Problemspezifikation für einen fachfremden Designer unnötig. Es ist nicht mehr notwendig, daß der Programmdesigner alle möglichen Interaktionen mit dem System vorhersieht, da der Benutzer das Programm für neue Aufgaben modifizieren kann[1]. Für diese Aufgabe müssen dem Benutzer "Toolkits" (z.B. Maskengeneratoren, Macro-Definitionen in Textprozessoren) zur Verfügung gestellt werden, mit deren Hilfe er das System mit seinem Wissen und ohne die Terminologie seines Problembereichs zu verlassen, verändern kann.

In der Forschung im Bereich der Künstlichen Intelligenz, in der meist schlecht strukturierte Probleme gelöst werden sollen, wurden in den letzten 20 Jahren große Anstrengungen unternommen, gute Programmierumgebungen zu schaffen [Sandewall 78; Teitelman, Masinter 81; Sheil 83]. In diesen Programmierumgebungen, mit denen meist komplexe Programme entworfen wurden, wurden viele der oben beschriebenen Techniken erprobt. In der KI-Forschung herrscht schon seit langer Zeit die Überzeugung, daß ein Programm nicht nur ausführbarer Text, sondern eine komplexe Struktur ist, in der Programmcode, Programmdokumentation und Designinformation zusammengefaßt sind. Diese Erkenntnis findet seit einiger Zeit auch in anderen Gebieten des Software Engineering Anerkennung.

---

[1] Siehe dazu auch Kapitel IX.

3. Ein Kommunikationsmodell für Softwaredesign

Eine Alternative zu Life-Cycle-Modellen sind Kommunikationsmodelle, die einen Rapid-Prototyping-Ansatz (siehe Abschnitt 2.1) unterstützen.

Beim Entwurf von großen Programmsystemen, an denen viele Mitarbeiter beteiligt sind, ist die Kommunikation zwischen den Entwicklergruppen von entscheidender Bedeutung [Brooks 79]. Der Computer, auf dem die gesamte Entwicklung stattfindet, ist das geeignete Instrument, diese Kommunikation zu unterstützen. Der Rechner soll dabei die folgenden Aufgaben übernehmen:

- Schaffung einer für alle Beteiligten gültigen Datenbasis, in der alle Informationen über das entstehende Produkt enthalten sind
- Konsistenzerhaltung der in dieser Datenbasis enthaltenen Daten untereinander und mit dem entstehenden Code
- Kommunikationsmedium für die Kommunikation zwischen einzelnen Entwicklern; Unterstützung des Projektmanagements

Unterstützungssysteme, die einen Teil dieser Aufgaben, insbesondere des Projektmanagements, übernehmen, sind bereits heute kommerziell verfügbar (z.B. SCCS [Allman 83] und das PET System [PET System 82]).

In den ersten beiden Aufgabenbereichen übernimmt der Rechner die Rolle eines "Programmierassistenten", der Wissen über das entstehende Produkt ansammeln und für die übrigen Beteiligten verwendbar machen soll. Da es nicht möglich ist, alle notwendigen Informationen automatisch zu erzeugen, muß der Rechner mit dem Benutzer zusammenarbeiten; er wird damit zu einem Kommunikationspartner des Designers. Dazu muß der Rechner mit den Eigenschaften menschlicher Kommunikationspartner ausgestattet werden. Menschen sind in der Lage

- Informationslücken in der Kommunikation durch Inferenzprozesse zu füllen,
- Mißverständnisse zu artikulieren,
- Erklärungen abzugeben.

In der menschlichen Kommunikation spielen Informationen, die in impliziter Form bei allen Partnern vorhanden sind, eine wichtige Rolle. Um den Rechner als Kommunikationspartner in den Softwareproduktionsprozeß einzubeziehen, muß er über dieses Wissen verfügen können. Im Softwarebereich handelt es sich um die folgenden Wissensbereiche, die für ein Kommunikationsmodell, wie es in Abbildung II-5 beschrieben wurde, wichtig sind.

1. *Wissen über den Problembereich:* Das Programmiersystem muß Informationen über den Aufgabenbereich besitzen, um einem Anwender als Kommunikationspartner dienen zu können.

2. *Wissen über Programmierung:* Wissen über abstrakte Programmpläne und Schemata (siehe etwa [Rich, Shrobe, Waters 79]) die, auf verschiedene Probleme angewendet werden können.

3. *Wissen über Design- und Problemlösetechniken:* Das Programmiersystem sollte sowohl über Techniken wie Problemzerlegung als auch über den Entstehungsprozeß des Programms informiert sein. Der Programmierer soll alternative Programmdesigns testen können, die später zu einem Endprodukt vereinigt werden (vgl. etwa [Goldstein, Bobrow 81; Fischer, Böcker 83b]).

4. *Wissen über Kommunikationsprozesse:* Darunter verstehen wir Wissen über Kommunikationsschemata und Möglichkeiten des Benutzers, diese Pläne abzuändern.

5. *Wissen über den Kommunikationspartner:* Das System sollte in der Lage sein, sich auf die spezifischen Anforderungen und die Expertise des Benutzers einzustellen.

Mit diesem Wissen sind Werkzeuge in der Lage, sich auf die spezifische Problemstellung und auf die Eigenschaften und Vorlieben ihrer Benutzer einzustellen und ihnen Hilfen zu bieten, die sie für ihr Problem wirklich benötigen.

4. Programmdokumentation im Designprozeß

Um ein Modell für die Softwareproduktion mit Betonung des Kommunikationsaspekts unterstützen zu können, bekommt der Prozeß des Sammelns von Informationen über das entstehende Produkt einen veränderten Stellenwert im Designprozeß. Der Inhalt der zu erfassenden Informationen und der Zeitpunkt der Erzeugung ändern sich.

4.1 Zeitliche Einordnung

In einem Rapid-Prototyping-Ansatz, in dem sich die einzelnen in Abschnitt 2 dargestellten Aktivitäten rasch abwechseln und gegenseitig beeinflussen, ist es entscheidend, daß alle Phasen mit ihren Erkenntnissen und Ergebnissen sofort dokumentiert werden und die entstehende Dokumentation sofort zur Verfügung steht. Nur so läßt sich im weiteren Designprozeß die Wiederholung von Entscheidungen vermeiden, die in früheren

Software-Dokumentationssysteme

Phasen bereits geprüft und verworfen wurden. Durch die Dokumentation werden zusätzliche Informationsstrukturen bereitgestellt, die den weiteren Verlauf der Arbeit leiten und unterstützen können.

Aus diesem Grund ist es nicht ausreichend, wie in Life-Cycle-Modellen angenommen, die Dokumentation am Ende einer Designphase zu erstellen, da zu jedem Zeitpunkt die Information über Entscheidungen, die gefällt wurden, vorhanden sein muß.

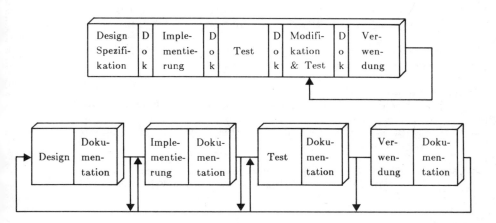

Abbildung VIII-1: Verschiedene Ansichten über die Rolle der Dokumentation im Designprozeß

In der herkömmlichen Sicht des Designprozesses (Abbildung VIII-1 oben) entstehen Dokumente am Ende der einzelnen Life-Cycle-Phasen [Howden 82]. Diese Dokumente können in den folgenden Phasen Verwendung finden, sind jedoch während der Arbeit in einer Phase nur eingeschränkt gültig und verwendbar. In unserem Modell (Abbildung VIII-1 unten) wird der gesamte Entstehungsprozeß dokumentiert, wobei jeder einzelne Schritt sofort beschrieben wird [Bauer et al. 82]. Diese Art der Dokumentation eignet sich besser für ein inkrementelles Vorgehen beim Programmentwurf. Die Beschreibung kann als Kommunikationsbasis während des gesamten Designs dienen. Eine Funktion der Dokumentation in diesem Modell läßt sich mit der eines mathematischen Beweises vergleichen: ein Ansatzpunkt für neue Ideen [Lakatos 77].

4.2 Inhalte

Es ist nicht ausreichend, nur die Eigenschaften des entstehenden Produkts zu dokumentieren, vielmehr muß die Einbettung des Systems in eine komplexe Entwicklungs- und Zielumgebung mit berücksichtigt werden. Die Inhalte einer Dokumentation lassen sich in mehrere Teilbereiche zerlegen (siehe dazu auch [Schneider 81]):

1. *Wissen über die syntaktische Struktur des Programms:* Hierzu gehören beispielsweise Informationen über die Aufrufhierarchie, lokale und globale Variablen und Funktionen etc.

2. *Wissen über den semantischen Inhalt des Endprodukts:* Welche Aufgabe soll das Programm bzw. ein Programmteil erfüllen?

3. *Wissen über den Ist-Zustand des Produkts:* Wie weit ist der Designer mit seiner Aufgabe gekommen, was bleibt ihm noch zu tun?

4. *Wissen über Designentscheidungen während der Entwicklung:* An welcher Stelle wurden Entscheidungen über die Struktur des Produkts (z.B. Datendefinitionen, Modulzerlegung etc.) getroffen? Wie sahen die betrachteten Alternativen aus und welche Gründe sprachen gegen/für jede mögliche Lösung? [Simon 81]

5. *Wissen über früher getroffene Fehlentscheidungen:* Welche Alternativen wurden schon getestet. Weshalb wurden sie im weiteren Verlauf der Entwicklung aufgegeben.

6. *Wissen über die Absichten des Designers:* Welche Lösung möchte der Designer implementieren? Welche Schritte hat er als nächstes vor? [Simon 81]

Der Vergleich des Soll-Zustands mit dem Ist-Zustand des Systems kann dem Designer eine Entscheidungshilfe bei der Auswahl des nächsten zu lösenden Problems und dessen Lösung sein. Die Informationsstrukturen, die in einer Dokumentation gesammelt werden, können so einen evolutionären, inkrementellen Designprozeß auslösen und steuern (siehe auch Abbildung VIII-1).

An die Qualität des gesammelten Wissens werden hohe Anforderungen gestellt. Man sollte garantieren können, daß die Daten zu jedem Zeitpunkt mit dem entstehenden Produkt konsistent sind und sich bei Modifikationen mit verändern. Der Rechner sollte den Benutzer bei der Modifikation des gesammelten Wissens unterstützen.

4.3 Strukturierung des Dokumentationswissens

Die in der Dokumentation beschriebenen Objekte (Codeteile, Designentscheidungen etc.) sind nicht voneinander unabhängig. Ihre Abhängigkeiten sollten sich in der Struktur der Dokumentationsdaten wiederspiegeln.

Ein Beispiel soll dies verdeutlichen: Beim Entwurf eines Datenbanksystems definiert die Wahl der Datenstruktur die notwendigen Zugriffsfunktionen. Wenn es sich während der Implementation herausstellt, daß eine dieser Funktionen nicht effizient implementiert werden kann, kann dies eine Änderung der Datenstruktur notwendig machen.

Genau diese Abhängigkeiten sollten sich dann auch in der Dokumentations-Wissensbasis wiederfinden. Dadurch wird die Struktur der Wissensbasis festgelegt. Das entstehende Datennetz ermöglicht die Überprüfung derartiger Abhängigkeiten und gibt den Benutzern der Dokumentation verschiedene Zugriffswege zu den einzelnen Wisseneinheiten. Abbildung VIII-2 zeigt das Beispiel einer solchen Struktur.

Eine lineare Strukturierung der Wissensbasis würde es unmöglich machen, die gegenseitigen Abhängigkeiten zwischen Objekten in ihrer vollen Komplexität zu beschreiben. Selbst mit Hilfe von Indextabellen und anderen Referenzmechanismen läßt sich das notwendige Wissen nicht natürlich repräsentieren.

4.4 Benutzergruppen

Die entstehende Programmdokumentation soll während und nach dem Designprozeß verschiedenen (in ihrer Funktion unterschiedlichen) Zielgruppen dienen, die das vorhandene Wissen unter verschiedenen Gesichtspunkten sehen möchten. Der Unterstützungsrechner soll sich, wie dies auch ein menschlicher Kommunikationspartner tun würde, in seinem Verhalten diesen Benutzergruppen anpassen. Dementsprechend müssen die Daten gesammelt und den unterschiedlichen Anforderungen entsprechend aufbereitet werden.

- Der *Systemdesigner* benötigt Informationen während des Designprozesses. Er benötigt Daten über vorausgegangene Designentscheidungen und die verschiedenen Versionen seines Systems. Er möchte wissen, wie weit er in seinem Designprozeß gekommen ist, um Fragen der folgenden Art zu beantworten:

    o Was muß noch getan werden?
    o Welche Fragen sind noch ungeklärt?
    o Entspricht die Implementation dem angestrebten Programmdesign?

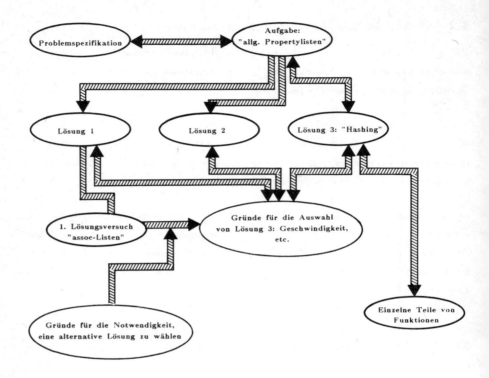

Abbildung VIII-2: Aufgabenbeschreibung, Lösungsansätze und Realisierung als stark vernetztes Geflecht von Wissenseinheiten.

- Der *Programmierer*, der versucht, ein Programm(teil) zu verändern oder wiederzuverwenden, muß den Zweck und die Algorithmen des Programms verstehen, um entscheiden zu können, welche Teile des Programms verändert werden müssen. Er benötigt sowohl Informationen über Designentscheidungen (um bekannte Fehler nicht zu wiederholen) als auch eine genaue Beschreibung des vorhandenen Codes.

- Der *Kunde*, der untersuchen möchte, ob das implementierte System seine Probleme löst, möchte mit dem System arbeiten können. Er benötigt eine Beschreibung der Designentscheidungen, ist jedoch nicht an Programmierdetails interessiert.

- Der *Benutzer* benötigt eine Beschreibung der Funktionalität des Systems, um Fragen wie "Was kann das System?" oder "Wie erledige ich eine bestimmte Aufgabe?" beantworten zu können. Für Benutzer mit verschiedener Erfahrung muß das Dokumentationssystem verschiedene Beschreibungen (Primer, Reference-Manual, Anwendungsbeispiele) zur Verfügung stellen können.

4.5 Rechnerbasierte Dokumentation versus Dokumentation auf Papier

Mit konventionellen Dokumentationstechniken läßt sich die Funktionalität, die in den letzten Abschnitten beschrieben wurde, nur schwer zur Verfügung zu stellen. Dazu ist es vorteilhaft, den gesamten Dokumentationsprozeß mit Rechnerunterstützung durchzuführen. Durch Analyse des entstehenden Produkts und Beobachtung des Designprozesses kann man einen großen Teil des notwendigen Wissens ohne Hilfe des Designers erzeugen. Andere Information kann vom Designer in zielgerichteter Art und Weise abgefragt werden. Die Unterschiede, die wir zwischen der rechnergestützten Dokumentation und der Dokumentation "mit Papier und Bleistift" (bzw. mit einem herkömmlichen Texteditor) sehen, faßt Abbildung VIII-3 zusammen.

5. Programm-Dokumentationssysteme

Die Aufgabe, die während des Designprozesses entstehende Dokumentation zu jedem Zeitpunkt konsistent und verfügbar zu halten, ist aufgrund der großen Menge an notwendigem Wissen zur Erklärung von Änderungen manuell kaum lösbar. Es ist die Unterstützung durch ein Programm-Dokumentationssystems nützlich zur

- automatischen Erzeugung von Informationen über die strukturellen Eigenschaften des Systems,
- Erstellung der inhaltlichen Eigenschaften des Systems,
- Erhaltung der Konsistenz zwischen Designprozeß, Programm und Beschreibung,
- Anpassung der entstandenen Dokumentation an verschiedene Benutzeransprüche.

Ein Programm-Dokumentationssystem sollte als integraler Baustein einer Programmierumgebung konzipiert sein. Programmdokumentation, die getrennt von der eigentlichen Programmierung erstellt wird (z.B. durch ein Textverarbeitungssystem) hat die folgenden Nachteile:

- Es ist schwieriger, die notwendigen Informationen automatisch zu erzeugen, da bei einer solchen Analyse auch die Hard- und Softwareumgebung des Produkts von Bedeutung ist.
- Die Konsistenz zwischen Programm und Dokumentation kann nicht automatisch (oder mindestens teilautomatisch) erhalten werden.

	Dokumentation auf Papier	Online-Dokumentation
Organisation	linear Zugang über Referenzmechanismen; Dokument zeigt nicht die Komplexität des Systems; statisches Wissen	semantische Netze; unterschiedliche Zugangspfade zu relevantem Wissen; Wissensbasis reflektiert die Struktur des Systems; statisches und dynamisches Wissen
Wissenserwerb	meistens handgeschrieben oft keine ausreichende Unterstützung	automatische Wissensaquisition über strukturelle ystemeigenschaften; Unterstützung beim Eintragen semantischer Informationen durch den Designer
Wissensmodifikation	keine Unterstützung; Organisation schwierig	zum großen Teil automatisch; Organisation vom Dokumentationssystem übernommen
Konsistenz zum dokumentierten System	schwierig (unmöglich) zu erhalten	kann für Struktureigenschaften garantiert werden; Computerunterstützung für semantisches Wissen
Verwendung des Wissens	keine unterschiedliche Aufbereitung für verschiedene Gruppen und Aufgaben	anpaßbar an verschiedene Benutzergruppen und Aufgaben; Anpassung maschinen- oder benutzergesteuert
Verfügbarkeit	nach einzelnen Designphasen; für Benutzer besser geeignet als für Designer; unabhängig vom Rechner und vom dokumentierten System; für einen Benutzer; kann off-line gelesen werden	während und nach jeder Designphase; für Benutzer und Designer sinnvoll; in das dokumentierte System integriert; für viele Benutzer gleichzeitig; ohne Computer nicht verwendbar

Abbildung VIII-3: Dokumentation auf Papier versus Online-Dokumentation

- Es ist unmöglich, das Verhalten des Programms als Teil der Dokumentation zu verwenden (siehe Abschnitt 5.2).

- Es ist nicht möglich, verschiedene Ansichten der Dokumentation (Systemübersicht, Benutzeranleitung, Installationshandbuch etc.) für verschiedene Benutzergruppen (Kunden, Benutzer, Programmierer) dynamisch zu erstellen.

Am Beispiel DOXY werden im folgenden einige Aspekte von Dokumentationssystemen besprochen und Möglichkeiten der Realisierung gezeigt (DOXY ist ein prototypisches Dokumentationssystem für die Programmiersprache LISP, das im Rahmen der Forschungsarbeiten der Forschungsgruppe Inform entstand [Lemke, Schwab 83]).

5.1 Dokumentationsdaten

Um die in Abschnitt 4.4 dargestellten Ansprüche der verschiedenen Benutzergruppen befriedigen zu können, ist es notwendig, über das Programm und seinen Entstehungsprozeß sowohl semantische als auch syntaktische Daten zu sammeln und zu speichern. Abbildung VIII-4 zeigt eine (vereinfachte) Datenstruktur des Dokumentationsystems DOXY [Lemke, Schwab 83].

5.1.1 Objektorientierte Datenrepräsentation

Objektorientierte Datenrepräsentation hat für die Darstellung von Dokumentationsdaten folgende Vorteile:

- Der objektorientierte Darstellungsstil (wie in SMALLTALK [Goldberg, Robson 83] oder ObjTalk (siehe Kapitel III)) entspricht dem internen Modell, das sich der Designer/Benutzer von einer Dokumentation macht. Üblicherweise werden in Dokumentationen Objekte unterschiedlicher Komplexität (Programmpakete, Funktionen, Variablen etc.) beschrieben, und die Dokumentation wird als eine Sammlung solcher Objektbeschreibungen verstanden. Die Verwendung einer Repräsentation, die dieser intuitiven Vorstellung (des Benutzers von seiner Dokumentation) entspricht, erleichtert sowohl das Sammeln als auch die Benutzung des Wissens in der Dokumentation.

- Inferenzmechanismen, die Eigenschaften des Programms analysieren, sind durch Methoden an Objekte (d.h. Wissenseinheiten über einen bestimmten Teil des Programms) gebunden. Das Wissen darüber, welche Auswirkungen von Änderungen zu erwarten sind, ist explizit an die einzelnen Objekte gebunden und nicht im Code des Dokumentationssystems versteckt. Informationen können ohne globale Auswirkungen verändert und benützt werden.

- Die Auswirkung von Änderungen im angesammelten Wissen über ein Programmsystem kann durch Methoden, die diese Änderungen an andere Wissenseinheiten propagieren, klar eingegrenzt werden.

- Die Objekte können Methoden besitzen, die verschiedene Sichten auf die gesammelten Daten realisieren (siehe Abschnitt 5.4).

Das in DOXY vorhandene Wissen wird in frameartigen Einheiten [Minsky 75] zusammengefaßt, die Funktionspakete (das größte Paket ist das gesamte dokumentierte System) und Funktionen beschreiben. Zusätzlich existiert das Konzept des "Filters", mit dem

```
Sample Data Structure
(defobject prem
    (name prem)
    (super function-description)
    (status ANALYZED)
    (code
       (def prem
          (lambda (key1 key2)
             (let ((i (phashit key1 key2)) (a nil))
                (setq a (passociation i key1 key2))
                (cond (a
                         (store (put-get-hash-table i)
                            (cond ((eq
                                      (car (put-get-hash-table i))
                                      a)
                                   (cdr (put-get-hash-table i)))
                                  (t
                                   (delq
                                      a (put-get-hash-table i)))
                            )))))))
    (in-package pputget)
    (is-called-by)
    (calls passociation phashit)
    (type function)
    (parameters ((key1) (key2)))
    (local-variables (i (TYPE NUMBER))
                     (a (TYPE NUMBER)))
    (free-variables)
    (see-also (pputget-description))
    (history ((DEFINED 10/14/1983
                 (programmer HDB)
                 (reason
                    " "))
              (MODIFIED 12/12/1983
                 (programmer HDB)
                 (reason
                    "prem didn't work if the property
                     to be deleted was the CAR of the
                     appropriate bucket"))))
    (version 2)
    (side-effects (PUTACCESS put-get-hash-table))
    (purpose "removes properties from the hashtable")
    (description
       "this function removes the appropriate association-list
        entry from the hashtable. If the right entry is the
        first entry of the association-list, delq won't work,
        so catch this event first.")
    (scratch-pad " "))

                        Conventions
1.  Reverse Video: slot names of our knowledge units
2.  Underlined: data that can be interpreted, used and
                updated by the system
3.  Normal font: knowledge generated by the user,
                 commentaries etc.
4.  CAPITALS: system-generated information
```

Abbildung VIII-4: Beispiel einer Datenstruktur

---

sich der Benutzer des Dokumentationssystems seine eigenen Sichten der Daten erzeugen kann (siehe Abschnitt 5.4).

5.1.2 Datenerzeugung und Veränderung

Die von einem Dokumentationssystem benötigten Daten stammen aus zwei verschiedenen Quellen:

- Die meisten Informationen über syntaktische Eigenschaften des dokumentierten Programms lassen sich durch Analyse des entstehenden Codes gewinnen. Das Dokumentationssystem muß deshalb mit einem Programmanalysesystem (wie z.B. MASTERSCOPE [Teitelman, Masinter 81]) verbunden sein, das diese Informationen erzeugt. Der Benutzer muß diese Informationen nicht mehr selbst eintragen und kann sich auf die kreativen Aspekte seiner Arbeit konzentrieren. Die Analyse des entstehenden Codes sollte möglichst schon während des Programmiervorgangs erfolgen, so daß dem Programmierer die erforderlichen Informationen (Cross References etc.) sofort zur Verfügung stehen (siehe Abbildung VIII-5). DOXY's Analysesystem [Kohl 84] generiert u.a. Wissen über

    o die Aufrufhierarchie,

    o spezielle Funktionsformen *(nlambdas, lexprs, macros)*,

    o globale und lokale Variablen, ihre Gültigkeitsbereiche und Stellen, an denen ihr Wert geändert wird,

    o mögliche Fehlerstellen.

    o Typübereinstimmung von aktuellen und formalen Parametern

    o Aufruf- und Definitionsstellen von Labels

- Der Programmierer muß semantische Informationen über sein Programm und seine Designentscheidungen selbst eintragen. Das Dokumentationssystem soll ihn dabei unterstützen durch den Vorschlag geeigneter Informationseinheiten (z.B. purpose, algorithm etc. in Abbildung VIII-4).

Auch wenn die Analyse des entstehenden Codes zu viel Zeit in Anspruch nimmt, um eine Dokumentation während der Programmierung zu erlauben, so ist es doch sinnvoll, nach abgeschlossener Programmierung den Code durch das Dokumentationssystem analysieren zu lassen und das erzeugte Wissen in die Dokumentation einzutragen, da die Analyse von Programmierern nur mit sehr großem Zeitaufwand durchgeführt werden kann.

5.1.3 Konsistenz

Die in der Dokumentations-Wissensbasis gesammelte Information ist eine zweite Repräsentation des entstehenden Systems. Inkonsistenzen zwischen Dokumentation und System können entstehen, wenn eine der beiden Repräsentationen verändert wird und die andere nicht sofort automatisch angepaßt werden kann.

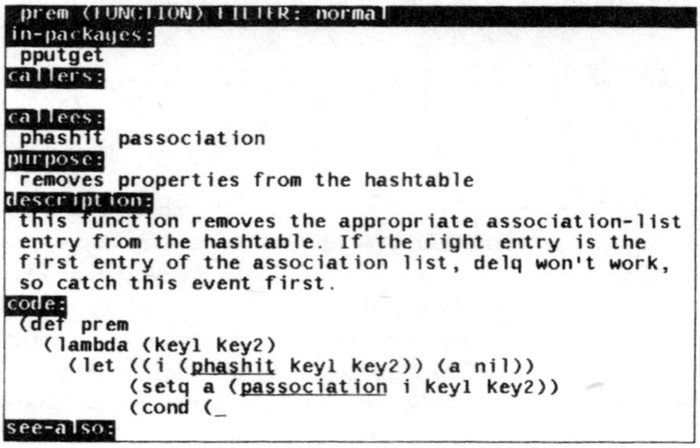

```
 prem (FUNCTION) FILTER: normal
in-packages:
  pputget
callers:

callees:
  phashit   passociation
purpose:
  removes properties from the hashtable
description:
  this function removes the appropriate association-list
  entry from the hashtable. If the right entry is the
  first entry of the association list, delq won't work,
  so catch this event first.
code:
  (def prem
    (lambda (key1 key2)
      (let ((i (phashit key1 key2)) (a nil))
        (setq a (passociation i key1 key2))
        (cond (_
see-also:
```

Abbildung VIII-5: Dokumentation während der Programmierung

Sobald der Benutzer eine neue Funktion oder ein neues Funktionspaket definiert, erzeugt das System eine neue Wissenseinheit zur Dokumentation (siehe Abbildung VIII-4) und trägt dort Informationen so bald wie möglich ein (in dieser Abbildung wurde der "callee"-Slot während der Programmierung automatisch ergänzt). Wenn der Benutzer Code verändert oder löscht, muß die daraus gewonnene Information aus der Wissensbasis gelöscht werden [Lemke, Schwab 83].

Inkonsistenzen lassen sich dadurch vermeiden, daß man nur Repräsentationen des Systems zuläßt, die automatisch generiert werden können. Wenn man zeitliche Verzögerungen in Kauf nimmt, die beispielsweise beim Compilieren des Source-Codes auftreten, kann man davon ausgehen, daß, die Korrektheit der erzeugenden Programme vorausgesetzt, die Repräsentationen untereinander konsistent sind. Zur Dokumentation von Programmen ist dies aus mehreren Gründen nicht praktikabel:

1. Es gibt viele Informationen, die sich nicht aus dem Code erzeugen lassen. Dazu gehören Designentscheidungen, semantische Bezüge, Bedeutung von Variablen etc. Wissensbasierte Systeme sind in der Lage, dieses Wissen zum Teil aus dem Code zu extrahieren, vollständig läßt es sich aber nicht automatisch erzeugen.

2. Der Zeitaufwand, der für eine möglichst vollständige Extraktion des Wissens aus dem Programmcode notwendig ist, ist zu groß, um dem Benutzer zu jedem Zeitpunkt die Konsistenz garantieren zu können. Das Programmanalysesystem, das im Rahmen dieser Arbeiten entstanden ist, benötigt mehrere Stunden für die vollständige Analyse eines System realistischer Größe.

3. Der Benutzer möchte nicht immer eine zu seinem System konsistente Wissensbasis, da ihn dies beim Austesten von Alternativen, die er nicht unbedingt weiterverfolgen möchte, stört. Beim Herstellen eines konsistenten Zustands sollten die Wünsche des Benutzers berücksichtigt werden (siehe dazu auch Abschnitt 5.3).

Es ist auch bei Änderungen nicht immer möglich, dem Benutzer sofort eine konsistente Beschreibung seines Produkts zu geben, da Modifikationen im Programmcode, die in kurzer Zeit erledigt werden, eine weitreichende Änderung des angesammelten Wissens bewirken können. Man kann jedoch Änderungen mit zeitlicher Verzögerung in die Dokumentations-Datenbasis übernehmen, ohne die gesamte Wissensbasis neu aufzubauen, wenn bei jedem Faktum vermerkt ist, welches Wissen daraus abgeleitet wurde. Wenn ein Faktum zurückgezogen oder geändert wird, muß alles Wissen, das davon abgeleitet wurde, gelöscht bzw. geändert werden. Dieser Vorgang wird als *Change-Propagation* bezeichnet.[2]

Da sich die Auswirkungen von Programmänderungen häufig erst mit großer zeitlicher Verzögerung in der Dokumentation wiederspiegeln, ist es notwendig, die entstandenen Inkonsistenzen den Benutzern des Dokumentationssystems durch geeignete *Markierungen* deutlich zu machen. Sobald die Analyse der Änderungen vollzogen ist, können die Markierungen zurückgezogen werden.

Es ist unklar, wie sich die Grenze bestimmen läßt, bis zu der Change-Propagation eine sinnvolle Alternative zur Löschung und Regenerierung des Dokumentationswissens ist. Wenn der Benutzer Informationen von Hand eingetragen hat, ist es klar, daß dieses Wissen nie ohne explizites Benutzerkommando gelöscht werden sollte, um dem Benutzer zeitaufwendiges Wiedereintragen zu ersparen. DOXY entscheidet darüber, welche Wissenseinheiten geändert werden müssen,

- durch Verwendung der vorhandenen Information über die Programmstruktur (z.B. *calls-* und *is-called-by*-Beziehungen). Diese Informationen werden automatisch konsistent gehalten und dienen darüberhinaus dazu, dem Benutzer Stellen zu zeigen, an denen er möglicherweise Änderungen vornehmen will oder muß,

- mittels einer Liste von Namen anderer Wissenseinheiten, die der Benutzer zur Verfügung stellen kann. Auf diese Weise können Veränderungen in andere Wissenseinheiten propagiert werden. Beispiel: Der *see-also*-Slot in Abbildung VIII-4, diese Information kann nicht durch Code-Analyse erzeugt werden.

---

[2]Siehe dazu auch Kapitel III.

Eine zweite Art von Inkonsistenz, die Inkonsistenz des Systems in sich, kann, wenn sie von einem Analysesystem erkannt wird, dazu dienen, den Designprozeß zu steuern. Der Benutzer kann von seinem Unterstützungssystem auf Stellen hingewiesen werden, die er ändern muß, um das System in einen konsistenten Zustand zu bringen (syntaxgesteuertes Editieren, z.B. bei der Veränderung der Parameteranzahl einer Funktion, siehe Abbildung VIII-7). Es ist wichtig, daß das System in der Lage ist, vorübergehend solche Inkonsistenzen zwischen verschiedenen Teilen des Codes zu akzeptieren.

5.2 Das Programmverhalten als Teil der Dokumentation

Für Benutzer des Dokumentationssystems, die das Verhalten eines dokumentierten Systems verstehen wollen, ist die wichtigste Informationsquelle das System selbst. Die Möglichkeit, während der Inspektion der Dokumentation das beschriebene System in Beispielläufen zu sehen, ersetzt die umständliche verbale Beschreibung der Interaktionen[3]. In vielen Fällen ist eine verbale Beschreibung des Programmverhaltens überhaupt nicht mehr möglich, da durch die Integration von Graphik und/oder akustischer Ausgabe und den Einsatz von Bitmap-Terminals und Zeigegeräten, die positionsabhängig unterschiedliche Aktionen anstoßen können, der Ablauf einer Interaktion zu komplex wird.

Die Integration von "Filmen" und die Verwendung des Programms selbst während der Analyse erlauben es, auf derartige Beschreibungen zu verzichten. Es ist dann aber unumgänglich, daß das Dokumentationssystem und das Zielsystem auf derselben Maschine zugänglich sind. "Filme" sind konservierte Handlungsabläufe, die wie andere Dokumentationsdaten in der Wissensbasis gespeichert werden und auf Verlangen dem Benutzer *vorgespielt* werden können. Dabei wird die Eingabe des Benutzers simuliert und die entsprechende Ausgabe entweder mit Hilfe der Wissensbasis oder - besser noch - durch das System selbst erzeugt. Der Programmdesigner muß, wenn er diese Möglichkeit der Ablaufbeschreibung zur Verfügung stellen möchte, diese Konserven selbst eintragen. Dies schließt das Risiko mit ein, daß er Abläufe, die von Benutzern später benötigt werden, nicht vorhersehen kann.[4]

Die Alternative zur Darstellung festgelegter Handlungsabläufe besteht darin, das System selbst als Teil der Dokumentation zu betrachten und dem Benutzer an geeigneter Stelle

---

[3]Siehe dazu auch Kapitel VII.

[4]Eine ausführliche Diskussion dieser Problematik findet sich in [Nieper 84].

den Zugang zu ermöglichen. Er kann dann mit dem System *spielen* und Erfahrungen sammeln. Für gänzlich ungeübte Benutzer ist dies jedoch keine gute Lösung, da die Gefahr groß ist, daß sie in dem System Schwierigkeiten bekommen und auch keine Möglichkeit kennen, wieder zum Dokumentationssystem zurückzukehren. Das in der Dokumentation gesammelte Wissen über ein System sollte deshalb auch für ein integriertes Hilfesystem zugänglich sein, um den Benutzer auch innerhalb des Systems unterstützen zu können.

5.3 Benutzer- und Dialogmodelle

Um sich auf die verschiedenen Aufgabenstellung und den unterschiedlichen Wissensstand seiner Benutzer einstellen zu können, benötigt ein Dokumentationssystem ein *Modell seines Benutzers*. In diesem Benutzermodell soll Information enthalten sein über

- die Absicht des Benutzer (z.B. Analyse des Codes versus Verstehen der Funktionalität),
- Häufigkeit der Benutzung, Erfahrung des Benutzers,
- Fehler, die der Benutzer häufig macht.

Zusätzlich sollte das System eine Vorstellung davon haben, welche Dialogformen möglich sind und welche Kriterien es für die Auswahl der verschiedenen Formen (benutzergesteuert, rechnergesteuert etc.) gibt. Mit Hilfe dieser Modelle kann das System die Steuerung des Dialogs übernehmen, wenn der Benutzer dies möchte, und es kann dadurch dem Benutzer in vielen Fällen für seine Aufgabe sinnvolle Informationen anbieten.

5.4 MCK-Aspekte von Dokumentationssystemen

Die Akzeptanz eines Dokumentationssystems steht und fällt mit der dazugehörenden Mensch-Computer-Schnittstelle. Beim Entwurf von Werkzeugen zur Unterstützung der Programmdokumentation sollte man deshalb auf die Schnittstelle besonderen Wert legen. Sie sollte eine Reihe von Kriterien erfüllen, die im folgenden diskutiert werden.

5.4.1 Verfügbarkeit

Das Wissen über das entstehende System und die Designentscheidungen sowie über alle durchgeführten Änderungen muß jederzeit verfügbar sein. Das Eintragen und Ändern von Information sollte zu jedem Zeitpunkt möglich und jederzeit unterbrechbar sein. Bei der Analyse des vorhandenen Wissens wird unvollständige Information ignoriert.

5.4.2 Zuverlässigkeit

Der Benutzer muß darauf vertrauen können, daß die ihm angebotene Information korrekt ist. Wenn das System nicht sicher ist, ob eine Aussage zutrifft, muß dies dem Benutzer mitgeteilt werden (siehe dazu auch 5.1.3).

5.4.3 Steuerbarkeit

Die Kontrolle des Dokumentationsprozesses (d.h. das Sammeln und Verwenden der Dokumentationsinformation) sollte vom Benutzer übernommen werden können. Das Dokumentationssystem soll die Kontrolle nur übernehmen, wenn der Benutzer dies möchte, offensichtliche Fehler macht oder, da er Anfänger ist, überhaupt nicht weiß, wie er das System benutzen kann. Zu jedem Zeitpunkt muß es möglich sein, daß der Benutzer die Kontrolle des Vorgangs wieder übernimmt.

Während des Programmiervorgangs soll der Designer entscheiden, wann er einen Vorgang dokumentieren will. Das System sollte nicht "aufdringlich" werden und Informationen abfragen, die eventuell später benötigt werden. Da das System den Designer unterstützen soll, ist es nicht sinnvoll, den Benutzer zur Dokumentation zu zwingen. Wenn der Designer erkennt, daß die gesammelte Information ihm im Laufe seines Designprozeßes nützlich ist, wird er das notwendige Wissen aus eigenem Antrieb zur Verfügung stellen.

5.4.4 Sichten mit geringer Komplexität

Die Beschreibungen von Computersystemen sind sehr komplexe Wissensstrukturen, die, wenn sie dem Benutzer vollständig gezeigt werden, diesen mehr verwirren als unterstützen. Abhängig von seiner Aufgabe und seinem Vorwissen möchte der Benutzer Sichten geringerer Komplexität erhalten (siehe Abschnitt 4.4). Abhängig von der Erfahrung des Benutzers sollten diese Sichten vom System bzw. vom Benutzer definiert und verändert werden können. Das Dokumentationssytem benötigt dazu Wissen über den Erfahrungsstand und die Aufgabenstellung des Benutzers. Ein zumindest rudimentäres *Benutzermodell* sollte deshalb Teil eines Dokumentationssystems sein (siehe dazu Abschnitt 5.3).

Sichten geringerer Komplexität lassen sich beispielsweise durch Filter definieren, die unerwünschte Informationen ausblenden. Dem System sind einige grundlegende Filter (für Systemdesigner, Programmierer, Benutzer bzw. für spezifische Aufgaben) bekannt, die jedoch vom Benutzer des Dokumentationssystems einfach verändert werden können. Neue Filter lassen sich aus *Templates*, d.h. Beispielfiltern, bzw. aus bereits vorhandenen Filtern definieren (siehe Abbildung VIII-6 und VIII-7). Eine zweite Möglichkeit zur Erzeugung von Sichten geringerer Komplexität wird im nächsten Abschnitt beschrieben.

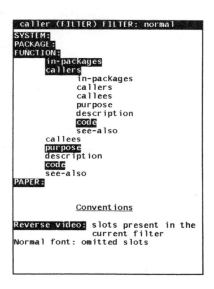

Abbildung VIII-6: Definition eines Filters

Mit solchen Filtern lassen sich auch Informationen aus unterschiedlichen Teilen der Wissensbasis in eine Ansicht vereinigen. Beispiel: Ein Filter zeigt den Code einer Funktion und aller Funktionen, die diese Funktion aufrufen. Filter sind also auch geeignet, die für eine Fragestellung relevanten Informationen zu *bündeln*.

5.4.5 Editiermöglichkeiten

Das Wissen in der Wissensbasis des Dokumentationssystems sollte vom Benutzer auf einfache Weise geändert werden können. Dazu ist ein bildschirmorientierter Editor (siehe dazu auch Kapitel VI) eine Voraussetzung. Das System sollte in der Lage sein, die vom Benutzer eingetragenen Informationen auf ihre Konsistenz mit dem vorhandenen Systemcode zu überprüfen und ihn ggf. auf Inkonsistenzen hinweisen. Der integrierte Editor

```
passociation (FUNCTION) FILTER: caller
in-packages:
   pputget
callers:
   pput :
      code:
         (def pput
            (lambda (key1 key2 value)
               (let ((i (phashit key1 key2)) (a nil))
                  (setq a (passociation i key1 key2))
                  (cond (a (rplaca (cddr a) value))
                        (t (store (put-get-hash-table i)
                                  (cons (list key1
                                              key2
                                              value)
                                        (put-get-hash-table i))
                           ))))))
   pget :
      code:
         (def pget
            (lambda (key1 key2)
               (let ((a (passociation (phashit key1 key2)
                                       key1
                                       key2)))
                  (cond (a (caddr a))))))
   prem :
      code:
         (def prem
            (lambda (key1 key2)
               (let ((i (phashit key1 key2)) (a nil))
                  (setq a (passociation i key1 key2))
                  (cond (a (store
                              (put-get-hash-table i)
                              (cond
                                 ((eq (car (put-get-hash-table i))
                                      a)
                                  (cdr (put-get-hash-table i)))
                                 (t (delq a
                                          (put-get-hash-table i)))
                              )))))))
purpose:
   passociation returns the property key2 of key1 in bucket i
   or nil if no such property exists
code:
   (def passociation
      (lambda (i key1 key2)
         (do ((ass (cdr (put-get-hash-table i))
                   (cdr ass))
              (a (car (put-get-hash-table i))
                 (car ass)))
             ((or (null a)
                  (and (eq (car a) key1)
                       (eq (cadr a) key2)))
              a))))
```

Abbildung VIII-7: Situationsspezifische Ansicht des vorhandenen Wissens

Nach der Definition des Filters (siehe Abbildung VIII-6) erzeugt das System eine Repräsentation der Dokumentation einer Funktion, die sowohl den Code der Funktion als auch den aller aufrufenden Funktionen zeigt. Diese Repräsentation erlaubt es, den Namen und die Parameterliste der Funktion einfach zu verändern [Lemke, Schwab 83].

sollte gleichzeitig zum *Schreiben des Programmcodes* und zum *Eintragen der Dokumentationsinformation* verwendet werden können.

5.4.6 Darstellung impliziter Strukturen

Viele Informationen über ein Softwareprodukt sind nur implizit in der Wissensbasis vorhanden. Beispiele dafür sind die Gültigkeitsbereiche von Variablen oder Funktionen, der aus dem Code erschlossen werden kann, im allgemeinen jedoch nicht sichtbar gemacht wird. Durch geeignete graphische Darstellung kann man derartige Informationen im Programmcode sichtbar machen. Es ist deshalb sinnvoll, einen Pretty-Printer mit dem Dokumentationssystem zu verbinden, der derartige Strukturinformationen sichtbar machen kann. STRUPPI [Bauer 84a] versucht, durch graphische Aufbereitung des Codes dem Benutzer zusätzliche Informationen über die Programmstruktur zu zeigen. Gleichzeitig läßt sich STRUPPI verwenden, um eine Übersicht über ein Programm zu gewinnen, indem Programmdetails unterdrückt werden und damit die Komplexität verringert wird (siehe Abbildung VIII-8).

5.4.7 Visualisierung des Programmablaufs

Wenn der Benutzer die Möglichkeit hat, während der Inspektion der Dokumentation das Programm in Aktion zu sehen oder selbst zu benutzen, sollte auch eine visuelle Darstellung des Ablaufs (visueller Trace, graphische Darstellung der Veränderung von Datenstrukturen) zur Verfügung stehen. Für eine ausführliche Diskussion derartiger Werkzeuge wird auf Kapitel VII verwiesen.

5.4.8 Integration der Werkzeuge

Es muß möglich sein, verschiedene Sichten auf die Wissensstruktur, die zur Beschreibung des Systems aufgebaut wird, gleichzeitig zu benutzen. Diese Sichten können von den oben beschriebenen Werkzeugen geschaffen werden. Deshalb müssen diese Werkzeuge parallel verwendbar sein. Zur Integration der Mensch-Computer-Schnittstelle sind Bitmap-Raster-Displays mit Graphikfähigkeiten und ein Fenstersystem (wie z.B. in Kapitel V beschrieben), das diese Werkzeuge vereinigt, eine wichtige Voraussetzung.

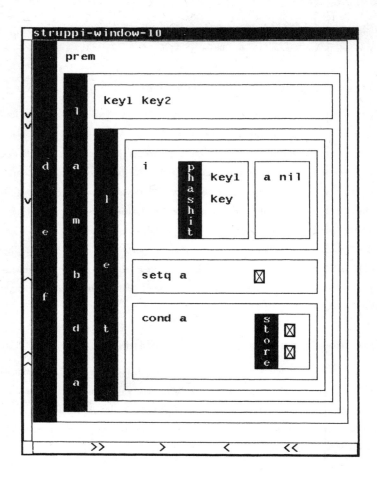

Abbildung VIII-8: Graphische Darstellung strukureller Eigenschaften

STRUPPI's Darstellung lenkt die Aufmerksamkeit des Benutzers auf strukturelle Eigenschaften des Programmcodes. Die unterschiedliche graphische Darstellung verschiedener Programmkonstrukte verdeutlicht den Kontrollfluß und die Datenstrukturen des Codes. In dieser Darstellung können syntaktische Fehler leicht erkannt werden. Durch Unterdrückung von Programmdetails ermöglicht STRUPPI eine weniger komplexe Darstellung des Programmcodes.

6. Abschließende Bemerkungen

Experimentelle Programmierumgebungen, die als wissensbasierte Systeme gebaut werden und eine gute Mensch-Computer-Schnittstelle besitzen, werden den Entwurf zukünftiger Programme wesentlich vereinfachen. Der Versuch, den Programmierprozeß als Kommunikationsprozeß zu verstehen und geeignete Hilfsmittel dafür zu entwerfen, zeigt Möglichkeiten, die stattfindende Kommunikation zu verbessern.

Programmierunterstützungssystem können dem Systemdesigner die Arbeit nicht abnehmen, sondern nur versuchen, ihm seine Tätigkeit durch die Bereitstellung wissensbasierter Werkzeuge zu erleichtern. Wissensbasierte Werkzeuge ermöglichen, daß sich nicht, wie früher nur zu häufig geschehen, der Programmierer in seinem Stil an seine Werkzeuge anpassen muß. Wissensbasierte Programmierunterstützung sollte den Programmierer arbeiten lassen, wie er möchte, und versuchen, ihn so gut wie möglich in seinem Stil zu unterstützen. Dadurch wird der Einfallsreichtum des Programmierers erhalten und nicht durch rigide Methoden eingeschränkt.

Die Einsatzmöglichkeiten für Dokumentationssysteme sind noch lange nicht ausreichend untersucht. Um herauszufinden, wie gut die Unterstützung durch ein Dokumentationssystem sein kann, müssen noch viele Probleme gelöst werden, wie zum Beispiel:

- Ein größerer Teil des Wissens, das der Benutzer einträgt, muß formalisiert und interpretierbar gemacht werden.
- Es muß geklärt werden, wie die Auswirkungen von lokalen Änderungen besser begrenzt bzw. automatisch propagiert werden können (Dependency networks).
- Der Rechner benötigt noch mehr Wissen über den Problembereich des zu entwerfenden Programms [Barstow 83], den spezifischen Benutzer und über allgemeine Kommunikationsprozesse. Es fehlen Kriterien, wie dieses Wissen im Kommunikationsprozeß verwendet werden kann.

Wenn der Computer zur Lösung immer komplexerer Probleme dienen soll, ist es notwendig, den Rechner zu einem Kommunikationspartner des Menschen zu machen, der den Programmdesigner nicht behindert, sondern ihn in seiner Arbeit unterstützt. Unser Ansatz soll einen Weg zu diesem Ziel aufzeigen.

IX

Systemkomponenten zum Wissenserwerb

Wolf-Fritz Riekert

Viele der heute mit Hilfe des Computers bearbeiteten Aufgaben erfordern die Lösung von schlecht strukturierbaren Problemen [Newell 69]. Daher ist die erste Realisierung eines Softwaresystems in aller Regel unzulänglich und entspricht nicht den tatsächlichen Bedürfnissen der Anwender. Zu allem Überfluß wandeln sich die Anforderungen an ein System mit dessen Benutzung. Die Folge ist eine nicht enden wollende Reihe von Änderungswünschen. Diese Änderungen kann der Benutzer meist nicht selbständig vornehmen; vielmehr ist er auf die Hilfe von Softwareexperten angewiesen.

Dies ist die Schwachstelle herkömmlicher Anwendersysteme: Die Anpassung an ursprünglich nicht erkannte Anforderungen wird durch das System selbst nicht unterstützt. Das gesamte Expertenwissen, das beim Design des Systems eingebracht wurde, liegt nur in der kodierten Form eines Computerprogramms vor und ist deshalb allein einem Eingeweihten verständlich. Dieser benötigt Programmiersprachen, Editoren und Compiler, um solches Wissen aufzubauen, zu erweitern und zu revidieren. Revisionen erfordern lange Entwicklungs- und Generierzeiten und sind schwierig, riskant und vor allen Dingen teuer. Meist unterbleiben deshalb die notwendigen Programmrevisionen, und der Benutzer muß sich notgedrungen selbst an ein unzulängliches System anpassen.

Ein wichtiges Kriterium für benutzergerechte Computersysteme ist der Grad ihrer *Konvivialität* [Fischer 81c; Illich 73]. Konviviale Systeme zwängen ihrem Benutzer kein fremdes Schema der Arbeitsorganisation auf, sondern lassen sich an dessen eigene Bedürfnisse anpassen. Oberstes Ziel muß sein, daß der Benutzer seine eigene Sichtweise des Problems und seine eigenen Vorstellungen von den Arbeitsabläufen in der rechnerunterstützten Problemlösung wiederfindet. Niemand kennt jedoch diese spezifischen Anforderungen besser als der Benutzer selbst. Daher ist es unabdinglich, daß der Benutzer Kontrolle über die Arbeitsweise des Systems besitzt und die dem System innewohnenden Schemata selbst umgestalten kann.

Einen Weg hin zu diesem Ziel eröffnen sogenannte wissensbasierte Systeme. Das Verhalten dieser Systeme ist im wesentlichen nicht durch Programme bestimmt, sondern vielmehr durch eine *Wissensbasis*, die das anwendungsspezifische Wissen enthält. In dieser liegt das Wissen sozusagen in objektivierter Form vor, es ist zugreifbar und veränderbar. Es ist daher möglich, für wissensbasierte Systeme Komponenten zu entwerfen, die dieses Wissen selbst zum Gegenstand haben. Solche Systemkomponenten werden als *Metasysteme* bezeichnet. Mit Hilfe geeigneter Mensch-Computer-Schnittstellen ermöglichen Metasysteme das Untersuchen, Einbringen, Aktualisieren und Überprüfen des Wissens, das einem Anwendungssystem zugrunde liegt.

Die Anpassung eines Systems an neue Anforderungen erhält so einen gänzlich neuen Charakter: Es ist nicht mehr erforderlich, Programme zu verstehen und zu modifizieren, um das Systemverhalten zu verändern. Die Umprogrammierung eines Systems mit Hilfe von externen Software-Entwicklungswerkzeugen wird abgelöst durch den Vorgang des *Wissenserwerbs* in einem zur Laufzeit umgestaltbaren System. Der Erwerb des Wissens wird dank einer integrierten Metakomponente des wissensbasierten Systems ebenso unterstützt wie die Nutzung des Wissens in herkömmlicher Weise durch die Anwendungskomponente.

1. Wissenserwerb

Ursprünglich nur auf menschliche Lernvorgänge angewandt, wird heute der Begriff Wissenserwerb auf den Bereich maschineller Intelligenz übertragen. Im heutigen Sprachgebrauch wird unter dem Begriff *Wissenserwerb* oder *Wissensakquisition* sowohl die *Aneignung von Wissen durch Menschen* wie auch die *Übertragung von Wissen auf Computersysteme* verstanden.

In diesem Kapitel ist ganz allgemein der Erwerb des Wissens gemeint, das zum Lösen von Problemen in einem Aufgabenbereich erforderlich ist. In [Michalski, Carbonell, Mitchell 83] wird Wissenserwerb definiert als das Lernen neuer symbolischer Information zusammen mit der Fähigkeit, diese Information auf effektive Weise anzuwenden.

Wissenserwerb ist jedoch nicht mit Lernen an sich gleichzusetzen. Lernen umfaßt außer dem Erwerb von Wissen auch das Einüben von Fähigkeiten. Während das eine ein Prozeß der Bewußtmachung von Fakten und Prinzipien ist, stellt das andere die Aneignung von eher unbewußten Handlungsabläufen dar. Dieser Aspekt des Lernens, der sehr anschaulich in [Fischer et al. 78] beschrieben ist, soll in diesem Kapitel nicht betrachtet werden. Ebenfalls außer Betracht bleiben soll die maschinelle Unterstützung menschlicher Wissenserwerbsvorgänge durch rechnerunterstütztes Lernen [Gunzenhäuser 84].

Wir werden maschinelle und menschliche Lernvorgänge gleichermaßen untersuchen, jedoch mit dem Ziel, Wissenserwerbstechniken für automatische Wissensverarbeitungssysteme abzuleiten. Der Zusammenhang zwischen menschlichen und maschinellen Wissenserwerbsvorgängen wird besonders deutlich am Beispiel von sogenannten *Expertensystemen*. Diese Systeme übernehmen auf einem definierten Anwendungsgebiet die Aufgaben eines menschlichen Experten; es wird daher erforderlich, Expertenwissen, das bisher nur Menschen zu eigen war, auf Computersysteme zu übertragen.

Bei Wissenserwerbsvorgängen lassen sich verschiedene Strategien unterscheiden: auf der einen Seite eher passive, bei denen eine Lehrperson den Lehrstoff aufbereitet und dem Lernenden vermittelt und im Extremfall regelrecht "eintrichtert", auf der anderen Seite die aktiven Strategien, bei denen der Lernende mit Hilfe von Analogieschlüssen oder anderen Schlußtechniken das Wissen selbständig aus vorgelegten Beispielen oder gar eigenen Beobachtungen ableitet. Die hier vorgestellten Wissenserwerbskomponenten von Softwaresystemen haben eher passiven Charakter, da zur Wissensübertragung ein Gebietsexperte als "Lehrer" erforderlich ist; sie sind aber auch aktiv in dem Sinne, daß sie ihren menschlichen Bediener beim Einbringen des Wissens aktiv unterstützen und das erworbene Wissen selbständig in eine Wissensbasis einbetten und konsistent halten.

2. Psychologische Aspekte

Es ist von Nutzen, Wissenserwerbsmechanismen des Computers und Lernvorgänge des Menschen parallel zu betrachten. Für Psychologen bedeutet dies die Möglichkeit, Modelle menschlicher Wissenserwerbsvorgänge in der Computersimulation auf ihre Schlüssigkeit zu überprüfen. Für Computerwissenschaftler sind menschliche Lernvorgänge Vorbilder bei der Gestaltung wissensverarbeitender Systeme.

Piaget unterscheidet in seiner *Psychologie der Intelligenz* [Piaget 72] zwei Arten der Anpassung an die Umwelt: Assimilation und Akkommodation. Im biologischen Sinn ist *Assimilation* ein Stoffwechselvorgang, bei dem körperfremde Substanzen in körpereigene umgewandelt und in den eigenen Organismus eingebaut werden. *Akkommodation* bezeichnet den Vorgang der Anpassung an die Umwelt, indem die eigenen Assimilationsmechanismen verändert werden.

Piaget wendet diese Begriffe auf die geistige Auseinandersetzung des Menschen mit seiner Umwelt an. Für J. Moore und A. Newell, die die Frage aus der Sicht der Künstlichen-Intelligenz-Forschung betrachten, ist die Fähigkeit zu Akkomodation und Assimilation eine notwendige Eigenschaft eines Programmes, das Probleme verstehen können soll (*How can Merlin understand?* [Moore, Newell 74]).

Auf die Vorgänge der Wissensverarbeitung bezogen, ist Assimilation ein Wissenserwerbsvorgang, bei dem Informationen, die von außen stammen, den eigenen Wissensstrukturen eingepaßt werden. Akkomodation hingegen ist die Anpassung der eigenen Wissenserwerbsmechanismen an neue Erfordernisse. Bei beiden Vorgängen spielt Wissen eine zweifache Rolle: Zum einen haben sie Wissen zum Gegenstand, zum andern laufen sie wissensgesteuert ab. Es ergibt sich die Möglichkeit, Wissen danach zu klassifizieren, welche Rolle es bei Assimilation und Akkomodation spielt.

2.1 Formen von Wissen

Das beim Wissenserwerb bedeutsame Wissen läßt sich in die folgenden drei Kategorien einteilen:

1. *Sachwissen:* Dies ist Wissen um konkrete Sachverhalte aus einem Problemraum. Es zeigt sich in der Kenntnis von Objekten, deren Eigenschaften und wechselseitigen Beziehungen. Sachwissen ist diejenige Form von Wissen, die sich am schnellsten verändert und häufig nur befristete Gültigkeit besitzt.

2. *Konzeptuelles Wissen:* Dies ist Wissen über den Umgang mit Sachwissen. Im konzeptuellen Wissen liegen die Schemata, die erforderlich sind, um Sachwissen zu erschließen, einzuordnen, zu memorieren und zu nutzen. Nach außen hin ist diese Art von Wissen erkennbar als die Fähigkeit, Problemstellungen aus einem Sachgebiet aufzunehmen und zu lösen.

3. *Metawissen:* Dies ist Wissen über den Umgang mit konzeptuellem Wissen. Metawissen bildet den begrifflichen Rahmen, der erforderlich ist, um konzeptuelles Wissen zu erwerben, anzuwenden und zu erklären. Nach außen hin drückt sich Metawissen in der Fähigkeit aus, neue Problemräume zu erfassen und das eigene Verhalten beim Lösen von Aufgaben zu reflektieren und zu begründen.

2.2 Assimilation

Der Erwerb von Sachwissen ist ein Assimilationsvorgang. Er wird gesteuert durch das vorhandene konzeptuelle Wissen des Lernenden. Der Lernende erkennt in den Oberflächenstrukturen der Außenwelt Ausprägungen ihm bekannter Schemata und kann daher das Ergebnis seiner Wahrnehmungen in die interne Struktur seines Sachwissens einordnen. Dieses Sachwissen kann beim Lösen von Problemen genutzt werden und bestimmt so das künftige Verhalten des Wissensträgers.

Ein Beispiel hierfür ist die Tätigkeit eines Sachbearbeiters in einer Versicherung. Das konzeptuelle Wissen des Sachbearbeiters besteht in der Kenntnis der verschiedenen Klassen von Geschäftsvorgängen. Jeder Vorfall, beispielsweise die Schadensmeldung eines Kunden, wird in ein geeignetes Schema eingepaßt, in diesem Fall vielleicht in den Geschäftsvorfall "Kraftschadenregulierung". Damit lassen sich die Angaben des Kunden in die gebräuchliche Vorgangsstruktur einordnen, und die Bearbeitung des Falls kann nach Sachlage erfolgen.

Beim Assimilationsvorgang werden also von außen kommende Elemente für eine bestehende interne Struktur passend gemacht und in diese eingebaut. Das Schema, nach dem die interne Struktur aufgebaut ist, bleibt unverändert. Auf Softwaresysteme übertragen bedeutet dies, daß neue Datenobjekte erzeugt werden, die aber bekannten abstrakten Datentypen angehören. Die abstrakten Datentypen selbst und die Methoden für deren Verarbeitung bleiben unberührt.

2.3 Akkommodation

Der Erwerb vom konzeptuellem Wissen ist ein Akkommodationsvorgang. Er ist erforderlich, wenn die Assimilationsmechanismen nicht mehr ausreichen, um die Erscheinungen der Umwelt zu erfassen. Es werden die Schemata des konzeptuellen Wissens verändert und bereichert, damit der Umgang mit neuen Formen von Sachwissen möglich wird. Die menschlichen Fähigkeiten zur Akkommodation kommen zum Ausdruck, wenn es darum geht, neue Aufgabenfelder zu beherrschen. Alles Lernen, das mehr ist als bloßes Auswendiglernen von Einzelfakten, ist stets ein Akkommodationsvorgang.

In Softwaresystemen bedeutet Akkommodation, daß sich das Verhalten des Programmes beim Lösen von Problemen qualitativ verändert. Auf die Implementierung bezogen heißt dies, daß neue Datentypen und neue Verarbeitungsmethoden geschaffen werden müssen. Dazu sind herkömmliche Softwaresysteme selbständig noch nicht in der Lage. Die Akkommodationsaufgaben müssen von Systemanalytikern und Programmierern vorgenommen werden.

Für den Akkommodationsvorgang wird konzeptuelles Wissen einer höheren Stufe benötigt: Der Erwerb von konzeptuellem Wissen wird gesteuert durch Metawissen. Metawissen ist Wissen über den Umgang mit konzeptuellem Wissen, d.h. im Metawissen liegen die Schemata, nach denen neue Schemata erworben werden können. Am Beispiel einer Versicherungsgesellschaft läßt sich dies wiederum verdeutlichen. Wenn eine Versicherung neue Dienste anbietet, zum Beispiel eine Haftpflichtversicherung für Privatflugzeuge, so ist es erforderlich neue Schemata für Geschäftsvorfälle in diesem Bereich zu entwickeln, es ist also ein Akkommodationsproblem zu lösen. Eine andere Betrachtungsweise führt dies auf eine Assimilationsaufgabe zurück: Es gibt ein Metaschema, das für alle Versicherungen zutrifft, und das Konzept der neuen Dienstleistung muß anhand dieses Metaschemas klassifiziert werden.

3. Wissensverarbeitung

Jeder Problemlösevorgang ist zugleich auch ein Vorgang der *Wissensverarbeitung*, ganz gleich ob er von Menschen oder von Computerprogrammen ausgeführt wird: Gegeben ist ein Ausgangszustand, ein Ziel und eine Menge von Wissenquellen. Die Aufgabe besteht darin, die geeigneten Wissensquellen aufzufinden und aus diesen Aktionsfolgen abzuleiten, die vom Ausgangszustand zum Zielzustand führen. Von entscheidender Bedeutung ist dabei, in welcher Form diese Wissensquellen dargestellt, wie sie kodiert sind und wie sie verwendet werden.

Bei der *Wissensnutzung* steht die Frage im Vordergrund, *"wie"* im konkreten Fall ein Problem gelöst werden soll. Unter dem Aspekt der Nutzung ist daher eine "compilierte Darstellung" des Wissens wünschenswert: Dabei tritt das gesamte Wissen nur noch *implizit* in Erscheinung, und zwar in Form von vorgefertigten Anweisungsfolgen, die im gegebenen Fall nur noch befolgt werden müssen. Diese Art der Notation von Wissen setzt nur geringe Intelligenz bei der Instanz voraus, die das Wissen anwenden soll; sie ist infolgedessen optimal für eine maschinelle Verarbeitung. Eine compilierte Wissensdarstellung ermöglicht schnelle und effiziente Problemlösungen, sie ist für Standardaufgaben gut geeignet, kann aber in Ausnahmefällen versagen, da es nicht möglich ist, alle Situationen vorherzusehen.

Diese Anforderungen an die Wissensdarstellung kollidieren mit denen, die sich beim Vorgang des *Wissenserwerbs* stellen. Wissensvermittlung, die sich auf die Weitergabe von bloßen Rezepten beschränkt, wird stets zu unbefriedigenden Ergebnissen führen, weil dabei kein tieferes Verständnis der zugrundeliegenden Sachverhalte entsteht. Einfacher, präziser und natürlicher ist es, nicht die Lösungsverfahren zu beschreiben, sondern das Problemgebiet selbst mit all seinen Eigenschaften, Gesetzmäßigkeiten und Abhängigkeiten. Dann erst wird klar, "*was*" die Eigenheiten des Problemraums sind, weil das Wissen darüber *explizit* vorliegt. Bei der Lösung eines konkreten Problems besteht aber dann die Notwendigkeit, das vorhandene Wissen zu interpretieren und in Methoden, Pläne und Aktionen umzusetzen.

3.1 Wissensdarstellung

Die Wissensdarstellung in herkömmlichen Softwaresystemen ergibt folgendes Bild: Explizit dargestellt ist in aller Regel das Sachwissen, und zwar als Inhalt von Dateien oder hochentwickelten Datenbanksystemen. In den meisten Computerprogrammen läßt sich das konzeptuelle Wissen jedoch nicht mehr definitiv lokalisieren, da es zu Kontrollstrukturen und Anweisungsfolgen transformiert ist. Das Metawissen schließlich führt eine vom Programm abgekoppelte Existenz im Kopf des Systementwicklers oder bestenfalls in der Programmdokumentation.

Die Darstellung konzeptuellen Wissens in herkömmlichen Systemen ist also völlig auf die Belange der Wissensnutzung abgestimmt. Die prozeduralen Aspekte des konzeptuellen Wissens stehen im Vordergrund. Diese Aspekte sind durchaus wichtig für die Performanz des Programmsystems. Sie tragen aber nichts für den Wissenserwerb bei.

Es ist also notwendig, das konzeptuelle Wissen unter multiplen Perspektiven betrachten zu können: einmal in *deskriptiver* Form für die Zwecke des Wissenserwerbs, zum andern in *prozeduraler* Form zum Zweck der Wissensnutzung. Dies wird möglich durch eine objektorientierte Darstellung aller drei Formen von Wissen (Sachwissen, konzeptuelles Wissen und Metawissen) in einer *Wissensbasis*.[1]

3.2 Objektorientierte Wissensrepräsentation

In unseren Systemen ist das Wissen in objektorientierter Form dargestellt; die zugrundeliegenden Objekte sind Klassen und Instanzen, die mit Hilfe der Wissensrepräsentations-

---

[1] Zum Begriff der Wissensbasis siehe Kapitel II.

sprache ObjTalk[2] definiert werden. ObjTalk vereinigt die deskriptiven und die prozeduralen Aspekte des konzeptuellen Wissens:

1. *Objekte besitzen Merkmale und Merkmalswerte*, die in Form von sogenannten Slots dargestellt sind. Da Slots Referenzen auf andere Objekte enthalten können, läßt sich Wissen in Form von semantischen Netzen [Quillian 68] darstellen. Merkmale lassen sich beschreiben und lesen. Objekte lassen sich erzeugen und löschen. Dadurch kann das Wissen der Wissensbasis zu jedem Zeitpunkt manipuliert werden. Die Belegung von Slots mit Merkmalswerten berücksichtigt den deskriptiven Aspekt der Wissensdarstellung.

2. *Objekte verfügen über Methoden*. Durch Botschaftenaustausch zwischen Objekten werden diese Methoden aktiviert. In den Methoden ist festgelegt, wie sich ein Objekt auf eine eintreffende Botschaft hin verhält. Methoden lassen sich ansehen als Programmstücke, bei deren Ausführung entweder Merkmale des betreffenden Objektes verändert werden oder aber neuerlich Botschaften an andere Objekte versandt werden. Daher kommt in den Methoden der prozedurale Aspekt des Wissens zum Ausdruck.

Was bleibt, ist das Problem, wie die prozeduralen und die deskriptiven Elemente der Objekte ineinander überführt und miteinander konsistent gehalten werden können. ObjTalk bietet hierzu Hilfen durch seine Constraint-Mechanismen und die Möglichkeit, Regeln zu formulieren. Eine völlig anwendungsunabhängige Lösung erscheint aber prinzipiell nicht möglich. Die Transformation der beiden Aspekte des konzeptuellen Wissens muß daher in jedem Anwendungssystem von neuem gelöst werden. Das zur Lösung dieser Transformationsaufgabe erforderliche Wissen - das Metawissen - läßt sich aber wiederum in der objektorientierten Wissenbasis darstellen.

3.3 Interaktionsformen

Die Benutzerschnittstelle für die Wissenserwerbskomponente eines Softwaresystems sollte so gestaltet sein, daß sie das Einbringen des Wissens in einer deskriptiven Darstellungsform auf einfache Weise gestattet. Es sind hierfür prinzipiell drei Arten von Interaktionsformen denkbar: die Verwendung (eventuell vereinfachter) natürlicher Sprache, die Verwendung einer formalen Sprache (z.B. aussagenlogische Ausdrücke) oder die direkte Manipulation von graphischen Objekten auf dem Bildschirm.

In unseren interaktiven Systemen bevorzugen wir die *direkte Manipulation* von graphischen Objekten. Dabei zeigt der Bildschirm einen Ausschnitt aus der Wissensbasis, wo-

---

[2]Siehe Kapitel III.

bei die Objekte der Wissensbasis in Form von Piktogrammen und Formularen des Fenstersystems[3] dargestellt sind. Der Benutzer erhält eine graphische Veranschaulichung des Wissens über die Welt des Anwendungsgebiets, so wie sie dem System bekannt ist. Diese objektorientierte externe Darstellungsform des Wissens hat zum einen den Vorteil, daß sie den modellhaften Vorstellungen des Benutzers sehr nahekommt, da dieser die Objekte der realen Welt in ihren Visualisierungen wiedererkennen kann, zum andern läßt sich so eine enge Kopplung mit der ebenfalls objektorientierten internen Repräsentation des Wissens herstellen.

Der Vorgang des Wissenserwerbs geschieht nun dadurch, daß neue graphische Objekte auf dem Bildschirm erzeugt bzw. bereits existierende verändert werden. Mit Hilfe eines Zeigeinstruments, beispielsweise einer Maus, kann der Benutzer über sensitive Bildschirmbereiche Funktionen auslösen und die zu manipulierenden Objekte bezeichnen. Funktionen sind visualisiert durch Menüs und Piktogramme[4]. Objekte werden entweder durch unmittelbare textuelle Ersetzung von Formularinhalten oder durch Auswahl von Funktionen aus kontextabhängigen Menüs modifiziert.

Gegenüber den anderen oben erwähnten Interaktionsformen hat die direkte Manipulation eine Reihe von Vorzügen:

- *Das sogenannte WYSIWYG-Prinzip[5] ist erfüllt.* Modifikationen der Wissensbasis werden direkt an den auf dem Bildschirm dargestellten Objekten vorgenommen, und die Auswirkungen dieser Aktionen werden auf dem Bildschirm unmittelbar sichtbar.

- *Das Wissen kann in deskriptiver Form in das System eingebracht werden.* Die Verwendung von Formularen erlaubt eine einfache Spezifikation von Attributen und Merkmalen. Syntaktische Konventionen, die bei der Verwendung von formalen Sprachen auftreten, müssen nicht beachtet werden.

- *Das aktive Erinnerungsvermögen des Menschen wird entlastet.* Die Auswahl aus Menüs und das Ausfüllen von Formularen ist einfacher als die eindeutige sprachliche Formulierung von Sachverhalten, da der Benutzer im Angebot der Manipulationsmöglichkeiten lediglich die wiedererkennen muß, die für ihn von Bedeutung sind.

---

[3] Siehe Kapitel V.

[4] Siehe Kapitel IV.

[5] WYSIWYG = "What you see is what you get."

4. Das System D&I als Wissenseditor

Digester und Informant (D&I)[6] ist ein interaktives System, das einen Sachbearbeiter in einem Dokumentations- und Informationsinstitut beim Sammeln und Verwalten von Fachinformationen unterstützt. Die Begriffe *Digester*[7] und *Informant* stehen für die beiden Hauptaufgaben des Systems, den Erwerb und die Nutzung von Fachwissen. In der vorliegenden Implementation des D&I beschränken wir uns auf die Verarbeitung von Berichten aus der Computerindustrie; die betrachtete Wissenswelt umfaßt die Beschreibung von Sachverhalten und Ereignissen, die Firmen, Personen, Produkte und Projekte aus der Computerszene zum Gegenstand haben.

Die Wissenserwerbskomponente des Systems, der Digester, bietet eine Unterstützung bei zwei Arten von Vorgängen an:

1. Beim *Erwerb von Sachwissen* liegen die zu verarbeitenden Fachinformationen in unstrukturierter Form als Inhalt von Zeitungsartikeln und anderen Veröffentlichungen vor. Mit Hilfe des D&I kann ein Sachbearbeiter die eintreffende Fachinformation in eine strukturierte Form überführen und in eine Wissensbasis einbetten.

2. Bei der Anpassung des Systems an neue Anwendungsgebiete stellt der Digester ein Werkzeug zum *Erwerb des erforderlichen konzeptuellen Wissens* dar. Ein Organisationsexperte kann das System für eine Verarbeitung von Sachwissen aus anderen Fachgebieten umrüsten.

Ziel der Forschung war es, die Wissenserwerbskomponente des Systems so zu gestalten, daß der Benutzer beide Aufgaben lösen kann, ohne DV-Spezialist sein zu müssen.

Die Wissensbasis des D&I ist objektorientiert aufgebaut. Sachwissen, konzeptuelles Wissen und Metawissen sind durch Eigenschaften von Objekten repräsentiert. Der Wissenserwerb geschieht generell dadurch, daß die Eigenschaften vorhandener Objekte der Wissensbasis modifiziert werden oder neue derartige Objekte erzeugt werden [Csima, Riekert 83b]. Die Benutzerschnittstelle des Systems D&I [Csima 83] erlaubt die direkte Manipulation von Objekten mit Hilfe von Bildschirmformularen, die einen Aspekt der Wissensbasis zeigen. Die Interpretation von Ereignissen und Sachverhalten sowie die *Navigation*

---

[6] Das System D&I wurde im Rahmen eines Förderprojekts des Ostasien-Instituts (Bonn) von Feodora Csima und dem Autor dieses Kapitels entwickelt.

[7] To digest (engl.) = verdauen.

[Fischer 83b] in der Wissensbasis werden unterstützt durch eine Dialogführung, die auf sogenannten Skriptmenüs beruht. Der Prototyp des Systems D&I läuft auf einer VAX 11/780 und ist mit Hilfe von FranzLisp als Programmiersprache und ObjTalk als Wissensrepräsentationssprache implementiert.

5. Erwerb von Sachwissen mit dem System D&I

Am Beispiel eines einfachen Zeitungsartikels soll der Vorgang des Erwerbs von Sachwissen mit Hilfe des Systems D&I deutlich gemacht werden. Der betreffende Artikel ist am 7. Januar 1982 in der Computerzeitung erschienen:

> *Dipl.-Ing. J. Benno Durst*, 42, übernahm die *Leitung des Werkes für Medizinelektronik* der *Hewlett-Packard GmbH*, Böblingen. Nach HP-Angaben wurde sein Vorgänger, *Dr. Otto Brand*, zum *Leiter des Werkes für Tischcomputer* berufen.[8]

Zeitungsartikel wie dieser beschreiben Objekte aus einem bestimmten Sachgebiet und Ereignisse, die diese Objekte betreffen [Rosenberg 77]. Der Begriff "Objekt" ist dabei in einem allgemeinen Sinn zu verstehen, der alle Objekte unseres Denkens umfaßt, die unverwechselbare Eigenschaften tragen; der Leser mag ihn nach Belieben durch die Worte Gegenstand, Wesenheit, Gebilde oder begriffliche Einheit ersetzen, wann immer eines von diesen treffender erscheint.

5.1 Die Wissensbasis

Die in diesem Zeitungsartikel erwähnten *Objekte* sind die Herren Durst und Brand, deren frühere und jetzige Tätigkeiten sowie die Hewlett-Packard GmbH. Jedes dieser Objekte läßt sich einem bestimmten *Typ* zuordnen. In der Zeitungsmeldung ist insgesamt von drei Typen die Rede: PERSON, TÄTIGKEIT und FIRMA. Zwei *Ereignisse* werden beschrieben: die Neubesetzung einer Stelle und ein Stellenwechsel. Ziel des Wissenserwerbs mit dem D&I ist es, diese Objekte und die Implikationen der beschriebenen Ereignisse in der Wissensbasis des Systems D&I zu repräsentieren.

Wir wollen nun einmal annehmen, daß die bisherige Tätigkeit von Dr. Brand als Leiter des Werks für Medizinelektronik der Firma HP dem System bereits aufgrund einer früher verarbeiteten Zeitungsmeldung bekannt ist. Das heißt, in der Wissensbasis sind bereits

---

[8] Die Namen der beiden Personen wurden vom Verfasser geändert.

drei Objekte angelegt, die PERSON "Brand", die TÄTIGKEIT "Leitung Medizinelektronik" und die FIRMA "HP". Diese Objekte tragen *Merkmale*, die mit *Merkmalswerten* belegt sind. Merkmale einer Person sind beispielsweise ihr Titel, ihre Adresse oder ihre berufliche Tätigkeit. Die Merkmalswerte sind entweder Texte, wie der Titel "Dr.", oder aber Bezeichnungen anderer Objekte. Auf die letztere Art lassen sich Beziehungen zwischen Objekten darstellen, wie etwa die Tatsache, daß Dr. Brand leitender Mitarbeiter der Firma HP ist. Die Objekte bilden so ein Netz. Abbildung IX-1 zeigt dieses Netz für unseren Beispielfall.

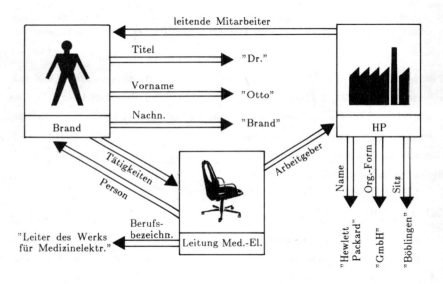

Abbildung IX-1: Zustand der Wissensbasis vor der Verarbeitung

Die Verarbeitung der im Zeitungsbericht beschriebenen Ereignisse mit Hilfe des Digesters soll nun zwei Arten von Änderungen an der Wissensbasis bewirken:

1. Es werden neue Objekte mit ihren Merkmalen in der Wissensbasis angelegt und mit den vorhandenen Objekten verknüpft.
2. Die Objekte in der Wissensbasis erhalten zusätzliche Merkmale beziehungsweise bereits vorhandene Merkmale erhalten neue Werte.

5.2 Die Benutzerschnittstelle

Abbildung IX-2 zeigt den Bildschirmaufbau des Systems D&I bei einer derartigen Verarbeitung. Der Bildschirm ist aufgeteilt in vier Fenster:

1. Das *Arbeitsfenster* enthält ein Formular, das einen Aspekt, das heißt einen Teil der gesamten Merkmale und Merkmalswerte des gerade betrachteten Objekts in einzelnen Formularfeldern zeigt.

2. Das *Kopffenster* enthält Statusinformationen, nämlich den Namen des aktuell bearbeiteten Objekts, seinen Typ (z.B. Person, Firma etc.) und die Bezeichnung des gewählten Aspekts. Außerdem werden dort kurze Abfragen abgewickelt.

3. Das *Skriptfenster* enthält ein Menü, dessen Inhalt vom gerade gezeigten Aspekt abhängig ist. Das Menü enthält die Namen von sogenannten Skripts; dabei handelt es sich um Funktionen, die der Benutzer auswählt, um die zu verarbeitenden Ereignisse zu interpretieren.

4. Das *Kommandomenü* bietet kontextunabhängige Funktionen zur Navigation in der Wissensbasis, zum Rückgängigmachen fehlerhafter Eingaben (Undo) und zum Abrufen von Hilfe und allgemeinen Informationen an.

```
*** D&I *** Bearbeitetes Objekt: Leitung des Werks Medizinelektronik
vom Typ TAETIGKEIT unter dem Aspekt TAETIGKEIT

FELDNAME:        FELDINHALT:           |SKRIPTS              |KOMMANDO
Person:          Durst_Benno           |-Personenbericht     |BEARBEITE
Arbeitgeber:     Hewlett-Packard       |-Zeige Arbeitgeber   |Objekt
                                       |                     |Aspekt
Berufs-          Leitung des Werks     |                     |Zurueck
Bezeichnung:     Medizinelektronik     |
                                       |                     |INFORMIERE
Aufgabengebiet:                        |                     |?Typen
                                       |                     |?Protokoll
                                       |
                                       |                     |VERWALTUNG
                                       |                     |Vergessen
Vorgaenger:      Brand_Otto            |                     |Retten
                                       |                     |Neubeginn
Nachfolger:      <Nachname_Vorname>... |                     |Ende

Begonnen:        <TT-MM-JJ>            |                     |SYSTEM
Beendet:         <TT-MM-JJ>            |                     |Eval
```

Abbildung IX-2: Bildschirmaufbau des Systems D&I

Zu jedem Zeitpunkt kann über eine *Hilfetaste* ein kontextabhängiger Hilfetext abgerufen werden, der den Bildschirm teilweise überlagert; falls das System die Eingabe von Werten erwartet, erscheint zusätzlich ein Menü von Eingabeparametern, unter denen der Benutzer auswählen kann. Mittels einer *Abbruchtaste* kann jeder eingeleitete Verarbeitungsschritt wieder abgebrochen werden, ohne daß inkonsistente Systemzustände entstehen.

5.3 Identifikation von Objekten

Im Grundzustand enthält das Skriptfenster ein Menü aller verarbeitbaren Arten von Berichten. Der Sachbearbeiter wählt das Skript "Personenbericht" aus. Im sog. Skriptdialog, der daraufhin im Kopffenster abläuft, wird der Name einer beteiligten Person erfragt. Der Sachbearbeiter gibt den Namen "Durst Benno" ein. Das System meldet, daß die genannte Person ihm noch nicht bekannt ist, und bittet den Sachbearbeiter zu bestätigen, daß ein entsprechendes Objekt in der Wissensbasis neu erzeugt werden soll.

Dies ist ein ganz typischer Vorgang beim Erwerb von Wissen: Es liegt ein Objekt vor, von dem bestimmte Eigenschaften bekannt sind. Zunächst muß das Objekt nach seinem Typ *klassifiziert* werden, im gegebenen Fall als Person. Dieser Vorgang wird vom Digester durch das angebotene Menü unterstützt. Anschließend wird das Objekt *identifiziert*. Dies geschieht, indem seine Eigenschaften mit denen der bereits bekannten Objekte verglichen werden. Im gegebenen Fall sucht der Digester nach einer Person mit gleichem oder ähnlichem Namen. Wenn die Suche fehlschlägt, wird ein neues Objekt in der Wissensbasis angelegt.

5.4 Navigation zu Aspekten

Nach dem Identifikationsvorgang wechseln die Bildschirmfenster ihren Inhalt und beziehen sich auf die Person Benno Durst als Privatmann. Im Arbeitsfenster wird nur ein Objektausschnitt, der *Aspekt* PRIVAT der Person dargestellt. Aspekte haben unter anderem die Funktion von Filtern. Sie gewährleisten, daß nur diejenigen Informationen sichtbar werden, die in der gegenwärtigen Dialogphase relevant sind.

Die Art der gerade bearbeiteten Information ist auch ein Kriterium dafür, welche Verarbeitungsschritte voraussichtlich als nächste vom Benutzer vorgenommen werden. Im System D&I bestimmt daher der aktuelle Aspekt den den Inhalt des Skriptmenüs. Das Skriptmenü enthält ein Angebot von Funktionen, die in der Regel zu diesem Zeitpunkt der Verarbeitung benötigt werden.

Es lassen sich zwei Arten von Skripts unterscheiden, die auch gemischt auftreten können. Zum einen können Skripts zur Interpretation von Sachverhalten dienen, indem sie eine entsprechende Modifikation der Wissensbasis bewirken. Diese Skripts bezeichnen wir als *Interpretationsskripts*. Zum andern können Skripts einen Kontextwechsel bewirken, indem sie auf einen neuen Aspekt umschalten. Sie tragen dann den Namen *Navigationsskript*. Das oben beschriebene Skript "Personenbericht" gehört zu beiden Kategorien. Es führt die Identifikation eines Objekts durch und bewirkt einen Wechsel des Aspekts.

5.5 Eintrag von Merkmalen

Wir wollen nun ein paar Schritte bei der Verarbeitung unseres Artikels überspringen. Mit Hilfe eines Navigations- und eines Interpretationskripts ist der Sachbearbeiter bei einem Aspekt angelangt, der die neuangetretene Tätigkeit von Herrn Durst zeigt (siehe Abbildung IX-2). Die Berufsbezeichnung "Leitung des Werks Medizinelektronik" und der Arbeitgeber "HP" wurden bereits bei der Identifikation der Tätigkeit vom System erfragt und sind schon in das Formular im Arbeitsfenster eingetragen. Der Arbeitnehmer in dieser Tätigkeit ist Herr Durst selbst. Das entsprechende Feld wurde vom System automatisch gefüllt.

Die übrigen Formularfelder sind nicht mit Informationen gefüllt und können vom Benutzer beschrieben werden. Das Formularfeld "Vorgänger:" ist mit dem Syntaxvorschlag <Nachname__Vorname> vorbelegt. Der Sachbearbeiter gibt den Namen Brand__Otto ein. Diese Eintragung wird vom System ohne Rückfrage akzeptiert, da es die Person ohne weiteres identifizieren kann. Die neu in die Wissensbasis übernommenen Objekte sind nun mit den bereits vorhandenen verknüpft. Das Beschreiben des Formularfelds bewirkte die unmittelbare Veränderung des zugehörigen Merkmalswertes.

5.6 Inferenzen des Systems

Der Eintrag des Vorgängers bewirkte jedoch noch mehr als nur die Veränderung des zunächst betroffenen Objekts, also der Tätigkeit. Aus der Eigenschaft, daß Herr Brand Vorgänger von Herrn Durst ist, kann geschlossen werden, daß eine gleichartige Tätigkeit von Herrn Brand existieren muß. Diese wird vom Digester auch identifiziert, da Berufsbezeichnung und Arbeitgeber übereinstimmen. Wäre die Tätigkeit nicht bekannt gewesen, so hätte das System eine solche neu angelegt. In dieser Tätigkeit kann nun automatisch als Nachfolger Herr Durst eingetragen werden. Da nun der Nachfolger feststeht, wechselt die Tätigkeit ihre Rolle als jetzige Tätigkeit von Herrn Brand und wird zu einer früheren Tätigkeit.

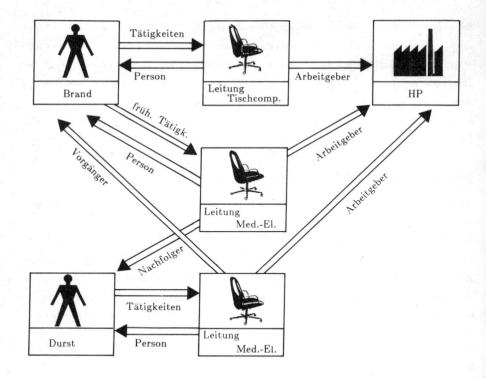

Abbildung IX-3: Zustand der Wissensbasis nach der Verarbeitung

Wenn nun der Sachbearbeiter mittels eines Navigationsskripts die Informationen über Herrn Brand abruft, erkennt er, daß die bisherige Tätigkeit bereits richtig eingeordnet ist, und muß nur noch die neue Tätigkeit des Managers im Werk für Tischcomputer eingeben. Dann ist der Inhalt des Artikels verarbeitet. Das entstandene Wissensnetz ist in der Abbildung IX-3 dargestellt.

Diese Art des Systems, Schlüsse zu ziehen oder *Inferenzen* zu bilden, ist notwendig für eine sinnvolle Wissensverarbeitung: Zum einen erleichtert sie die Aufgabe des Wissenserwerbs an sich, zum andern enthält die Wissensbasis durch Mehrfachvernetzung von Objekten gewollte Redundanzen, die konsistent erhalten werden müssen.

Systemkomponenten zum Wissenserwerb

6. Erwerb von Konzepten mit dem System D&I

Im letzten Abschnitt haben wir gesehen, wie Sachwissen, also Wissen um konkrete Sachverhalte aus dem Anwendungsgebiet, mit dem Digester verarbeitet und in Gestalt von Objekten und deren Merkmalen dargestellt werden kann. Diese Fähigkeit des Systems, mit Sachwissen aus einem bestimmten Anwendungsgebiet umzugehen, beruht selbstverständlich wiederum auf Wissen. Im Gegensatz zum Sachwissen ist dieses Wissen von einer abstrakteren Art. Es handelt sich dabei um das dem System innewohnende *konzeptuelle Wissen*.

Konzeptuelles Wissen kommt im System D&I an zwei Stellen zum Ausdruck. Zum einen bestimmt es darüber, welche Arten von Sachverhalten in der Wissensbasis dargestellt und konsistent gehalten werden können. Zum andern ergibt sich aus dem konzeptuellen Wissen die Funktionalität des Systems, die dem Benutzer bei der Verarbeitung von Informationen zur Verfügung steht.

6.1 Konzepte

Der Begriff "konzeptuelles Wissen" ist zunächst nur eine Wortschöpfung, die sich auf jedes Programmsystem anwenden läßt, um einen bestimmten Aspekt desselben noch gänzlich unabhängig von der Art seiner Implementierung benennen zu können. Die Funktionsweise jedes nichttrivialen Programms beruht auf dem konzeptuellen Wissen seines Programmierers, und die Realisierung des Programms ist eine Ausprägung dieses konzeptuellen Wissens.

Im Gegensatz zu fast allen herkömmlichen Softwaresystemen ist aber das dem System D&I zugrundeliegende konzeptuelle Wissen nun nicht etwa im Code eines Programmes fest verdrahtet, vielmehr ist es ebenso wie das Sachwissen in Form von Objekten der Wissensbasis repräsentiert. Zum Zweck der Unterscheidung von den "gewöhnlichen" Objekten der Wissensbasis werden wir die Objekte, die das konzeptuelle Wissen repräsentieren, als *Konzepte* bezeichnen. Abbildung IX-4 zeigt, wie solche Konzepte in der Wissensbasis des Systems D&I dargestellt sind.

Wir haben im Beispiel der Verarbeitung des Personenberichts bereits einige Konzepte kennengelernt, ohne daß wir sie schon als solche bezeichnet haben. Einige davon sollen hier nochmals genannt werden, wobei jedes der aufgeführten Konzepte stellvertretend für eine ganze Gattung von Konzepten steht. Im Beispiel traten in Erscheinung: das *Skript*

"Personenbericht", der *Typ* PERSON, die *Aspekte* PRIVAT und BERUF sowie das *Merkmal* "Tätigkeiten:".

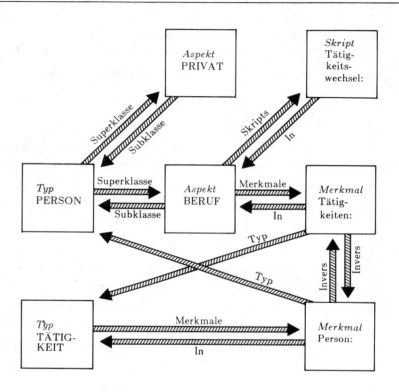

Abbildung IX-4: Konzepte der D&I-Wissensbasis

6.2 Das Metasystem des Systems D&I

Typen, Aspekte, Skripts und Merkmale sind also die grundlegenden Arten von Konzepten, mit deren Hilfe das gebietsspezifische Wissen des Systems D&I dargestellt ist. Gegenwärtig enthält die Wissensbasis des Systems D&I Konzepte aus der Wissenswelt der Computerindustrie, daher läßt sich das System in diesem Fachgebiet einsetzen. Ersetzt man die vorhandenen Konzepte durch solche aus einem anderen Anwendungsgebiet, so ist das System D&I bereit, Zeitungsartikel mit einer neuen Thematik zu verarbeiten.

Der Zugang zum konzeptuellen Wissen des Systems wird ermöglicht durch eine sogenannte *Metakomponente*. Die Metakomponente des Systems D&I stellt eine Benutzerschnittstelle zum Erwerb von konzeptuellem Wissen bereit. Mit Hilfe der Metakomponente ist der Benutzer des Systems imstande, die Konzepte der Wissensbasis zu inspizieren, zu erzeugen und zu modifizieren. Das System kann so in seiner Funktionalität erweitert oder auch auf gänzlich neue Anwendungsgebiete umgestellt werden.

Das System D&I erlaubt also zwei Arten der Benutzung zum Zweck des Wissenserwerbs. Als Anwendungssystem dient es zur Assimilation von Ereignissen und Sachverhalten des Anwendungsgebiets. Als Metasystem unterstützt es die Akkommodation auf veränderte Einsatzgebiete.

6.3 Uniforme Benutzerschnittstelle

Konzepte sind zwar eine besondere Art von Objekten der Wissensbasis, dennoch sind sie im Grunde genauso aufgebaut wie alle anderen Objekte. Das heißt, sie können identifiziert und erzeugt werden, und sie besitzen Merkmale, aus denen sich ihre charakteristischen Eigenschaften ergeben. Daher kann beim Erwerb von Konzepten dieselbe Benutzerschnittstelle Verwendung finden wie beim Erwerb von Sachwissen.

Der Bildschirmaufbau des Metasystems ist derselbe wie der des Anwendersystems (Abbildung IX-5). Das Arbeitsfenster enthält ein Formular, das die Eigenschaften eines Konzeptes darstellt. Das Skriptfenster enthält ein Menü, das auf die Aufgabe abgestimmt ist, das konzeptuelle Wissen in ein Netz von Konzepten abzubilden und in diesem Netz zu navigieren.

Auch im Metasystem ist die Auswahl der gezeigten Formularfelder im Arbeitsfenster und das Angebot der Funktionen im Skriptmenü abhängig vom aktuellen Aspekt. Die Anzahl der erforderlichen Aspekte zur Darstellung der verschiedenen Arten von Konzepten ist beschränkt, da es nur endlich viele Arten von Konzepten im System D&I gibt, nämlich im wesentlichen nur die oben genannten vier Arten: Typen, Aspekte, Skripts und Merkmale. Im Gegensatz zum Anwendersystem, das wegen der sich ständig wandelnden Anforderungen des Benutzers prinzipiell unvollständig ist, ist es so möglich, die Funktionalität des Metasystems auf einen weitgehend vollständigen Standard zu bringen.

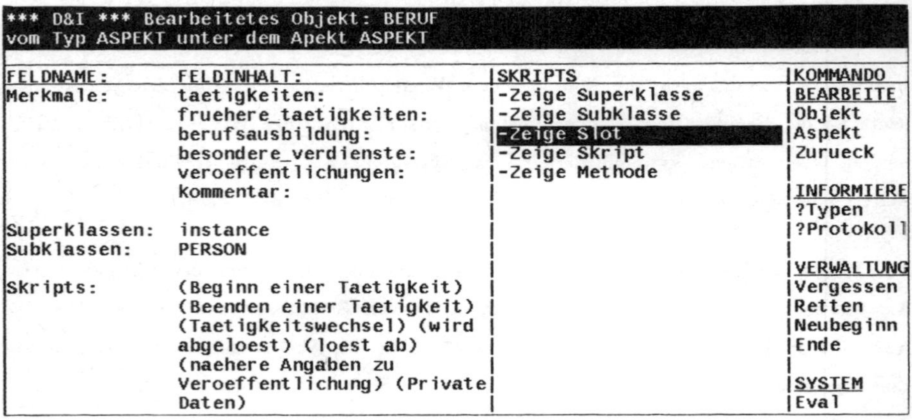

```
*** D&I *** Bearbeitetes Objekt: BERUF
vom Typ ASPEKT unter dem Apekt ASPEKT

FELDNAME:        FELDINHALT:                  |SKRIPTS              |KOMMANDO
Merkmale:        taetigkeiten:                |-Zeige Superklasse   |BEARBEITE
                 fruehere_taetigkeiten:       |-Zeige Subklasse     |Objekt
                 berufsausbildung:            |-Zeige Slot          |Aspekt
                 besondere_verdienste:        |-Zeige Skript        |Zurueck
                 veroeffentlichungen:         |-Zeige Methode       |
                 kommentar:                   |                     |INFORMIERE
                                              |                     |?Typen
Superklassen:    instance                     |                     |?Protokoll
Subklassen:      PERSON                       |                     |
                                              |                     |VERWALTUNG
Skripts:         (Beginn einer Taetigkeit)    |                     |Vergessen
                 (Beenden einer Taetigkeit)   |                     |Retten
                 (Taetigkeitswechsel) (wird   |                     |Neubeginn
                 abgeloest) (loest ab)        |                     |Ende
                 (naehere Angaben zu          |                     |
                 Veroeffentlichung) (Private  |                     |SYSTEM
                 Daten)                       |                     |Eval
```

Abbildung IX-5: Benutzerschnittstelle des Metasystems

6.4 Typen enthalten schematisches Wissen

Welche Art von Sachwissen in der Wissensbasis des Systems D&I dargestellt werden kann, ist zunächst einmal davon abhängig, welche *Typen* von Objekten existieren. Weil in der Wissensbasis der Typ PERSON existiert, ist es möglich, die Eigenschaften einer Person, zum Beispiel die der Person Durst__Benno, in der Wissensbasis darzustellen.

Im Typ PERSON liegt also das Wissen darüber, welche Merkmale eine konkrete Person tragen kann. Ein solches Merkmal ist beispielsweise der "Vorname:" der Person; das Merkmal "Organisationsform:" hingegen läßt sich nicht auf Personen anwenden, es ist dem Typ FIRMA und nicht dem Typ PERSON zugeordnet. Der Typ eines Objektes ist also ausschlaggebend dafür, nach welchem *Schema* das Objekt aufgebaut ist.

6.5 Typen sind mit Hilfe von Aspekten aufgebaut

Solche Schemata sind häufig sehr umfangreich und komplex. Daher sind die Typen im System D&I keine elementaren Objekte, sondern sind mit Hilfe anderer Konzepte aufgebaut. Die Bausteine zur Konstruktion von Typen sind die *Aspekte*. Wenn wir also mit dem System D&I beispielsweise den Typ PERSON inspizieren, sehen wir im Arbeitsfenster unter der Benennung "Superklassen:" eine Auflistung der Aspekte, aus denen der

Typ PERSON gebildet ist, in diesem Fall die beiden Namen PRIVAT und BERUF für die beiden Aspekte einer Person.[9]

Wenn wir auch noch die Verwandtschaftsbeziehungen von Personen darstellen wollten (was das System derzeit nicht tut), müßten wir in der Liste einen weiteren Aspekt, sagen wir VERWANDTSCHAFT, eintragen. Das System würde versuchen, diesen Aspekt zu identifizieren, und da er noch nicht existiert, würde es einen solchen Aspekt in der Wissensbasis erzeugen. Mit Hilfe des Navigationsskripts "Zeige Superklasse" könnten wir uns dann diesen Aspekt auf dem Bildschirm zeigen lassen.

6.6 In den Aspekten sind Merkmale festgelegt

In den Aspekten sind die Merkmale festgelegt, die bei der Betrachtung eines Objekts unter diesem Aspekt von Bedeutung sind. Als wir die Person Durst_Benno unter dem Aspekt BERUF betrachteten, war im Arbeitsfenster ein Formularfeld mit der Bezeichnung "Tätigkeiten:" vorgesehen. Daß dies so war, liegt in den Eigenschaften des Aspekts BERUF. Eine wesentliche Funktion der Aspekte ist es also, daß sie als *Filter* für die Darstellung von Objekten dienen.

Lassen wir uns den Aspekt BERUF vom System D&I zeigen (Abbildung IX-5). Das Formularfenster zeigt uns vier Felder, von denen für uns im Moment nur dasjenige von Interesse ist, das die Benennung "Merkmale:" trägt. Dieses Feld enthält die Liste aller Merkmale, die zur Charakterisierung der beruflichen Betätigung einer Person erforderlich sind, unter anderem die Merkmale "Tätigkeiten:", "Frühere Tätigkeiten:" und "Berufsausbildung:".

Ebenso können wir für den oben eingeführten Aspekt VERWANDTSCHAFT die erforderlichen Merkmale spezifizieren. Wir brauchen dort nur im Formularfeld "Merkmale:" die entsprechenden Benennungen, beispielsweise "Eltern:", "Kinder:" und "Ehegatte:" einzutragen, und das Metasystem sieht diese zusätzlichen Merkmale für alle vorhandenen und künftigen Objekte vom Typ PERSON vor.

---

[9]Typen und Aspekte sind realisiert in Form von ObjTalk-Klassen. Wie in Kapitel III beschrieben, bilden diese Klassen eine Hierarchie. In dieser Hierarchie sind die Aspekte BERUF und PRIVAT Superklassen von PERSON. Daher "ererbt" PERSON alle in den Aspekten BERUF und PRIVAT definierten Merkmale. Durst_Benno ist eine *Instanz* von PERSON und ist gekennzeichnet durch die Ausprägungen dieser Merkmale in Form von Merkmalswerten.

6.7 Aus Merkmalen leiten sich Inferenzen ab

Wenn wir ein Merkmal betrachten, müssen wir unterscheiden zwischen dem *Merkmal* selbst als abstraktem Begriff und seinen konkreten Ausprägungen, also den *Merkmalswerten*, die sich in den einzelnen Objekten manifestieren. Ein Merkmalswert, beispielsweise der Merkmalswert "Leiter des Werks für Medizinelektronik", ist Bestandteil eines konkreten Objektes der Wissensbasis (hier Durst_Benno). Ein Merkmal (hier das Merkmal "Tätigkeiten:" des Aspekts BERUF) ist definierender Bestandteil eines abstrakten Konzepts (hier des Typs PERSON) und selbst wiederum ein Konzept.

Am Beispiel des oben angeführten Merkmals "Ehegatte:" des Aspekts VERWANDTSCHAFT des Typs PERSON soll gezeigt werden, wie konzeptuelles Wissen spezifiziert werden kann, das an Merkmale gebunden ist. Mit Hilfe des Navigationsskripts "Zeige Merkmal" gelangen wir von der Bildschirmdarstellung des Aspekts VERWANDTSCHAFT zu der des Merkmals "Ehegatte:". Im Arbeitsfenster müssen wir zwei Formularfelder ausfüllen, das mit der Benennung "Typ:" und das mit der Benennung "Invers:". Weitere Formularfelder sind in diesem Fall nicht von Belang und brauchen nicht ausgefüllt werden oder sind bereits vom System mit Standardwerten vorbelegt worden (siehe Abbildung IX-6).

```
*** D&I *** Bearbeitetes Objekt: Ehegatte:
vom Typ MERKMAL unter dem Aspekt MERKMAL

|FELDNAME:    |FELDINHALT:          |SKRIPTS              |KOMMANDO
|Name:        |Ehegatte:            |-Zugehoeriger Aspekt |BEARBEITE
|Typ:         |PERSON               |-Editiere Funktion   |Objekt
|Format:      |Einzelwert           |                     |Aspekt
|Invers:      |Ehegatte:            |                     |Zurueck
|In-Aspekt:   |VERWANDTSCHAFT       |                     |
|             |                     |                     |INFORMIERE
|Feldhoehe:   |1                    |                     |?Typen
|Syntax:      |                     |                     |?Protokoll
|Hilfe:       |                     |                     |
|Argumente:   |                     |                     |VERWALTUNG
|If-Filled:   |<function(eingabe)>  |                     |Vergessen
|If-Printed:  |<function(wert)>     |                     |Retten
|             |                     |                     |Neubeginn
|If-Needed:   |<function()>         |                     |Ende
|If-Added:    |<function(element)>  |                     |
|If-Removed:  |<function(element)>  |                     |SYSTEM
|Llink:       |<function(element)>  |                     |Eval
```

Abbildung IX-6: Definition eines Merkmals

Als "Typ:" tragen wir "PERSON" ein, da als Wert des Merkmals "Ehegatte:" nur ein Objekt vom Typ PERSON sinnvoll ist. Dies hat Auswirkungen auf die Dialoggestaltung beim Editieren des betreffenden Merkmalswerts als Formularfeld des Arbeitsfensters. Die Hilfekomponente des Systems D&I kann aus einer solchen Angabe Eingabemuster, Eingabevorschläge und Erklärungstexte generieren. Des weiteren steuert die Angabe des Typs den Identifikationsprozeß nach dem Eintragen eines Ehegatten, weil dann in der Wissensbasis nach einer Person gesucht wird und dort gegebenenfalls eine solche neu angelegt wird.

Wenn die Person x Ehegatte der Person y ist, so gilt auch umgekehrt, daß y Ehegatte von x ist. Das Merkmal "Ehegatte:" ist also zu sich selbst invers. Daher tragen wir im Formularfeld "Invers:" die Bezeichnung "Ehegatte:" ein. Damit haben wir die Semantik des Merkmals festgelegt und befähigen den Digester zur Bildung von Inferenzen. Wenn wir in Zukunft den Ehegatten x einer konkreten Person y angeben, wird das System automatisch auch die Person y als Ehegatten von x eintragen. Ähnlich können wir die Merkmale "Eltern:" und "Kinder:" spezifizieren. Beide nehmen Werte vom Typ PERSON an und stehen in einer Inversbeziehung zueinander.

Es gibt noch eine Reihe weiterer Beschreibungselemente, mit denen die Bedeutung von Merkmalen spezifiziert werden kann, darüber hinaus noch solche, die das Druckbild von Merkmalen bei der Darstellung als Formularfelder beeinflussen. Wesentlich für alle diese Beschreibungselemente ist jedoch, daß sie deskriptives, konzeptuelles Wissen darstellen, aus dem das System D&I für den Benutzer unsichtbares, prozedurales Wissen ableitet, das beim Dialog mit dem System zur Anwendung kommt.

6.8 Skripts gestalten den Dialog

Durch die Anzahl und Zusammenstellung der im Menü angebotenen Skripts ergeben sich die Möglichkeiten, die dem Sachbearbeiter beim Dialog mit dem Anwendersystem zur Verfügung stehen. Der Benutzer kann die Form des Dialogs selbst bestimmen und umgestalten, indem er diese Skripts mit Hilfe des Metasystems definiert und verändert.

Ebenso wie die Merkmale sind auch die Skripts einem Aspekt zugeordnet. Wenn wir den Aspekt BERUF auf dem Bildschirm betrachten, erscheint im Formularfeld "Skripts:" eine Auflistung aller Skripts, die für die Verarbeitung von Ereignissen vorgesehen sind, in deren Zusammenhang eine beruflich tätige Person steht. In diese Liste können weitere Skripts aufgenommen werden, indem die Liste ergänzt wird.

Ein Skript selbst, beispielsweise das Skript "Tätigkeitswechsel", kann wie jedes Konzept auf dem Bildschirm dargestellt und durch das Ausfüllen eines Formulars definiert werden. Zwei Formularfelder haben hierbei zentrale Bedeutung: Das eine enthält eine Liste der "Argumente:", die nach der Auswahl des Skripts im Kopffenster erfragt werden. Das andere enthält die "Aktion:", die nach der Abfrage der Argumente ausgeführt wird.

Das Skript Tätigkeitswechsel besitzt vier solche Argumente: die Bezeichnungen des früheren und des jetzigen Arbeitgebers sowie die frühere und die jetzige Berufsbezeichnung. Die Argumente selbst sind in einer ähnlichen Form repräsentiert wie die oben beschriebenen Merkmale. Dies führt dazu, daß beim Eingeben von Argumenten ähnliche Inferenzen ablaufen können wie beim Ausfüllen von Formularfeldern.

Skriptaktionen sind im System D&I noch mangelhaft repräsentiert. Im Feld "Aktion:" steht in der Regel ein kurzes Stück Programmcode. Sofern es sich um eine Navigationsaktion handelt, was der häufigste Fall ist, ist die Aktion auch einem DV-unkundigen Benutzer verständlich. Soll das Skript aber komplexere Aktionen bewirken, so sind Programmierkenntnisse unumgänglich. Bei der Erprobung des Systems D&I hat sich jedoch gezeigt, daß die wesentlichen Aufgaben der Skripts in der Navigation zu Aspekten und der Identifikation von Objekten bestehen, so daß eine deskriptive Repräsentation von Skriptaktionen in der Zukunft möglich erscheint.

6.9 Metawissen

Die Funktionsweise der Metakomponente des Systems D&I beruht auf *Metawissen*. Auch das Metawissen ist in Form von Konzepten dargestellt. Diese Konzepte bezeichnen wir als *Metakonzepte*. Metakonzepte sind die Konzepte, nach denen Konzepte aufgebaut sind. Einige Namen von Metakonzepten sind bereits gefallen: Es sind dies die Konzepttypen TYP, ASPEKT, MERKMAL und SKRIPT, deren Skripts "Zeige Merkmal", "Zeige Superklasse" sowie deren Merkmale "Superklassen:", "Merkmale:", "Typ:" usw. Abbildung IX-7 zeigt einen Ausschnitt aus dem Netz der Metakonzepte des Systems D&I.

Die Metakomponente des Systems läßt sich daher ebenfalls modifizieren, da sie auf sich selbst angewandt werden kann. Der Erwerb neuen Metawissens unterscheidet sich dabei nicht wesentlich vom Erwerb neuen konzeptuellen Wissens. Das System D&I ist in sich selbst enthalten, wie etwa ein Pascal-Compiler, der selbst in Pascal geschrieben ist.

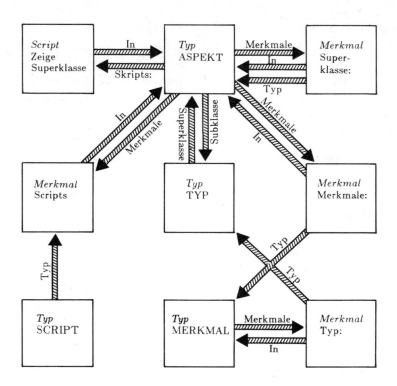

Abbildung IX-7: Metakonzepte der D&I-Wissensbasis

7. Zusammenfassung und Ausblick

Wissensbasierte Systeme ermöglichen die Darstellung konzeptuellen Wissens in einer Wissensbasis. Mit Hilfe eines Metasystems ist es möglich, die Funktionalität eines wissensbasierten Systems zu ändern und zu erweitern. Das Metasystem stellt den Kontakt her zwischen dem Benutzer und den Konzepten der Wissensbasis. Dadurch kann der Benutzer das bestehende System nach seinen Vorstellungen umgestalten. Das Metasystem trägt damit zur Konvivialität des Systems bei.

Die bisher bekannten Metasysteme verfolgen meist das Ziel, konzeptuelles Wissen in Form von Regeln darzustellen. Mit den Regeln wird versucht, die Komplexität herkömmlicher Programmsysteme zu vermeiden, indem das prozedurale Wissen in kleinere, voneinander unabhängige Einheiten, die Regeln, zerlegt wird. Dennoch bleibt das Problem, daß Regeln nur beschreiben können, *wie* ein Problem zu lösen ist, nicht aber *was* die zugrundeliegenden Eigenschaften des Problemraums sind [Davis 82].

Der im System D&I eingeschlagene Weg, das konzeptuelle Wissen deskriptiv in Form von Konzepten darzustellen und aus den Konzepten automatisch prozedurales Wissen abzuleiten, führt weg von der Frage nach dem *Wie*. An die Stelle von Programmiervorgängen tritt der Erwerb konzeptuellen Wissens. Dadurch wird es dem Benutzer möglich, das Verhalten des Systems von Grund auf zu verstehen und zu verändern.

Dennoch zeigt das System D&I eher Ziele auf als Lösungen. Es ist durchaus noch nicht klar, wie sich die Prinzipien des Systems auf gänzlich andere Anwendungsgebiete als das der inhaltlichen Verarbeitung von Zeitungsartikeln übertragen lassen. Sicher ist jedoch, daß ein ungehinderter und natürlicher Zugang zu dem Wissen, das die Arbeitsweise eines Computersystems steuert, dem Benutzer des Systems ein tieferes Verständnis und eine höhere Kontrollierbarkeit der Vorgänge ermöglicht, die er bei der Arbeit mit dem System auslöst. Fortschritte auf dem Gebiet der Darstellung und des Erwerbs von Wissen bei computerunterstützten Prozessen der Problemlösung sind daher zugleich auch Fortschritte auf dem Weg zu benutzergerechten Computersystemen.

X

Computerunterstützte Planungsprozesse

Dieter Maier

Planungsprobleme sind in den verschiedensten Bereichen menschlichen Lebens anzutreffen. Das Spektrum reicht von persönlichen Plänen für den Tagesablauf über langfristige Planungen, wie die Planung der beruflichen Entwicklung, zu Planungen mit vielen Beteiligten in Institutionen. Planungen unterscheiden sich dabei in verschiedenen Dimensionen. So hat die Zahl der involvierten Personen, der Zeitraum der Planung, die Planungsumgebung, die zu erreichenden Ziele und die möglichen Aktionen Einfluß auf die Art der Planung.

Zur Unterstützung von komplexen Planungsprozessen bietet sich der Einsatz von Computern an. Im Gegensatz zu vielen anderen Computeranwendungen eignen sich Planungsaufgaben in offenen Problembereichen jedoch nicht für eine vollständige Automatisierung. Für gute Planungsergebnisse ist das Zusammenwirken von Mensch und Computer wesentlich. Der menschliche Partner muß dabei seine besonderen Fähigkeiten wie seine Kreativität, seine Einschätzung von unsicheren Informationen und seine Gewichtung von Zielen in Konfliktsituationen in den Planungsprozeß einbringen können. Der Computer übernimmt Funktionen wie das Erschließen von ableitbaren Informationen und das Erkennen von Konflikten. Das Ziel des Zusammenwirkens zwischen Mensch und Computer ist eine "symbiotische" Zusammenarbeit, bei der menschliche Schwächen kompensiert und menschliche Stärken zur Entfaltung gebracht werden.

In diesem Kapitel werden die Themen Planung und Planungsunterstützung behandelt. Konzepte wie hierarchisches Planen, Interaktion von Planungszielen sowie allgemeine Planungsstrategien werden erörtert. Einige Aspekte computerunterstützter Planungsprozesse werden an Hand von PLANER veranschaulicht. PLANER [Maier 83] ist ein innerhalb des Projekts Inform entwickeltes System, das Informatikstudenten bei der Planung ihres zweiten Studienabschnitts unterstützt.

1. Charakterisierung von Planungen

Umgangsprachlich versteht man unter Planen das Festlegen von Schritten um bestimmte Ziele zu erreichen. Das Ergebnis des Planens, der Plan, ist eine Liste von Aktionen, deren Ausführung den gegenwärtigen Zustand in Richtung der Ziele verändert. Ein Plan kann dabei eine ungeordnete Aufzählung von Einzelaktionen sein. Meist jedoch bestehen Abhängigkeiten zwischen einzelnen Schritten, so daß eine bestimmte zeitliche Abfolge festgelegt ist.

Menschliche Planer verfolgen meist mehrere Ziele gleichzeitig. Sie versuchen deshalb mit einem Plan möglichst viele ihrer Ziele zu erreichen. Die verschiedenen angestrebten Ziele sind dabei von unterschiedlicher Wichtigkeit. Verschiedene Ziele können zu nicht auflösbaren Konflikten führen, so daß die Aufgabe oder Abschwächung von Zielen notwendig wird. Zur Abschwächung oder Aufgabe kommen besonders Ziele mit geringerer Bedeutung in Betracht.

Planungen mit mehreren Beteiligten erfordern Koordination und Abstimmung der Ziele. Ein besonderer Fall sind Planungen, in denen Konkurrenten gegensätzliche Ziele verfolgen. Hier muß der Planende seine Pläne gegen Störungen der Konkurrenten sichern und gleichzeitig versuchen, diese am Erreichen ihrer Ziele zu hindern.

Beispiele für Planungen im persönlichen Bereich sind Planung der beruflichen Laufbahn, Urlaubsplanung, Planen von Wohnungs- und Kücheneinrichtung, Einkaufsplanung oder Zeit- und Terminplanung. Produktionsplanung in Fertigungsbetrieben, Kapazitätsplanung und Finanzplanung sind typische Aufgabenstellungen für Planungen in Institutionen.

Eine gemeinsame Eigenschaft der meisten Planungsaufgaben sind die großen Freiheitsgrade zur Erledigung der Aufgaben. Für eine Aufgabe gibt es viele mögliche Lösungen. Dabei ist oft nicht zu entscheiden, welches die "optimale" Lösung ist. Eine "zufriedenstellende" Lösung, die möglichst viele der wichtigen Ziele erfüllt, ist ausreichend. Der Freiraum für Entscheidungen eines Planers ist daher groß.

1.1 Problemdekomposition und Interaktion zwischen Teilproblemen

Ein wichtiger Schritt bei der Bearbeitung von Planungsaufgaben ist die Zerlegung einer Aufgabe in Teilaufgaben. Voraussetzung für eine Aufteilung ist, daß einzelne Teile unabhängig bearbeitet werden können und jedes Teil isoliert einfacher zu bearbeiten ist als das ursprüngliche Problem. In Abbildung X-1 ist am Beispiel eines geplanten Tagesausflugs mit dem Pkw die Aufspaltung von Plänen in Teilpläne aufgezeigt.

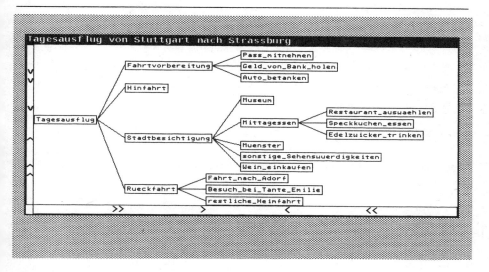

Abbildung X-1: Gliederung eines Plans in Teilpläne

Für die meisten realen Probleme und Planungsaufgaben gibt es jedoch keine Aufteilung in völlig unabhängige Teile. Die Beziehungen zwischen den verschiedenen Teilen sind zwar schwach, aber nicht vernachlässigbar. Simon prägte für diesen Sachverhalt den Begriff *"nearly decomposable system"* [Simon 81]. Eine gute Zerteilung eines Problems in Teilprobleme zeichnet sich dadurch aus, daß es starke Beziehungen innerhalb der Teilprobleme und nur schwache Beziehungen zwischen verschiedenen Teilproblemen gibt. Zur Veranschaulichung ein Beispiel: Beim Entwurf eines Autos kann Karosserie und Motor voneinander unabhängig entwickelt werden. Zwischen Motorteilen untereinander gibt es mehr und stärkere Abhängigkeiten als zwischen Motor- und Karosserieteilen. Dennoch bestehen Abhängigkeiten zwischen Motor- und Karosserieentwicklung: Der Motor hat einen bestimmten Platzbedarf, der in der Karosserie vorzusehen, und seine Lage ist durch Antriebsachse und Getriebe bestimmten Einschränkungen unterworfen.

Der Formulierung von Beziehungen und Abhängigkeiten Teilen kommt bei der Zerteilung von Problemen, die sich nicht in vollständig unabhängig bearbeitbare Teilprobleme zerlegen lassen, eine zentrale Bedeutung zu. Eine Möglichkeit, Abhängigkeiten zwischen Teilproblemen zu beschreiben, stellen *Constraints* dar. Sie dienen zum Austausch von Informationen zwischen den Teilproblemen. Die Lösungen der Teilprobleme müssen diesen Constraints genügen, damit sie in ihrer Gesamtheit das ursprüngliche Problem lösen. An einem einfachen Beispiel läßt sich dies veranschaulichen (aus [Rich 83]): In einem Verein werden geeignete Kandidaten für den Posten des Vorsitzenden und den des Kassenwarts gesucht. Dabei möchte man nicht jedes mögliche Paar von Kandidaten einzeln betrachten. Die Teilziele sind:

Person x als Vorsitzender, Person y als Kassenwart.

Diese Teilziele sind nicht unabhängig, folgende Constraints gelten:

Person x und Person y müssen verschieden sein,
Person x muß bereit sein mit Person y zusammenzuarbeiten und
Person y muß bereit sein mit Person x zusammenzuarbeiten.

Der Planungsprozeß kann jetzt unabhängig für beide Teilziele durchgeführt werden. Dabei können weitere Constraints formuliert werden. Die Menge der Constraints, die Person x enthalten, stellt eine teilweise Beschreibung des Kandidaten für das Amt des Vorsitzenden dar.

1.2 Hierarchisches Planen

In Planungssituationen wird ein Planer mit einer Vielzahl von Alternativen konfrontiert. Ihre Kombination wird schnell unüberschaubar. *Hierarchisches Planen* unterscheidet zwischen für den Erfolg eines Planes kritischen Teilen und unwichtigen Einzelheiten. Details eines Problems werden unterdrückt, der Planer konzentriert sich auf die Lösung der für das Gesamtproblem wesentlichen Aspekte. Die so erhaltene Abstraktion stellt ein vereinfachtes Modell des Problems dar. Die Lösung des vereinfachten Problems dient als Orientierung für die Lösung des komplexeren Problems. Der Nutzen der gewählten Abstraktion hängt davon ab, wie gut wesentliche Aspekte dargestellt und unwesentliche Details versteckt werden. Bei einer geeigneten Abstraktion lassen sich anfänglich nicht betrachtete Details in weiteren Verfeinerungen des abstrakten Plans berücksichtigen und führen nicht zum Scheitern des gesamten Planes.

Ein Beispiel für die Funktion verschiedener Abstraktionsebenen bietet die Planung einer Autofahrt von einem bestimmten Punkt in einer Stadt zu einem Punkt in einer anderen Stadt. Auf einer Übersichtskarte kann sich der Planende zuerst einen Überblick über die verschiedenen Alternativen verschaffen und erst dann Details wie Ortsdurchfahrten oder Umgehungen bei den interessantesten Alternativen weiterverfolgen. Landkarten mit unterschiedlichem Maßstab und Detaillierungsgrad, wie Übersichtskarte, Straßenkarte und Stadtplan (Abbildung X-2), unterstützten dabei verschiedene Abstraktionsstufen.

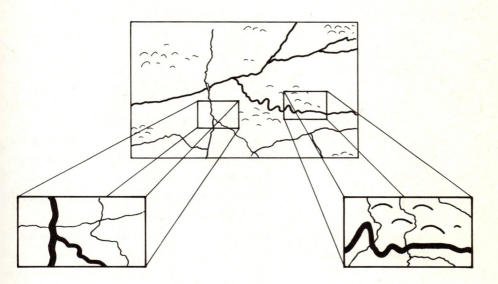

Abbildung X-2: Verschiedene Abstraktionsebenen am Beispiel von Landkarten

1.3 Planungsstrategien

Planer verfolgen verschiedene Strategien und nutzen unterschiedliches Wissen über Planung. Ziele für den Planungsprozeß (Metaziele) steuern das Vorgehen des Planers. Metaziele können z.B. sein:

- Erreiche möglichst viele der wichtigen Ziele.
- Vermeide Zielkonflikte.
- Verschwende keine Ressourcen.

Aus den Zielen für den Planungsprozeß können Planungsstrategien abgeleitet werden. Eine Planungsstrategie, die das Ziel verfolgt, keine Resourcen zu vergeuden, ist das Prinzip der *spätesten Entscheidung*. Entscheidungen während des Planungsprozesses werden dabei zurückgestellt, bis genügend Information gesammelt ist. Sind keine weiteren Entscheidungen durch die vorgegebenen Einschränkungen festgelegt, ist der Planer auf heuristische Verfahren angewiesen. Er kann Entscheidungen und Festlegungen treffen, die möglichst wenig weitere Einschränkungen zur Folge haben, oder sich an Stellen festlegen, an denen nur wenig Alternativen zur Auswahl stehen. Erweisen sich Entscheidungen im weitern Planungsprozeß als falsch, müssen diese und die daraus abgeleiteten Folgerungen zurückgenommen werden.

2. Planungsprozesse in der Psychologie und der Künstlichen Intelligenz

Planungsprozesse sind für Psychologen wie für Forscher in der Künstlichen Intelligenz interessant. Zwei unterschiedliche Zielsetzungen lassen sind dabei unterscheiden. Ein Ansatz geht von der Prämisse aus, daß menschliche Denkvorgänge als informationsverarbeitende Prozesse mit einfachen Grundoperationen verstanden werden können. Menschliches Denken und Planen kann dann durch Computerprogramme simuliert werden. Der andere Ansatz zielt darauf ab, leistungsfähige Planungsprogramme zu entwerfen, unabhängig davon, ob diese bei ihrer Planung ähnliche Mechanismen wie menschliche Planer verwenden. Dieser Ansatz ist dabei typisch für Ingenieurwissenschaften (ein Flugzeug fliegt aufgrund anderer Prinzipien als ein Vogel).

Die Psychologen Miller, Galanter und Pribram untersuchten die Rolle von Plänen in menschlichem Verhalten. Ihre Arbeit zählt zu den wichtigsten auf diesem Gebiet [Miller et al. 60]. In ihrer Definition von Planung betonen sie die hierarchische Struktur von Plänen:

> *"A Plan is any hierarchical process in the organism that can control the order in which a sequence of operations is to be performed."*

Arbeiten von Newell und Simon (1972) beschäftigten sich mit der Modellierung des menschlichen Problemlösens. Ihr Programm GPS (General Problem Solver) verwendet die "Mittel-Zweck-Analyse" als Problemlösestrategie. Dabei werden Operatoren so gewählt, daß die Differenz zwischen augenblicklichem Zustand und Zielzustand verringert wird. Ein Plan zur Lösung eines Problems ist gefunden, wenn durch die Anwendung einer Folge von Operatoren das Ziel erreicht werden kann. Anwendungsgebiete des GPS sind isolierte Problemstellungen, wie z.B. das Lösen von Puzzles.

Die Entwicklung von automatischen Planungssystemen zur Steuerung von Roboterbewegungen war ein Schwerpunkt bei den Arbeiten zum Thema Planen innerhalb der Forschung im Bereich der Künstlichen Intelligenz. Systeme wie STRIPS (Fikes), ABSTRIPS und NOAH (Sacerdoti) haben als Anwendungsgebiet das Planen der Aktionen eines Roboters, der bestimmte Objekte manipulieren oder Wege durch verschiedene Räume finden soll. Abstrips ist ein hierarchischer Planer, Noah enthält zusätzlich Mechanismen zum Umgang mit Abhängigkeiten zwischen Teilproblemen. Eine kurze Beschreibung der erwähnten Systeme findet sich im *"Handbook of Artificial Intellligence"* [Barr, Feigenbaum 81].

Carbonells POLITICS Programm [Carbonell 79] modelliert ideologisch orientierte politische Entscheidungsfindungen, bei der mehrere Planer mit gegensätzlichen Zielen die Zielerreichung des Gegners möglichst verhindern wollen.

Stefiks Programm MOLGEN [Stefik 81] plant Gen-Kloning-Experimente in der Molekularbiologie. Es benutzt einen hierarchischen Ansatz und verwendet Constraints zur Repräsentation von Abhängigkeiten.

Wilensky beschäftigt sich mit Planen im Zusammenhang mit Sprachverstehen [Wilensky 83]. Das Verstehen von kurzen Handlungsabläufen aus dem täglichen Leben durch den Computer ist eine der dort beschriebenen Anwendungen, eine andere ist ein Hilfesystem zu den Kommandos von UNIX. Wissen und Mechanismen zur Planung von Hilfe sind die gleichen wie zum Verstehen von Handlungen.

Hayes-Roth [Hayes-Roth et al. 79] beschreibt die der Planung zugrundeliegenden kognitiven Prozesse. Eine von ihm untersuchte Aufgabe ist die Planung von Besorgungen in einer Stadt. Er versteht Planung als einen inkrementellen und opportunistischen Prozeß.

Computerprogramme, die Techniken der Künstlichen Intelligenz zur Planungsunterstützung einsetzen, reichen von Anwendungsgebieten wie Termin- (NUDGE) und Reiseplanung (ODYSSEY) [Fikes 80] über Fertigungsplanung (ISIS) [Fox et al. 83] zu allgemeineren anwendungsunabhängigen Systemen (SIPE) [Wilkins 84].

3. Computereinsatz in Planungsaufgaben

Planungsaufgaben in der realen Welt sind oft sehr komplex. Zusammenhänge und Auswirkungen von Entscheidungen sind für den oder die Planenden nicht vollständig überschaubar. Ein Einsatz von Computern zur Bearbeitung von Planungsaufgaben bietet sich an. Dabei gibt es zwei unterschiedliche Zielvorstellungen: zum einen die Ersetzung und Automatisierung menschlicher Arbeit, zum anderen die Unterstützung menschlicher Arbeit durch den Computer. Im Falle der Ersetzung übernimmt der Computer bisher vom Menschen ausgeführte Arbeiten vollständig. Hat der Computereinsatz Unterstützungsfunktion, verbleiben wichtige Teile der Arbeit, wie zum Beispiel Kontroll- und Entscheidungstätigkeiten, beim Menschen.

3.1 Automatisches Planen

Ein Ansatz für automatische Planung basiert auf heuristischen Verfahren. Sein Ziel ist die Modellierung der Intuition und des Vorgehens von menschlichen Experten eines Gebiets. Er beruht auf Arbeiten der Forschung im Bereich der Künstlichen Intelligenz, besonders auf deren Teilgebiet der Expertensysteme[1]. Als Expertensysteme werden Problemlöseprogramme bezeichnet, die in eng begrenzten Aufgabengebieten die Leistung menschlicher Experten erreichen. Sie zeigen die Möglichkeit der Übertragung menschlicher Problemlösefähigkeiten auf den Computer. Wissen und Fähigkeiten menschlicher Experten werden in Form eines Expertensystems duplizierbar und somit an verschiedenen Stellen gleichzeitig einsetzbar. Ihr Einsatzspektrum umfaßt Diagnose, Interpretation, Vorhersage, Design und Planungsaufgaben. Beispiele für Anwendungen sind die Interpretation von Massenspektrometerdaten zur Bestimmung chemischer Strukturen, die Suche nach Bodenschätzen, die Diagnose von Infektionskrankheiten, das Planen von Experimenten in der Molekulargenetik und das Auffinden von Fehlern in technischen Systemen [Hayes-Roth et al. 83]. Für relativ abgeschlossene Planungsprobleme können Expertensysteme mit entsprechenden Planungfähigkeiten und dem entsprechenden Planungswissen ausgestattet werden, um Aufgaben aus diesen Bereichen zu lösen.

Ein anderer, seit längerer Zeit verfolgter Ansatz bei automatischer Planung beruht auf formalen mathematischen Modellen. Diese Modelle erlauben den Einsatz von Verfahren des Operation Research, wie zum Beispiel Optimierungsverfahren. Ziele, Constraints so-

---

[1] Eine umfassende Erörterung der Expertensysteme findet sich in [Hayes-Roth et al. 83].

wie die Ausgangssituation für eine zu lösende Aufgabe müssen in geeigneter Weise formalisiert werden. Dazu muß das Planungsproblem genau spezifiziert werden können, entscheidende Parameter müssen von vornherein bekannt sein und Zielfunktionen müssen angegeben werden können. Planungsprobleme können dann auf die Lösung von Gleichungssystemen zurückgeführt werden.

Probleme bei automatischer Planung treten in offenen Problembereichen auf. Eine Voraussetzung für automatisches Planen ist, daß das gesamte für die Planung relevante Wissen im Computer repräsentiert ist. In offenen Problembereichen ist die Abgrenzung und Beschreibung aller möglicherweise relevanten Konzepte und Zusammenhänge der Planungsaufgabe beim Entwurf der Planungsysteme nicht möglich. Deshalb können in konkreten Planungssituationen Informationen wichtig werden, deren Bedeutung das Planungsprogramm nicht versteht und die deshalb nicht entsprechend berücksichtigt werden können.

Die Formalisierung von Ziel und Wertvorstellungen für automatische Planungsprogramme ist in vielen Fällen problematisch. Planungsziele sind oft vage und unspezifiziert, teilweise auch widerspüchlich. Ziele sind meist nicht festgeschrieben, sie ändern sich während des Planungsprozesses. Zielkonflikte erfordern die Festlegung von Prioritäten. Die Gewichtung einzelner Ziele kann dabei von der Konfliktsituation abhängig sein.

Ein weiteres Problem stellt die mangelnde Kontrolle über den Planungsproze dar. Die Ergebnisse und Entscheidungsfindungen eines automatischen Planungssystems sind besonders beim Einsatz mathematischer Modelle kaum nachvollziehbar und somit nicht direkt überprüfbar. Findet das Programm keine den Vorgaben genügende Lösung, so ist es schwierig, Gründe für das Scheitern zu erkennen und entsprechend die Vorgaben für einen neuen Versuch abzuändern. Automatischen Planungsverfahren kann man keine "Ratschläge" zur Beeinflussung von Entscheidungen geben. Bestimmte Zusammenhänge, die bei der Modellbildung nicht bewußt waren, können nicht ohne weiteres ergänzt werden.

3.2 Zusammenarbeit Mensch - Computer

In Anwendungsgebieten mit nur unzureichend formalisierbaren Planungsaufgaben ist eine kooperative Zusammenarbeit zwischen Mensch und Computer sinnvoll. Jeder der Partner bringt dabei seine besonderen Fähigkeiten ein. Zusammen bewältigen Mensch und Computer Aufgaben, die jeder ohne den Partner nicht oder zumindest nicht mit gleicher Effizienz erledigen kann. Ziel der Zusammenarbeit zwischen Mensch und Computer ist dabei die Ergänzung menschlicher Fähigkeiten durch den Computer, die Kompensation menschlicher kognitiver Schwächen und die Entfaltung menschlicher Stärken.

Diese Art des Zusammenwirkens des Systems Mensch und Computer kann als symbiotisches System bezeichnet werden. Der Begriff der symbiotischen Arbeitsteilung wird von Fikes eingeführt[2] und am Beispiel von Aufgabestellungen aus dem Bürobereich erörtert [Fikes, Henderson 80].

Bei einer Aufgabenteilung zwischen Mensch und Computer kommt der Kommunikation zwischen beiden Partnern besondere Bedeutung zu. Sowohl der Computer als auch der menschliche Partner brauchen Wissen über die Aufgabe, den Problembereich, über Problemlösetechniken sowie die eigenen Problemlösefähigkeiten. Außerdem ist Wissen über Kommunikation und den Kommunikationspartner notwendig. Die Kommunikation muß auf die besonderen Fähigkeiten des Menschen abgestimmt sein und das leistungsfähige visuelle System des Menschen einbeziehen. Der zur Kommunikation genutzte Kommunikationskanal sollte möglichst breit sein. In Kapitel II wird in Abschnitt 4 ein diesen Anforderungen Rechnung tragendes Kommunikationsmodell vorgestellt.

3.2.1 Aufgabenteilung

Der Mensch soll bei einer Aufgabenteilung nicht Lückenfüller in einem weitgehend automatisierten System sein. Deshalb sind Kriterien notwendig, anhand derer entschieden werden kann, wie ein an den menschlichen Eigenschaften orientierter Computereinsatz aussehen soll. Allgemeine Kriterien für *menschengerechten* Computersysteme sind in Kapitel II dargestellt. Im Bereich Planung bietet sich folgende Aufgabenteilung an:

Der Computer kann in Planungsprozessen

- große Informationsmengen verwalten, komprimieren und schnellen Zugriff ermöglichen,
- die Komplexität von Informationsstrukturen durch die Generierung verschiedener Sichtweisen reduzieren,
- Konsistenzbedingungen überprüfen und Verletzungen von Constraints auffinden,
- Berechnungen und Ableitungen durchführen,
- Lösungsalternativen generieren.

---

[2] Der Begriff Symbiose wird von Fikes aus der Biologie übertragen, dort werden Systeme mit wechselseitigen Abhängigkeiten zwischen zwei oder mehreren Partnern als symbiotische Systeme bezeichnet.

Der Mensch

- gibt Aufgabenbeschreibung und Ziele vor,
- kontrolliert und steuert den Planungsvorgang,
- ordnet und bewertet nicht formalisiertes Wissens und
- interpretiert und nutzt die Ergebnisse.

3.2.2 Anforderungen an Planungsunterstützungsysteme

Eine am Menschen orientierte Aufgabenteilung stellt hohe Anforderungen an Computersysteme. Folgende Punkte sollten für Computersysteme zur Planungsunterstützung gelten:

- Der gesamte Planungsprozeß mit allen dazu notwendigen Tätigkeiten wird vom Computer unterstützt.
- Eine gemischte Initiative ist möglich, der Anstoß zu bestimmten Aktionen kann sowohl vom Computersystem als auch vom Benutzer ausgehen.
- Der Benutzer kann das Verhalten der Planungskomponente beeinflussen und jederzeit aufgrund von Teilergebnissen eingreifen.
- Eine freie Arbeitsweise des Menschen wird unterstützt, der einfache Wechsel zwischen verschiedenen Kontexten ist möglich.
- Der Computer unterstützt den Umgang mit unvollständiger und unsicherer Information.
- Er unterstützt versuchsweise Entscheidungen und erlaubt das Entwickeln verschiedener Planungsalternativen.
- Der Computer kann Erklärungen und Begründungen liefern und kann seinen Wissensstand auf eine dem menschlichen Benutzer angemessenen Weise darstellen.
- Er ermöglicht "Was-wäre-wenn-Fragen" durch die Simulation von Plänen.

Um diese Anforderungen erfüllen zu können, muß das Wissen des Planungsprogramms explizit dargestellt sein. Sind Pläne, Strategien, Konzepte, Fakten und Annahmen in einem Planungsprogramms explizit repräsentiert, kann sie der Benutzer ansehen und gegebenenfalls verändern. Explizit repräsentiertes Wissen ist auf vielfältige Arten nutzbar. Es kann zur Ausführung der Planungsaufgabe und zur Erklärung von Zusammenhängen verwendet werden und ist durch Metasysteme[3] manipulierbar.

---

[3] In Kapitel IX wird der Zusammenhang zwischen Änderbarkeit und expliziter Repräsentation ausführlich dargestellt.

4. PLANER - ein System zur computerunterstützten Studienplanung

PLANER [Maier 83] wurde als prototypisches System in FranzLisp auf einer VAX 11/780 implementiert. Die Wissensrepräsentation von PLANER basiert auf ObjTalk[4]. Um Erfahrungen mit dem Einsatz von Farbe und Graphik zur Verbesserung der Mensch-Computer-Kommunikation zu sammeln, wurde ein Farbgraphikterminal mit angeschlossenem Graphiktablett gewählt.

Der Problembereich von PLANER ist die Planung des zweiten Studienabschnittes des Informatikstudiums. Die Auswahl des Problembereichs Studienplanung hat mehrere Gründe:

- Wir haben auf dem Gebiet der Studienplanung eigene Expertise.
- Das Problem ist ausreichend komplex, so daß computerunterstützter Planungsprozesse untersucht werden können.
- Eine empirische Evaluation mit Studenten unseres Instituts ist möglich.

4.1 Beschreibung der Aufgabe

Jeder Informatikstudent muß sich in seinem zweiten Studienabschnitt für einen von fünf angebotenen Schwerpunkten entscheiden. Der gewählte Schwerpunkt legt Rahmenbedingungen für die zu hörenden Vorlesungen fest. Außerdem muß jeder Informatikstudent ein Nebenfach aus einem Anwendungsgebiet der Informatik wählen und darin bestimmte Leistungen erbringen.

Zur Analyse der Studienplanung wurde eine Fragebogenaktion unter Studenten des zweiten Studienabschnitts durchgeführt. Die Auswertung ergab ein Bild der unterschiedlichen Ziele der Studenten, ihrer Strategien und der von ihnen verwendeten Informationsquellen. Weitere Gespräche mit Studenten und einem Studienberater zeigten typische Probleme der Studienplanung und Hilfen zu deren Überwindung. Einige der genannten Strategien zur Studienplanung waren:

- Die Festlegung auf einen der fünf Studienschwerpunkte wird so lange wie möglich aufgeschoben.

---

[4] Siehe Kapitel III.

- Kern- und Pflichtvorlesungen werden in der Regel in den Stundenplan aufgenommen.
- Vorlesungen, die für mehrere Schwerpunkte anrechenbar oder Voraussetzung für Vorlesungen in nachfolgenden Semestern sind werden bevorzugt.
- Einzelprüfungen von Vorlesungen, die im Anschluß an die Vorlesung abgelegt werden müssen, werden gleichmäßig auf die Semester 5 bis 7 verteilt.

4.2 Unterstützung durch PLANER

Bei der Studienplanung sind verschiedene Stufen der Computerunterstützung denkbar. Das Spektrum reicht von einem Angebot der Informationen aus Studienplan und Vorlesungsverzeichnis durch den Computer zu einem System, das die Rolle eines menschlichen Studienberaters einnimmt.

Für den menschlichen Planer sind bestimmte Aufgaben mit gedruckten Unterlagen umständlich zu erledigen. Ein Zugriff auf Informationen, der nicht durch Ordnungsschemata unterstützt wird, führt schnell zu einer langwierigen Suche. Ein Beispiel dafür ist das Auffinden eines Names in einem Telefonbuch bei gegebener Telefonnummer. Bei der Studienplanung treten solche Suchprobleme auf, wenn die Vorlesungen an bestimmten Tagen, von bestimmten Dozenten oder in bestimmten Schwerpunkten gesucht werden. Aufgaben dieser Art können durch den Computer einfach und wirkungsvoll unterstützt werden.

Ein menschlicher Studienberater hat, über die in Vorlesungsverzeichnis, Studienplan und Studienführer enthaltenen Informationen hinaus, Wissen über allgemeine Ziele und Strategien für die Studienplanung. Er kennt verschiedene Alternativen und kann Konsequenzen von Entscheidungen aufzeigen. Dieses Wissen über Ziele, Strategien und Abhängigkeiten muß in einem Computerprogramm modelliert werden, wenn der Computer ähnlich wie ein menschlicher Studienberater Unterstützung bieten soll.

Eine individuelle Beratung ist nur möglich, wenn der Beratende Wissen über den zu Beratenden hat bzw. erfragen kann. Die Zielvorstellungen des Studenten, dessen bisheriger Studienverlauf, seine Vorlieben und Abneigungen beeinflussen die Hilfe des Studienberaters. Ein Computerprogramm muß, um individuelle Unterstützung bieten zu können, ein Modell des Benutzers aufbauen.

Ein wichtiger Gesichtspunkt bei der Unterstützung von Planungsaufgaben ist, daß alle zur Planung notwendigen Arbeiten mit dem Computer möglich sind. Dies betrifft auch die Erstellung und Ablage von Notizen, Bemerkungen und Skizzen, die keine für das

Computerprogramm interpretierbare Form haben. Der Planende ist sonst auf zusätzliche Hilfsmittel wie Papier und Schreibstift angewiesen, und seine Arbeit wird durch das Übertragen von Informationen zwischen Papier und Computer erschwert.

4.3 Bedeutung der Benutzerschnittstelle

Der Benutzerschnittstelle[5] kommt bei unterstützenden Systemen besondere Bedeutung zu. Gesichtspunkte bei der Gestaltung der Benutzerschnittstelle von PLANER waren:

- Der Benutzer arbeitet nicht täglich mit dem System.
- Die für den Benutzer sichtbare Komplexität soll reduziert werden.
- Alle Reaktionen des Systems sollen visualisiert werden.
- Die Direkte Manipulation von Objekten wird einer symbolischen Manipulation vorgezogen.

Zur Gestaltung der Benutzerschnittstelle wurden Menüs und Formulartechniken eingesetzt. Farbe und räumliche Anordnung unterstützen die Dialogführung.

4.3.1 Hierarchische Menüs und Formulare

PLANER verwendet hierarchische, kontextsensitive Menüs[6], die an festgelegter Stelle auf dem Bildschirm erscheinen. Der Benutzer bekommt nur Kommandos angeboten, die im jeweiligen Systemzustand sinnvoll sind. Beim Abstieg in der Menühierarchie überlagert jedes nachfolgende Menü das vorhergehende, so daß nur noch die Kopfzeile frei bleibt. So bleibt der Pfad sichtbar, und der Benutzer wird davor bewahrt, in der Hierarchie verloren zu gehen (siehe Abbildung X-5).

Zur Datenein- und Ausgabe benutzt PLANER Formulare. Für die Gestaltung der Benutzerschnittstelle und der formularorientierten Ein- und Ausgabe wird das innerhalb des Projektes Inform entwickelte Formularsystem DYNAFORM [Herczeg 83] verwendet. Alle von PLANER verwendeten Formulare können vom Benutzern durch DYNAFORM modifiziert und an seine Bedürfnissen angepaßt werden. Die Zuordnung zwischen Formularfeldern und Inhalten der Datenbasis geschieht deklarativ bei der Beschreibung der Formulare.

---

[5] Allgemeine Aspekte von Benutzerschnittstellen werden in Kapitel IV ausführlich behandelt.

[6] Siehe auch Kapitel V.

4.3.2 Direkte Manipulation eines Stundenplans

Bei der Semesterplanung mit Papier und Bleistift stellt der Stundenplan in seiner graphischen Repräsentation ein wichtiges Hilfsmittel für die Planung dar. Er ermöglicht eine übersichtliche Darstellung von Vorlesungsterminen. PLANER verwendet diese graphische Repräsentation zur Visualisierung der Semesterplanung.

Neben der Funktion der kognitiv effizenten Ausgabe können graphische Elemente die Eingabe des Benutzers unterstützen. Eine Auswahl geschieht durch Zeigen auf die entsprechenden Objekte (z.B. auf auszuwählende Vorlesungen) und nicht durch Eintippen eines Namens.[7]

4.3.3 Ikonische Definition von Prädikaten

Wichtige Konzepte für die Planung eines Stundenplans sind Zeitpunkte und Zeiträume. Der planende Student möchte im Dialog mit dem Computer diese Konzepte verwenden. Mögliche Äusserungen eines Benutzers können sein:

- Zeige mir alle Vorlesungen die Dienstag oder Mittwoch vormittag stattfinden.
- Ich möchte am Montag morgen und am Freitag nachmittag keine Vorlesung hören.

Die Beschreibung von Zeiträumen in Form von logischen Prädikaten ist für naive Benutzer umständlich und ungewohnt. Probleme bereitet der umgangssprachliche Gebrauch von *und* und *oder*, der nicht eindeutig auf die entsprechenden logischen Konzepte zurückgeführt werden kann. Eine graphische Definition von Zeitprädikaten ist anschaulicher und erfordert vom Benutzer weniger Abstraktionsvermögen als eine symbolische Darstellung. PLANER erlaubt die Definition von Zeitprädikate durch direktes Zeigen auf den Stundenplan (siehe Abbildung X-3).

4.3.4 Verwendung von Filtern

Filter können dazu eingesetzt werden, um aus komplexen Informationsstrukturen Ansichten mit reduzierter Komplexität zu erzeugen. Ein Benutzer kann durch die Verwendung entsprechender Filter aus Informationsstrukturen, die ihn gerade interessierenden Teile ansehen, ohne dabei mit einer Fülle von unerwünschten Informationen überhäuft zu werden.

---

[7] Grundlegende Überlegungen zu Visualisierungtechniken und direkter Manipulation finden sich in Kapitel VII.

```
┌─────────────────────────────────────────────────────────┐
│ FUNCTION   eintragen   select from menu  help  undo  done │   planer
│                                                           │   stdplan
│         mo      di      mi      do      fr                │   definiere
│   7:00                                                    │   def zeiten
│   8:00          zufrueh                                   │   neu
│   9:00                                                    │
│  10:00                                                    │   eintragen
│  11:00                                                    │   austragen
│  12:00                                                    │
│  13:00                                                    │
│  14:00                                                    │
│  15:00                                                    │
│  16:00                                                    │
│  17:00                                                    │
│  18:00                                                    │
└─────────────────────────────────────────────────────────┘
```

Abbildung X-3: Definition des Zeitbegriffs "zu_frueh" durch einen Benutzer

---

PLANER verwendet Filter z.B. zur Darstellung eines Stundenplans. Zur Übersicht reicht in der graphischen Darstellung meist der Vorlesungsname. Andere mit den Vorlesungen assoziierte Informationen, wie Dozent, Art der Vorlesung, Inhalt usw., können durch Anwendung verschiedener Filter gezeigt werden. Abbildung X-4 zeigt einen Stundenplan unter dem Filter "Dozenten".

4.4 Vorschlag eines Stundenplans durch PLANER

In komplexen Design und Planungsproblemen eignen sich vorgegebene Teillösungen als Ausgangsbasis für neue Entwürfe. Eine unzureichende Planungsalternative zu kritisieren und zu verbessern ist leichter, als eine völlig neue zu entwickeln und dabei die Auswirkungen bestimmter Entscheidungen vorherzusehen.

PLANER erstellt auf Wunsch einen Stundenplanvorschlag für das jeweils nächste Semesters (siehe Abbildung X-5). Dabei berücksichtigt PLANER benutzerspezifische Informationen (auch aus früheren Dialogen) wie bereits gehörte Vorlesungen des Studenten, bestimmte Einschränkungen durch den Studenten (z.B. keine Vorlesungen vor neun Uhr morgens) sowie eine gegebenenfalls erfolgte Festlegung von Schwerpunkt und Nebenfach. Die Vorschlagsstrategie unterstützt eine hierarchische Planung (siehe Abschnitt 1.2). Für

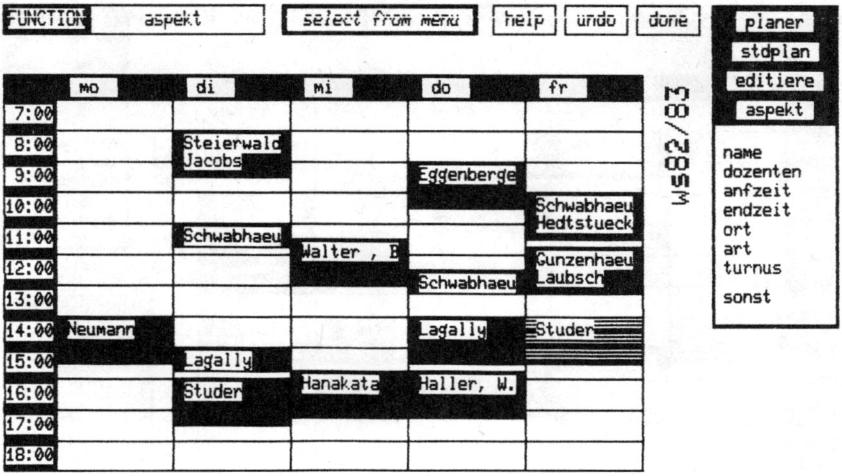

Abbildung X-4: Stundenplan unter dem Filter "Dozenten"

die Planung wesentliche Entscheidungen, wie z.B. das Nachholen versäumter Pflichtvorlesungen, werden zuerst getroffen. Die Festlegung wichtiger Entscheidungen verringert die Zahl der verbleibenden Alternativen.

Der Vorschlag wird inkrementell aufgebaut und kann zu jedem Zeitpunkt durch den Benutzer modifiziert werden. Mißfällt dem Benutzer die Vorschlagsstrategie von PLANER, kann er sie nach seinen Wünschen abändern.

4.5 Einschränkungen bei der Studienplanung

Durch den Studienplan sind bestimmte Einschränkungen (Constraints) für das Studium festgelegt. Für alle Studenten verbindlich sind Kernvorlesungen. Weiterhin ist jedem Schwerpunkt eine Liste der Pflichtvorlesungen, die für Studenten des Schwerpunkts verbindlich sind, und ein Katalog von Wahlpflichtvorlesungen, aus dem eine bestimmte Anzahl von Vorlesungen ausgewählt und belegt werden müssen, zugeordnet. Manche Vorlesungen bauen auf anderen auf und setzen deren Besuch voraus. Weitere Einschränkungen für die Zahl möglicher Stundenplanvarianten ergeben sich aus dem tatsächlichen Angebot an Vorlesungen und dem Turnus ihrer Wiederholung.

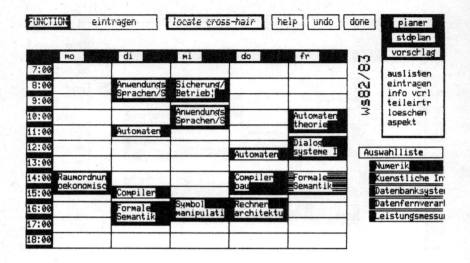

Abbildung X-5: Vorschlag eines Stundenplans

Außer diesen vorgegebenen Constraints möchte der sein Studium planende Student häufig bestimmte persönliche Randbedingungen berücksichtigen. Dies können bestimmte zeitliche Einschränkungen sein, zum Beispiel:

- Mittwoch nachmittag ist bereits privat verplant, Vorlesungen zu diesem Termin will der Student auf keinen Fall hören.
- Montag morgen und Freitag nachmittag sollten, wenn irgendwie möglich, von Vorlesungen freigehalten werden.

Sie können sich auf das Verhältnis von Aufwand und Nutzen zum Hören von Vorlesungen beziehen:

- Hohlstunden zwischen Vorlesungen sollen auf ein Minimum reduziert werden, da sie weitgehend nicht nutzbare Zeit darstellen.
- Die Anfahrtswege sollen in einem vernünftigen Verhältnis zu den zu hörenden Vorlesungen stehen.

Randbedingungen können persönliche Vorlieben für Dozenten oder Vorlesungsinhalte betreffen:

- Vorlesungen von Dozent Schrecklich sind zu meiden.
- Vorlesungen über Betriebssysteme sind denen über Formale Sematik vorzuziehen.

Viele der persönlichen Constraints sind nicht für alle Zeit fest. Sie werden während des Planungsprozesses neu formuliert und geändert und teilweise auch wieder verworfen. PLANER unterstützt die Fomulierung von individuellen Constraints für die Planung eines Semesters. Diese individuellen Constraints können untereinander und mit vorgegeben Rahmenbedingungen zu Konflikten führen. Ein Beispiel: Zwischen dem Constraint "alle Kernvorlesungen sind zu hören" und dem Constraint "Montag morgen ausschlafen" kommt es zu einem Konflikt, wenn Montag morgens eine Kernvorlesung stattfindet und diese nicht verlegt werden kann. Beide Constraints können nicht gleichzeitig erfüllt werden, einer dieser Constraints muß gebrochen werden.

Nicht alle Constraints haben für den Benutzer die gleiche Wichtigkeit. Dieses Wissen über die verschiedene Bedeutung von Constraints kann zur Konfliktauflösung benutzt werden. Eine weitere Hilfe zur Konfliktauflösung kann die Stärke der Einschränkung des Lösungsraums durch einen Constraint darstellen. Ein Maß für die Einschränkung ist die Anzahl der möglichen Lösungen, die durch die Einführung eines Constraints verhindert werden. Ein Constraint, der nahezu alle Lösungen verhindert, ist ein Kandidat zur Aufgabe oder Abschwächung.

Wissen dieser Art kann zur automatischen Konfliktauflösung verwendet werden. Reicht das Wissen des Programms nicht zur Konfliktbereinigung, muß der planende Student entscheiden, welchen Constraint er brechen will.

4.6 Bewertung von Designentscheidungen in PLANER

Mit einigen Studenten wurde ein Test der Benutzerschnittstelle von PLANER durchgeführt. Eine Evaluation im realen Einsatz ist wegen teilweise fehlender Funktionalität des Prototyps leider nicht möglich. Interessante Ergebnisse des Tests waren:

- Hierarchische Menüs geben dem Benutzer eine gute Rückkopplung über die ausgewählten Funktionen.
- Die graphische Definition von Zeitprädikaten wird einer symbolischen Definition vorgezogen.

- Der Farbeinsatz in PLANER wurde überwiegend positiv beurteilt und einer einfarbigen Version von PLANER vorgezogen. Diese nutzte allerdings keine Kodierungsmöglichkeiten durch Schattierungen aus.

- Bei der Planung des Stundenplans für ein Semester sind Konflikte einfacher direkt durch den Benutzer aufzulösen als durch vorgegebene Regeln und Gewichtungen. Ein Grund hierfür liegt in der beschränkten Anzahl von möglichen Stundenplänen, bedingt durch Einschränkungen des Studienplans und des Angebots von Vorlesungen.

5. Abschließende Bemerkungen

Computerunterstützte Planung muß die Flexibilität und die Kontrolle des Planers über den Planungsprozeß erhalten. Planungsprogramme müssen deshalb ihre Ergebnisse in einer für den Benutzer nachvollziehbaren Form begründen können. Sie sollen den Planungsprozeß als Ganzes unterstützen und auch die Bearbeitung unvorhergesehener Situationen ermöglichen. Dazu muß das Computerprogramm neben interpretierbaren, formalisierten Informationen auch unstrukturierte, nur vom Menschen verwertbare Informationen verwalten können. In einer symbiotischen Arbeitsteilung kann der Rechner den Anteil der formalisierbaren Routinetätigkeiten übernehmen. Eine weitergehende Delegation von Arbeiten an den Computer besteht darin, statt Einzelaktionen Ziele zu beschreiben, also nicht das *"Wie"*, sondern nur das *"Was"* zu übermitteln.

Wir sind davon überzeugt, daß mit symbiotischen, wissensbasierten Computerprogrammen ein Schritt in Richtung benutzergerechte Computersysteme vollzogen werden kann. Kreativität und Gestalungsspielraum des Menschen in Planungs- und Designaufgaben können erhalten werden.

XI

Computerunterstützte Büroarbeit - ein Erfahrungsbericht

Bettina Oeding

Ja, das ist so eine Sache mit der mechanischen Intelligenz. Frag deinen Computer, was ist besser: eine Uhr, die falsch geht, oder eine, die steht. Er wird sagen: eine die steht. - Weshalb: Weil sie wenigstens zweimal am Tag die Zeit exakt anzeigt, die andere nie. Ich ziehe die falsch gehende vor - nun, ich bin eben ein Mensch. Verstehen Sie, was ich meine?[1]

In diesem Beitrag sollen einige Beobachtungen und Fragen, die bei der computerunterstützten Arbeit einer Sekretärin auftauchen, thematisiert werden. Einiges ist nicht typisch oder zu verallgemeinern für Computerunterstützung im Büro. In den geschilderten Beispielen wird ausschließlich Bezug auf die Arbeitsumgebung im Projekt Inform genommen. Das Messen der Realität an den - zum Teil in den übrigen Kapiteln dieses Buches formulierten - Idealvorstellungen über "Mensch-Computer-Kommunikation" mag manchmal polemisch klingen, soll aber nicht unfair sein: Das ist nur Ausdruck der Erwartung, bei der täglichen Arbeit etwas von dem eingelöst sehen zu wollen, was als Zielvorstellung vom "menschenorientierten" und "benutzergerechten" Computer propagiert wird.

1. Zur Situation

Gegenwärtig sind in der BRD über 2.5 Mio. Angestellte ausschließlich, überwiegend oder teilweise mit Sekretariats- und Schreibtätigkeiten befaßt[2]. Sie produzieren an jedem Ar-

---

[1] Aus dem Kapitel *Mein Computer und ich* aus Old Spacefarer's Handbook, Galactic Edition, zit. nach Heyne Science Fiction Magazin 11, München 1984, S. 86 - im Original 'Bordcomputer' statt 'Computer'.

[2] Die hier genannte Zahl ist entnommen aus: WSI-Informationsdienst zur Humanisierung der Arbeit. Extra-Info Nr. 1, Juli 1982, S. 65; F. Weltz/V. Lullies: Innovation im Büro, Frankfurt - New York 1983, S. 19.

beitstag 20 Mio. Seiten DIN A4. Die jährlichen Kosten dafür betragen über 50 Milliarden DM. 60-80% dieser Kosten sind Personalkosten. Volumen und Kostenstruktur machen Textbe- und -verarbeitung sowie die Sachbearbeitertätigkeiten zum Schwerpunkt der Bürorationalisierung, d.h. der Einsparung von Arbeitskräften im Bürobereich[3]. Stellvertretend für diese Entwicklungsrichtung sei der "data report" der Siemens AG zitiert:

"In vielen Unternehmen stellen Personalkosten im Bürobereich den größten Kostenstock dar. Zur Sicherung der Wettbewerbsfähigkeit muß deshalb das Kostenwachstum im Büro eingedämmt werden. Rund 65% der Kosten verursachen Sachbearbeiter und Assistenzkräfte. Deshalb muß der Sachbearbeiterbereich in Zukunft die Zielgruppe für den Einsatz produktivitätssteigernder Systeme sein."[4]

Das Schlagwort von der Automatisierung der Büroarbeit beschränkt sich meist auf computerunterstützte Textbe- und -verarbeitung[5] und auf die Unterstützung und Abwicklung von Sachbearbeitertätigkeiten mit Hilfe des Computers.

In US-amerikanischen Veröffentlichungen werden vor allem der arbeitsorganisatorischen Einheit "Sekretariat" langfristig Existenzchance und -berechtigung abgesprochen[6]. Mit Hilfe der neuen Bürosysteme soll es den Managern, Spezialisten, Sachbearbeitern etc. möglich sein, ihre Textproduktionen eigenständig durchzuführen und nicht mehr auf Assistenzpersonal (Schreibkräfte, Sekretärinnen) angewiesen zu sein. Diese Aussage ist nur geprägt vom Rationalisierungsziel des Einsparens von Arbeitskräften, nicht von Vorstellungen über menschengerechte Arbeitsabläufe und Arbeitsplätze. Abgesehen von dem hohen Anteil an Routinetätigkeiten, die täglich in einem Büro anfallen und von den Assistenzkräften erledigt werden und die kein Manager je bearbeiten wollen wird - wer sollte den Kaffee kochen?

Die Diskussion über computerunterstützte Bürotätigkeiten wird - zu Recht - beherrscht von der damit einhergehenden Rationalisierung und Arbeitsplatzvernichtung, auch und

---

[3]Vgl. dazu [AK Rationalisierung Bonn 83].

[4]data report 4/84, 19. Jg., H. 4, August 1984, S. 11.

[5]Für die Bedeutung beider Begriffe halte ich mich an die Definition von [Vits 83], der zur Textbearbeitung das Schreiben, Korrigieren und Aufbereiten eines Formats durch einen Editor zählt, zur Textverarbeitung die Behandlung des Text(inhalt)es durch Programme, die Texte analysieren und darauf entsprechend reagieren - z.B. Programme, die aus einem Vorrat von Standardbriefen einen für bestimmte Zwecke oder einen bestimmten Adressaten geeigneten Brief zusammenstellen.

[6]Vgl. dazu die Angaben bei [Reichwald et al. 82].

z.T. besonders im Bereich der Frauenarbeitsplätze[7]. Probleme, die im Hochschulalltag bei der Arbeit einer Forschungsgruppe zu wissensbasierten Systemen (anwendbar in Arbeitszusammenhängen von Sachbearbeitern) kaum eine Rolle spielen - nicht spielen können? Kann man die beiden Bereiche, die Ebene der Arbeitsplatzvernichtung und die der konkreten Arbeit an und mit Computern im Bürobereich, trennen?

2. Fortschritt und Benutzerfreundlichkeit
oder: "Der Computer versteht alles ..."[8]

Wer Zeitungen und Zeitschriften aufschlägt, stellt die Fülle von Anzeigen für Bürocomputer fest. In der Mehrzahl dieser Anzeigen ist u.a. von Fortschritt die Rede. Dieser Trend geht soweit, daß sich die Firma Apple bemüßigt fühlt, in DIN-A1-Anzeigen die Nachfolge von Marx, Engels und Lenin zu reklamieren. Ebenso wird der Computer als Alleskönner angepriesen:

> "Stellen Sie sich vor, auf Ihrem Schreibtisch steht ein einziges Terminal, das Ihnen einfach alles ermöglicht. ... Mit dem Büroinformationssystem ALLES-IN-1 von Digital Equipment haben Sie alles im Griff."[9]

> "Mit dem HP 150 benötigen Sie keinerlei Computerkenntnisse, um schnell sinnvolle Ergebnisse zu erzielen. Noch nie war das Arbeiten mit einem hochleistungsfähigen Personal Computer so leicht ..."[10]

> "Der Personalcomputer wird die Tür zur schöpferischen Phantasie einer sehr großen Zahl von Menschen aufklinken."[11]

Der Wahrheitsgehalt besonders der letzten Aussage blieb mir schwer vorstellbar, bis ich in einer Vortragsankündigung über die "Arbeitswelt von morgen" las, daß zu derselben auch gehöre, daß Arbeitsplatzrechner "miteinander kommunizieren können"[12]. Beim Verknüpfen dieser beiden Aussagen ergibt sich ein Szenario von "kommunizierenden" Rech-

---

[7] Vgl. [Vogelheim 84].

[8] J. Weber in: 'Die Welt', 06.04.1984 - und die Welt versteht nichts.

[9] Anzeige in der "Stuttgarter Zeitung", 18.02.1984.

[10] Ebenda.

[11] J. Diebold, Süddeutsche Zeitung, 02.08.1984.

[12] In einer Vortragsankündigung Dr. H. Balzert, Triumph Adler AG, über "Die Arbeitswelt von morgen", Oktober 1984, Universität Stuttgart.

nern ohne Menschen. Die erproben derzeit - befreit von einem Arbeitsplatz - ihre schöpferische Phantasie. Kommunikation, eine bisher ausschließlich den Menschen vorbehaltene Möglichkeit der Verständigung, wurde durch die Entwicklung der sog. Informations- und Kommunikationstechnologie auf "Kommunikation mit dem Computer" und schließlich auf "Kommunikation zwischen Computern" ausgedehnt ... Was auffällt, ist der teilweise sorglose und unpräzise Umgang mit Begriffen. Welchem Zweck dient er?

Mein Umgang mit dem Computer ist keine Kommunikation wie mit einem Menschen, eher ein Dialog, der (mehr oder weniger) stark formalisiert ist; zwar von Menschen, Programmierern usw. so formalisiert, aber deswegen noch keine Kommunikation vergleichbar der zwischen Menschen. Kein Mensch (!) käme auf die Idee, das morgendliche Ordern eines Straßenbahnfahrscheins aus dem Automaten als "Kommunikation" zu bezeichnen. Einen Bürocomputer mit bestimmten Befehlen zum Formatieren und Ausdrucken eines Textes zu veranlassen: Das soll Kommunikation sein? Der Computer ist mein Arbeitsmittel (Werkzeug? - Denkzeug?).

Benutzerfreundlichkeit - ein Begriff, der seit einiger Zeit und zunehmend Freunde unter Forschern und Geldgebern findet. Eine Zielsetzung des Projekts Inform ist, "benutzerorientierte Computersysteme zu definieren, zu spezifizieren und zu implementieren ... unter den Aspekten kognitive Ergonomie / Software-Ergonomie und Verwirklichung neuer Arbeitsinhalte und Arbeitsabläufe ...". Doch bei den Schreib- und Verwaltungsaufgaben im Büro ist nach wie vor die Anpassung des Menschen an die Maschine gefragt, die Zauberformel für die Zukunft "Anpassung der Maschine an den Menschen" bleibt wohl noch längere Zeit für einige Bereiche nur eine wünschbare Formel.

Nach wie vor ist es für die Textbearbeitung notwendig, als Anfänger/in viele Kommandos zu lernen, um einen Editor (im Projekt Inform ist es der Editor EMACS) benutzen zu können. Es scheint, als sei dies bei neueren Entwicklungen ein wenig anders: Zum Beispiel ist das piktogramm- und menübasierte Textsystem des MACINTOSH auch für einen sog. naiven Benutzer schon nach kurzer Zeit verständlich und benutzbar. Darüber hinaus treten Probleme auf, die ihre Ursache in der Hard- und Softwareumgebung des Projektes haben: Die Verbindung VAX - Bitgraph-Terminals mit verschiedenen Softwaresystemen ermöglicht es zum Beispiel, durch unbeabsichtigtes Tastendrücken vom BISY-Postsystem nach LISP "abzurutschen". LISP-Unkundigen fehlt dann der nötige Befehl, um wieder in den vorherigen Zustand zurückzukehren. Als Anfängerin - und auch später noch - führ(t)en meine fehlerhaften Eingaben oft zu mir unbekannten Systemzuständen bzw. -zusammenbrüchen. Ein benutzerangemessenes System sollte solche Fehler tolerieren bzw. einen für den Benutzer nachvollziehbaren Ausweg weisen können.

In diesem Zusammenhang: Es gehört nicht zu den Zielen des Projekts, sich den Umgang mit dem Computer im Handumdrehen aneignen zu können[13]. Ist dies ein Widerspruch zu dem Ziel, jedem den Umgang mit dem Computer ermöglichen zu wollen, zu dem Ziel der Benutzerfreundlichkeit? Im Prinzip nicht - dem stehen heute nur die Ausbildungs- und Arbeitsverhältnisse entgegen, die den an Computern Beschäftigten eben keine sinnvollen Handlungs- und Entscheidungsspielräume lassen.

Die nächste Stufe der Entwicklung heißt Sprachsysteme, Interaktion mit dem Computer mittels des gesprochenen Worts: Ist das eine erstrebenswerte Weiterentwicklung des sogenannten natürlichsprachlichen Umgangs mit dem Computer? Oder ist es menschenfeindlich zu verlangen, mit einer Maschine, die keine Ironie versteht und kein Augenzwinkern sieht, auch reden zu müssen?

3. Unterstützung und Veränderungen im Tätigkeitsprofil
oder: "Gute Laune im Büro"[14]

Zum Tätigkeitsbereich der Sekretärin gehören verschiedene Aktivitäten, wie z.B. das Führen von Telefonaten, Sichten eingegangener Post, Überbringen/Übermitteln von Informationen/Botschaften, Schreiben von Briefen, allgemeine Zuarbeit für die Mitglieder der Forschungsgruppe (Kopieren, Folien herstellen usw.) u.ä. Die geforderten Service- und Unterstützungsleistungen bedeuten, daß ich an Arbeitsprozessen beteiligt bin, die die Zusammenarbeit mehrerer Personen erfordern. Daraus ergeben sich Anforderungen an die computergestützte Büroumgebung: Notwendigkeit des gemeinsamen Zugriffs auf Informationen und Texte im Computer (wobei Datenschutzaspekte nicht berücksichtigt werden) und Abstimmungsprozesse zwischen mehreren Teilnehmern.

---

[13]"Es ist nicht unbedingt zu fordern, daß die Aneignung im 'Handumdrehen' stattzufinden hat; es kann durchaus erforderlich und akzeptabel sein, daß die meisterhafte Beherrschung ein langandauerndes und überlegtes Umgehen mit solchen Werkzeugen erfordert (für ein Auto muß auch ein Führerschein erworben werden)." Aus [Fischer 84b].

[14]Aus einer Anzeige der Philips Kommunikations Industrie AG, "Stuttgarter Zeitung", 17.10.1984: "Gute Laune im Büro - Philips Textsystem P 5000". Zu sehen ist eine strahlende Sekretärin, ein Terminal und ein Chef im Hintergrund lobt: "Sie sind ein Schatz!"

Ein Beispiel für Pannen bei gemeinsamem Zugriff und gemeinsamer Schreibberechtigung: Ein Wissenschaftler hat die erste Fassung eines Papiers auf seinem Terminal geschrieben, läßt sie ausdrucken, um dann auf dem Papier Korrekturen vorzunehmen. Die Sekretärin fügt diese Korrekturen dann wiederum in die auf dem Computer liegende Rohfassung ein - aber zur gleichen Zeit schreibt der Verfasser schon wieder an seinem Terminal in eben diesem Text. Sobald eine von diesen beiden Personen den Text nun abspeichert, ist diese Fassung - ohne die Veränderungen der anderen Person - die dann als einzige im Computer vorhandene Fassung. Ein Computer mit "Wissen" und "Intelligenz" hätte in diesem Fall nachdrücklich warnen und evtl. verhindern müssen, daß beide gleichzeitig den Text bearbeiten. (Mir scheint oft, die Geräte bzw. Programme sind immer gerade in ganz anderen Bereichen "intelligent" und "wissensbasiert" als in denen, die für meine Arbeit wichtig wären.)

Die oben erwähnten Korrekturen auf dem Papier zeigen, daß in der Praxis das "papierlose Büro" noch in weiter Ferne ist - und meiner Ansicht nach aufgrund menschlicher Bedürfnisse sowieso nicht in aller Konsequenz durchsetzbar. (In eine ähnliche Richtung weist das Folgende: Es gibt - auf Grund der geringen Zahl von Beteiligten nicht verallgemeinerbare - Untersuchungen, wonach Tastaturen, die den Fingern keinerlei Widerstand entgegensetzen, bei denen man nicht "spüren" kann, daß man etwas tut, abgelehnt werden.[15])

Ein wichtiges Feld der Sekretariatstätigkeit: die Verwaltung der Ablage. Nur die "Schriftstücke", die mit Hilfe des Computers erstellt bzw. empfangen wurden. können auch in einem Ablagesystem des Computers archiviert werden. Die Ablage muß deshalb zweigleisig vonstatten gehen, sowohl auf dem Papier als auch auf dem Rechner Dabei ergeben sich Probleme mit der Klassifizierung und Wiederauffindbarkeit von Dokumenten, mit der Zusammenstellung der Informationen aus verschiedenen Ablagen u.ä. Ein zusammengehörender Vorgang ist abgelegt in verschiedenen Archiven: zum Beispiel im Aktenordner ein Brief von außerhalb, der bestimmte Vorgänge innerhalb des Projektes hervorgerufen hat; ein Antwortbrief, der wiederum auf dem Computer abgelegt ist, und eine dreizeilige Mitteilung an eine andere Stelle innerhalb der Universität, die in der Diskette der Schreibmaschine gespeichert ist. Oder von allen Schriftstücken werden Kopien angefertigt und als zusammengehörender Vorgang in einem Aktenordner abgeheftet.

---

[15] Siehe dazu z.B. das unveröffentlichte Referat von U Schwatlo "Arbeitsverhalten an Schreibmaschinen und Textautomaten", gehalten auf der Tagung Mensch-Maschine-Kommunikation, Bad Honneff, 1983.

Ein weiteres Manko, gerade bei der Erstellung von zur Veröffentlichung gedachten Papieren, stellt die fehlende Integration von Text und Graphik dar. Abbildungen werden entweder getrennt vom Text mit Computerunterstützung erstellt oder per Hand angefertigt - in beiden Fällen müssen sie nachträglich in das Papier integriert werden.

Für das Aktualisieren von Listen, z.B. Adressenverzeichnis, Bibliographie, ist der Computer mit seinen Möglichkeiten der schnellen Änderung eine gute Unterstützung. Die Listen können ohne zeitraubende Suche nach Ergänzungen immer auf dem aktuellen Stand abrufbereit und einsehbar gehalten werden.

3.1 Elektronisches Postsystem

Ein elektronisches Postsystem für das Versenden von Nachrichten innerhalb einer bestimmten Gruppe oder Firma und auch darüber hinaus ist heute bei vielen Computeranwendungen im Büro fester Bestandteil. Ich empfinde es als Erleichterung der Arbeit, da es viele unproduktive Wege erspart und hilft, mit der eigenen Vergeßlichkeit besser zurechtzukommen - dagegen jedoch nicht, wie manchmal befürchtet, die Kontakte der Kolleginnen und Kollegen untereinander verringert.

Wer kennt sie nicht, die auf die Dauer frustrierenden Versuche, telefonisch mit einer Person Kontakt aufzunehmen, deren Telefon ständig besetzt ist bzw. die nicht an ihrem Arbeitsplatz anzutreffen ist. Sie ist dagegen jederzeit über das Postsystem des Computers erreichbar, genauer: die Maschine vermittelt diese Fiktion von Erreichbarkeit. Denn natürlich ist nicht die Person erreichbar, sondern ihr Terminal steht bereit, Nachrichten zu speichern, genauso als wäre ein Zettel auf dem Schreibtisch hinterlegt worden. Für Kurznachrichten, die viele Personen erreichen sollen, ist ein Postsystem - im Vergleich mit dem Schreiben, Kopieren und Verteilen von Papier an viele - praktisch.

Das Postsystem wird nicht dazu benutzt, wichtige, inhaltliche Informationen zu versenden, sondern überwiegend für Trivialinformationen, z.B. Terminvereinbarungen, Ankündigungen, wissenswerte Neuigkeiten etc. Falls doch eine längerfristig gültige Meldung bzw. für die eigene Arbeit wichtige Information über das Postsystem läuft, wird sie meist ausgedruckt.

Im Projekt Inform wird das UNIX-Mailsystem benutzt. Dieses Mailsystem ist jedoch nicht das, was ich mir unter einem menschengerechtem Computersystem vorstelle: Es ist (natürlich?) in englischer Sprache zu benutzen, zeichnet sich durch eine sehr umständliche

Fehlerkorrektur aus, kann erst nach Hinzuschalten eines Editors sinnvoll benutzt werden und gibt viel zu viel Ballast am Kopf der auf dem Bildschirm erscheinenden Nachricht aus (alte chinesische Spruchweisheit: Ein Fisch stinkt zuerst am Kopf). Für etwas kompliziertere Aktionen muß man das Handbuch zu Rate ziehen; es gibt keine Wiedervorlageanweisung etc. Ein Postsystem sollte übersichtlich, einfach, schnell, mit vielen Aktionsmöglichkeiten versehen sein.

```
From bettina Tue Dec  4 13:36:17 1984
Received: by INFORM-Vax.ARPA (4.12/4.7)
        id AA10102; Tue, 4 Dec 84 13:36:12 -0100
Date: Tue, 4 Dec 84 13:36:12 -0100
From: bettina ( Bettina Oeding )
Message-Id: <8412041236.AA10102@INFORM-Vax.ARPA>
To: bettina
Subject: UNIX Mail System
Status: RO


Der erste Satz im Manual des Mailsystems lautet:

" M A I L  is a intelligent mail processing system ..."
```

Abbildung XI-1: Beispiel für eine Meldung des UNIX Mailsystems

---

3.2 Textbearbeitung

Die herkömmliche, zeitraubende Arbeit des Abschreibens von handgeschriebenen oder auf Tonband gesprochenen bzw. diktierten Texten - und diese Arbeit füllt(e) den Großteil der Arbeitszeit einer Bürokraft - erfordert in einer Arbeitsumgebung, in der die Texterstellung und -aufbereitung mit Hilfe eines Computers vonstatten geht, sehr viel weniger Zeit der Sekretärin - u.a. deshalb, weil die Verfasser zumindest Rohfassungen ihrer Texte prinzipiell selbst erstellen (können). Das heißt, es findet eine Verlagerung von notwendigen Tätigkeiten statt. Es stellt sich jedoch die Frage, ob es sinnvoll ist, von Wissenschaftlern, die in ihrem Gebiet Experten sind, zu verlangen, daß sie ebenfalls z.B. in Fragen der Textgestaltung Experten werden sollen. Briefe werden problemlos in einheitlichem Erscheinungsbild mit Hilfe des Computers geschrieben. Als Sekretariatstätigkeiten bleiben: Korrekturlesen, Texte formatieren, Post verschicken, Telefonanrufe beantworten, Verwaltungsarbeiten. Diese auf ganz traditionelle Aktenordnerart, da der computerunterstützte Bürobetrieb einer Insel in dem Betrieb Universität gleicht. Die Alternativen zu wegfallenden traditionellen Sekretariatsarbeiten sind erweiterte Arbeitsplatzbeschreibungen, Fortbildungsmöglichkeiten, andere Tätigkeiten und Arbeitszeitverkürzung.[16]

Ein Texteditiersystem entlastet von lästigen Routinearbeiten. Man betrachte nur die gewohnte Art, wissenschaftliche Texte zu verfassen. Sie werden oft kooperativ von mehreren Autoren in verschiedenen Entwürfen verfaßt. Nun kommt die Aufgabe, den Text für eine erste Fassung mit der Schreibmaschine zu schreiben - bis zur endgültigen Version gibt es meist noch viele Änderungen. Diese Art der Texterstellung ist bekannt, deren Endphase meist im Hantieren mit Schere, Klebstoff und Textstücken besteht. Bei Benutzung eines Editiersystems fallen viele dieser Arbeitsgänge weg. Übrig bleiben evtl. verschiedene Fassungen des Textes im Speicher des Computers, die direkt am Bildschirm von den Verfassern bzw. der Sekretärin korrigiert und in die endgültige Form gebracht werden können. Die hauptsächliche Arbeitserleichterung besteht in der schnellen, gezielten Korrekturmöglichkeit innerhalb des Textes.

Das im Projekt Inform verwendete Textformatiersystem SCRIBE [Reid, Walker 80] unterstützt die Benutzer/innen in allen die äußere Form des Textes betreffenden Fragen. Überschriften, Kapitel, Indizes, Fußnoten, Numerierungen etc. werden nach Einfügen der entsprechenden Kommandos automatisch im gedruckten Text erstellt. Auch das Dazuschalten eines Trennverzeichnisses, welches ständig um neue Wörter ergänzt werden kann, ist möglich. Diese Möglichkeit der sehr differenzierten Textgestaltung wirkt sich jedoch nachteilig auf die Übersichtlichkeit und Lesbarkeit des Textes auf dem Bildschirm aus.

Die Abbildung XI-2 zeigt, wie die Anwendung dieser Möglichkeiten die flüssige visuelle Aufnahme des Geschriebenen behindert. Da das WYSIWYG-Prinzip (What you see is what you get)[17] bei den von mir im Projekt Inform verwendeten Systemen nicht verwirklicht ist, sieht man sich im gedruckten Text oft Widrigkeiten wie der letzten Zeile eines Kapitels auf einer neuen Seite oder einer Überschrift am Seitenende u.ä. gegenüber (was einer wissensbasierten Sekretärin nie passieren würde). Meine Erfahrung ist: Kurze Brie-

---

[16]Siehe dazu auch die Überlegungen von [Eckardt 84]. Wobei die Realisierung solcher Alternativen natürlich in hohem Maße eine Frage des politischen Kräfteverhältnisses, der Durchsetzungskraft der betroffenen Arbeitnehmergruppen ist.

[17]Siehe dazu die Ausführungen in Kapitel VI.

```
@b(LISP-Systeme) haben einen Modellcharakter gehabt für
@Begin<Itemize, Spread 0>
die Entwicklung von interaktiven
Systemen@IndexSecondary(Primary="System",
Secondary="interaktves") @Cite<Sandewall1978,
FischerLaubsch1980> und für

die Gestaltung von
Programmierumgebungen @Cite<Teitelman1978,
TeitelmanMasinter1981>.
@End<Itemize>
Ein LISP-Programm wird nicht nur als ein Stück Text
betrachtet, das zunächst von einem Compiler übersetzt
und dann ausgeführt wird, sondern der Programmierer baut
sich eine Datenbasis auf, die er beliebig inkrementell
erweitern und partiell bearbeiten kann.
@i(Es gibt keinen konzeptionellen Unterschied
zwischen Systemfunktionen und benutzerdefinierten
Funktionen); durch die Äquivalenz zwischen Daten und
Programmen ist es möglich, auf natürliche Art und
Weise Programme zu erstellen, die andere LISP-Programme
als Daten verarbeiten (diese Eigenschaften werden in
unseren Softwareproduktionssystemen ausgenutzt).
```

LISP-Systeme haben einen Modellcharakter gehabt für

- die Entwicklung von interaktiven Systemen [Sandewall 78; Fischer, Laubsch 80] und für
- die Gestaltung von Programmierumgebungen [Teitelman 78; Teitelman, Masinter 81].

Ein LISP-Programm wird nicht nur als ein Stück Text betrachtet, das zunächst von einem Compiler übersetzt und dann ausgeführt wird, sondern der Programmierer baut sich eine Datenbasis auf, die er beliebig inkrementell erweitern und partiell bearbeiten kann. *Es gibt keinen konzeptionellen Unterschied zwischen Systemfunktionen und benutzerdefinierten Funktionen;* durch die Äquivalenz zwischen Daten und Programmen ist es möglich, auf natürliche Art und Weise Programme zu erstellen, die andere LISP-Programme als Daten verarbeiten (diese Eigenschaften werden in unseren Softwareproduktionssystemen ausgenutzt).

Abbildung XI-2: Ausschnitt eines Textes, wie er während der Bearbeitung auf dem Bildschirm und - im unteren Teil - ausgedruckt aussieht

fe sind bequemer und schneller auf der Schreibmaschine zu schreiben (die Druckaufbereitung auf dem Computer braucht mehr Zeit - und dann steht die letzte Zeile auf der zweiten Seite ...).[18]

Die computerunterstützte Büroarbeit ist häufig noch von einem Nebeneinander verschiedener Arbeitsmittel gekennzeichnet. Da steht eine Schreibmaschine mit Disketten und Teletexmöglichkeiten neben einem an einen Rechner angeschlossenen Terminal. Ein Adressenverzeichnis befindet sich auf dem Computer, Adressenetiketten für Briefumschläge müssen jedoch auf der Schreibmaschine beschrieben werden ... Soll ein Brief über das von der Bundespost installierte Teletexsystem versandt werden, muß er auf der Schreibmaschine geschrieben werden ... Eines der hardwareergonomischen Probleme, die hierbei auftauchen: Die Tastaturen einer in der BRD entwickelten Schreibmaschine und eines in den USA entwickelten Terminals unterscheiden sich nicht nur in der Stellung des z und y, sondern auch in der der Umlaute, der Satzzeichen etc.

— — —

Ich habe versucht, einige Erfahrungen und mein Unwohlsein zu artikulieren, subjektiv, selbstverständlich. Aber so sind nun mal Erfahrungen, die dann im Vergleich vieler objektiviert und zu empirischem Material zusammengeführt werden können, das klar Auskunft gibt, wie ein benutzergerechter (in Inform auch "menschengerechter") Arbeitsplatz auszusehen hat.

Wer die Forderung nach einem benutzergerechten Arbeitsplatz für überzogen hält, möge daran denken, daß für die Hardware keine Kosten gescheut werden, um für sie eine Umgebung zu gestalten, die sie optimal funktionieren läßt. Ich denke, den Menschen, die mit dieser Hardware arbeiten (müssen), steht mindestens das gleiche Recht zu.

Also, als Mensch, Benutzerin und Sekrtetärin sage ich ja zu Büroarbeit mit Computerunterstützung,

- wenn sie mich nicht zur Hilfskraft degradiert: wenn das System mir und der Arbeit zu dienen hat und nicht ich mich nach dem System richten muß,
- wenn sie zuvor natürlich meinen Arbeitsplatz bzw. meine Arbeitskraft nicht unnötig macht,

---

[18] Vgl. die Ergebnisse eines Begleitforschungsvorhabens bei der Einführung eines Bürocomputersystems - dort wurde die gleiche Beobachtung gemacht; [Sorg 82].

- wenn sie mir weitere Qualifikationsmöglichkeiten und damit anspruchsvolle Arbeit ermöglicht.

Aufgrund vieler Erfahrungen - auch derer, die ich hier aufgezeigt habe - bin ich der Meinung, daß diese Grundsätze noch nicht oder meist nur unzureichend in die Arbeit der Wissenschaftler Eingang gefunden haben.

Literaturverzeichnis

[Abelson 83]
    H. Abelson: *"Einführung in LOGO"*. IWT-Verlag, Vaterstetten, 1983.

[AK Rationalisierung Bonn 83]
    AK Rationalisierung Bonn, B. Schütt, J. Steffen: *"EDV - Textverarbeitung - Bildschirmarbeit. Gesellschaftliche Voraussetzungen und Folgen einer neuen Technologie"*. Verlag Die Arbeitswelt, Berlin, 1983.

[Alexander 64]
    C. Alexander: *"The Synthesis of Form"*. Havard University Press, 1964.

[Allman 83]
    E. Allman: *"An Introduction to the Source Code Control System"*. Technical Report, University of California at Berkeley, 1983. Part of UNIX 4.2 Programmer's Manual, Volume 2c.

[Arnold 81]
    K. Arnold: *"Screen Updating and Cursor Movement Optimization: A Library Package"*. Technical Report, Computer Science Division, EECS, University of California, Berkley, 1981.

[Baecker, Marcus 83]
    R. Baecker, A. Marcus: *"On Enhancing the Interface to the source code of computer programs"*. In A. Janda (editor), *CHI-83, Human Factors in Computing Systems Conference Proceedings*, pp 251-255. ACM SIGCHI/HFS, New York, December, 1983.

[Barr, Feigenbaum 81]
    A. Barr, E.A. Feigenbaum (editors): *"The Handbook of Artificial Intelligence"*. Pitman Books Limited, London, 1981. (Reprinted 1983).

[Barstow 83]
    D. Barstow: *"A Perspective on Automatic Programming"*. In *Proceedings of the Eight International Joint Conference on Artificial Intelligence*, pp 1170-1179. International Joint Conference on Artificial Intelligence, Karlsruhe, 1983.

[Bauer 84a]
    D. Bauer: *"STRUPPI - ein Struktur-Pretty-Printer zur Darstellung von Lisp-Ausdrücken"*. Studienarbeit Nr. 385, Institut für Informatik, Universität Stuttgart, 1984.

[Bauer 84b]
J. Bauer: *"BISY. A Window-Based Screen-Oriented Editor, Embedded in ObjTalk and FranzLisp"*. Institutsbericht, Projekt Inform, Institut für Informatik, Universität Stuttgart, January, 1984.

[Bauer et al. 82]
J. Bauer, H.-D. Böcker, F. Fabian, G. Fischer, R. Gunzenhäuser, C. Rathke: *"Entwicklung von Methoden und Werkzeugen zur Verbesserung der Mensch-Maschine Kommunikation"*. Antrag an das BMFT, Institut für Informatik, Universität Stuttgart, 1982.

[Bauer, Herczeg 85]
J. Bauer, M. Herczeg: *"Software-Ergonomie durch wissensbasierte Systeme"*. In H.-J. Bullinger (editor), *Software-Ergonomie*, pp 108-118. German Chapter of the ACM, Stuttgart, 1985.

[Bewley et al. 83]
W.L. Bewley, T.R. Roberts, D. Schroit, W.L. Verplank: *"Human Factors Testing in the Design of Xerox's 8010 'Star' Office Workstation"*. In A. Janda (editor), *CHI-83, Human Factors in Computing Systems Conference Proceedings*, pp 72-77. ACM SIGCHI/HFS, New York, December, 1983.

[Birtwistle et al. 73]
G. Birtwistle, O.-J. Dahl, B. Myhrhaug, K. Nygaard: *"Simula Begin"*. Auerbach, Philadelphia, Pa., 1973.

[Bitgraph 82]
BBN Computer Corporation: *"BitGraph Advanced Graphics Terminal, User's Guide and Operating Instructions"*. 1982.

[Bobrow, Stefik 81]
D.G. Bobrow, M. Stefik: *"The LOOPS Manual"*. Technical Report KB-VLSI-81-83, Knowledge Systems Area, Xerox Palo Alto Research Center (PARC), 1981.

[Bobrow, Winograd 77]
D.G. Bobrow, T. Winograd: *"An Overview of KRL, a Knowledge Representation Language"*. Cognitive Science 1(1), pp 3-46, 1977.

[Borning 79]
A. Borning: *"Thinglab -- A Constraint-Oriented Simulation Laboratory"*. Technical Report SSL-79-3, XEROX-PARC, 1979. Palo Alto, Ca.

[Brachman 78]
R.J. Brachman: *"A Structural Paradigm for Representing Knowledge"*. BBN-Report No. 3605, BBN, 1978. Cambridge, Ma.

[Brooks 79]
F.T. Brooks Jr.: *"The Mythical Man-Month, Essays on Software Engineering"*. Addison-Wesley, Reading, Ma., 1979.

[Böcker 84]
H.-D. Böcker: *"Softwareerstellung als wissensbasierter Kommunikations- und Designprozeß"*. Dissertation, Universität Stuttgart, Fakultät für Mathematik und Informatik, April, 1984.

[Böcker, Fischer 76]
H.-D. Böcker, G. Fischer: *"Modelle und Heuristiken - Wissen zur Einschränkung und Lenkung von Suchprozessen"*. In J.H. Laubsch und H.J. Schneider (editors), *Dialoge in natürlicher Sprache und Darstellung von Wissen*, pp 51-72. Fachausschuß 6, Fachgruppe Künstliche Intelligenz, Gesellschaft für Informatik, Freudenstadt, 1976.

[Böcker, Nieper 85]
H.-D. Böcker, H. Nieper: *"Making the Invisible Visible: Tools for Exploratory Programming"*. In *Proceedings of the First Pan Pacific Computer Conference*. The Australian Computer Society, Melbourne, Australia, September, 1985.

[Carbonell 79]
J.G. Carbonell: *"Subjective Understanding: Computer Models of Belief Systems"*. PhD thesis, Yale University, 1979.

[Card, English, Burr 78]
S.K. Card, W.K. English, B.J. Burr: *"Evaluation of Mouse, Rate-Controlled Isometric Joystick, Step Keys, and Text Keys for Text Selection on a CRT"*. *Ergonomics* 21(8), pp 601-613, 1978.

[Csima 83]
F. Csima: *"Gestaltung der Benutzerschnittstelle eines Informationssystems zur inhaltlichen Verarbeitung von Texten"*. Dissertation, Universität Stuttgart, Februar, 1983.

[Csima, Riekert 83a]
F. Csima, W.-F. Riekert: *"Die Benutzerschnittstelle des Expertensystems D&I"*. In H. Balzert (editor), *Software-Ergonomie*. Teubner, Stuttgart, April, 1983. Vortrag bei der Software-Ergonomie-Tagung I des German Chapter of the ACM.

[Csima, Riekert 83b]
F. Csima, W.-F. Riekert: *"D&I - Ein computerunterstütztes System zum Wissenserwerb"*. *Office Management*, pp 53-55, Sonderheft, 1983. Vortrag bei der Arbeitstagung Mensch-Maschine-Kommunikation der GMD, Bad Honnef, November 1982.

[Davis 82]
R. Davis: *"Expert Systems: Where Are We? And Where Do We Go From Here?"*. *AI Magazine*, pp 3-22, Spring, 1982.

[Davis, King 75]
R. Davis, J. King: *"An Overview of Production Systems"*. Technical Report AIM-271, Stanford University, 1975.

[Deutsch, Taft 80]
P.L. Deutsch, E. Taft (editors): *"Requirements for an Experimental Programming Environment"*. Xerox Corporation, Palo Alto, Ca., 1980.

[diSessa 82]
A. diSessa: *"A principled design for an integrated computational environment"*. Technical Report MIT/LCS-TM-23, July, 1982.

[Dzida 83]
W. Dzida: *"Das IFIP-Modell für Benutzerschnittstellen"*. Office Management 31 (Sonderheft), pp 6-8, April, 1983.

[Eckardt 84]
C. Eckardt: *"Zutritt verboten? Berufschancen und Weiterbildung für Frauen in der Datenverarbeitung"*. In K. Roth u.a. (editor), *Träumen verboten. Gewerkschaftliche Frauenpolitik für die 90er Jahre*, pp 111-121. VSA-Verlag, Hamburg, 1984.

[Fabian 84]
Franz Fabian: *"Benutzungs- und Programmieranleitung für das Bitgraph Fenstersystem"*. Manual, Institut für Informatik, Universität Stuttgart, 1984.

[Fabian, Rathke 83]
F. Fabian, C. Rathke: *"Menüs: Einsatzmöglichkeiten eines Fenstersystems zur Unterstützung des Mensch-Maschine-Dialogs"*. Office Management 31 (Sonderheft), pp 42-44, April, 1983.

[Failenschmid et al. 82]
J. Failenschmid, W. Maier, H. Straub: *"Bildschirmdialogtechniken und interaktive Programmierumgebungen"*. Diplomarbeiten Nr. 196, Nr. 197, Nr. 198, Institut für Informatik, Universität Stuttgart, 1982.

[Fauser, Rathke 81]
A. Fauser, C. Rathke: *"Studie zum Stand der Forschung über natürlichsprachliche Frage/Antwortsysteme"*. BMFT-FB-ID 81-006, Institut für Informatik, Universität Stuttgart, 1981.

[Fikes 80]
R. Fikes: *"ODYSSEY: A Knowledge-based Assistant"*. Xerox, Palo Alto, 1980.

[Fikes 82]
R.E. Fikes: *"A Representation System User Interface For Knowledge Base Designers"*. AI Magazine, pp 28-33, Fall, 1982.

[Fikes, Henderson 80]
R. Fikes, D.A. Henderson: *"On Supporting the Use of Procedures in Office Work"*. In *Proceedings of AAAI*, pp 202-208. Stanford, 1980.

[Finseth 80]
C.A. Finseth: *"Theory and Practice of Text Editors or A Cookbook for an Emacs"*. B.S. thesis, Department of Electrical Engineering and Computer Science at the Massachusetts Institute of Technology, May, 1980.

[Fischer 81a]
G. Fischer: *"Computational Models of Skill Acquisition Processes"*. In R. Lewis and D. Tagg (editors), *Computers in Education*, pp 477-481. 3rd World Conference on Computers and Education, Lausanne, Switzerland, July, 1981.

[Fischer 81b]
G. Fischer: *"An interactive knowledge-based Information Manipulation System"*. In Springer Verlag (editor), *Proceedings of GWAI-81*, pp 168-170. GWAI, Heidelberg - New York, 1981. Informatik Fachberichte.

[Fischer 81c]
G. Fischer: *"Computer als konviviale Werkzeuge"*. In *Proceedings der Jahrestagung der Gesellschaft für Informatik*, pp 407-417. Gesellschaft für Informatik, Springer Verlag, München, 1981.

[Fischer 82a]
G. Fischer: *"Mensch-Maschine Kommunikation: Theorien und Systeme"*. Habilitationsschrift, Institut für Informatik, Universität Stuttgart, 1982.

[Fischer 82b]
G. Fischer: *"Symbiotic, knowledge-based computer support systems"*. In Pergamon Press (editor), *Proceedings of the Conference on Analysis, Design and Evaluation of Man-Machine Systems*, pp 351-358. IFAC/IFIP/IFORS/IEA, Baden-Baden, September, 1982.

[Fischer 83a]
G. Fischer: *"Entwurfsrichtlinien für die Software-Ergonomie aus der Sicht der Mensch-Maschine Kommunikation (MMK)"*. In H. Balzert (editor), *Software Ergonomie*, pp 30-49. Teubner, Stuttgart, 1983. Vortrag bei der Software-Ergonomie-Tagung I des German Chapter of the ACM.

[Fischer 83b]
G. Fischer: *"Navigationswerkzeuge in wissensbasierten Systemen"*. *Office Management* 31 (Sonderheft), pp 49-52, 1983.

[Fischer 84a]
G. Fischer: *"Formen und Funktionen von Modellen in der Mensch-Computer Kommunikation"*. In H.Schauer, M.J.Tauber (editor), *Psychologie der Computerbenutzung*, pp 328-343. Oldenbourg Verlag, Wien - München, 1984. Schriftenreihe der Österreichischen Computer Gesellschaft, Band 22.

[Fischer 84b]
G. Fischer: *"Human-Computer Communication and Knowledge-based Systems"*. In H.J. Otway and M. Peltu (editors), *The Managerial Challenge of New Office Technology*, pp 54-79. Butterworths, London, 1984.

[Fischer 85]
G. Fischer: *"Wissensbasierte Systeme und Mensch-Computer Kommunikation"*. Verlag Walter de Gruyter & Co., Berlin - New York, 1985. In Vorbereitung.

[Fischer et al. 78]
G. Fischer, R. Burton, J.S. Brown: *"Analysis of Skiing as a Success Model of Instruction: Manipulating the learning environment to enhance skill acquisition"*. In *Proceedings of the Second National Conference of the Canadian Society for Computational Studies of Intelligence*. Conference of the Canadian Society for Computational Studies of Intelligence, 1978.

[Fischer, Böcker 74]
G. Fischer, H.-D. Böcker: *"LOGO Project PROKOP"*. Projektbeschreibung, Institut für Informatik, Universität Stuttgart, 1974.

[Fischer, Böcker 83a]
G. Fischer, H.-D. Böcker: *"The Nature of Design Processes and how Computer Systems can support them"*. In P. Degano and E. Sandewall (editors), *Integrated Interactive Computing Systems*, pp 73-88. European Conference on Integrated Interactive Computer Systems (ECICS 82), North Holland, 1983.

[Fischer, Böcker 83b]
G. Fischer, H.-D. Böcker: *"Mensch-Computer Kommunikation: Dimension der nächsten Generation"*. *Computer Magazin* 12(3), pp 14-25, März, 1983.

[Fischer, Laubsch 79]
G. Fischer, J. Laubsch: *"Object-oriented Programming"*. *Notizen zum Interaktiven Programmieren* (2), pp 121-140, 1979.

[Fischer, Laubsch 80]
G. Fischer, J. Laubsch: *"LISP-basierte Programmentwicklungssysteme zur Unterstützung des Problemlöseprozesses"*. *Notizen zum Interaktiven Programmieren* (4), pp 100-112, 1980. Fachausschuß 2 der Gesellschaft für Informatik, Darmstadt.

[Fischer, Lemke, Schwab 84]
G. Fischer, A. Lemke, T. Schwab: *"Active Help Systems"*. In T. Green, M. Tauber, G. van der Veer (editors), *Proceedings of Second European Conference on Cognitive Ergonomics - Mind and Computers, Gmunden, Austria*. Springer Verlag, Heidelberg - Berlin - New York, September, 1984.

[Fischer, Lemke, Schwab 85]
G. Fischer, A. Lemke, T. Schwab: *"Knowledge-based Help Systems"*. In L. Borman, B. Curtis (editor), *CHI-85, Human Factors in Computing Systems Conference Proceedings*, pp 161-167. ACM SIGCHI/HFS, New York, April, 1985.

[Fischer, Schneider 84]
G. Fischer, M. Schneider: *"Knowledge-based Communication Processes in Software Engineering"*. In *Proceedings of the 7th International Conference on Software Engineering*, pp 358-368. Orlando, Florida, March, 1984.

[Foderaro, Sklower 82]
J.K. Foderaro, K.L. Sklower: *"The FranzLisp Manual"*. Technical Report, University of California, Berkeley, 1982.

[Fox et al. 83]
M.S. Fox, B.P. Allen, S.F. Smith, G.A. Strohm: *"ISIS: A Constraint-Directed Reasoning Approach to Job Shop Scheduling"*. Report, Carnegie-Mellon University, 1983.

[Frisby 79]
J.P. Frisby: *"Seeing - Illusion, Brain and Mind"*. Oxford University Press, Oxford, Großbritannien, 1979.

[Furuta et al. 82]
R. Furuta, J. Scofield, A. Shaw: *"Document Formatting Systems: Survey, Concepts and Issues"*. *CACM* 14(3), pp 417-472, September, 1982.

[Gimpel 80]
J.F. Gimpel: *"CONTOUR - A method for preparing structured flowcharts"*. SIGPLAN Notices 15(10), pp 35-41, October, 1980.

[Goerz, Stoyan 83]
G. Görz, H. Stoyan: *"Was ist objektorientierte Programmierung"*. In H. Stoyan, H. Wedekind (editor), *Objektorientierte Software- und Hardwarearchitekturen*, pp 9-31. Teubner Verlag, Stuttgart, 1983.

[Goldberg 81]
A. Goldberg (ed.): *"SMALLTALK"*. BYTE 6(8), 1981. Special Issue.

[Goldberg, Robson 83]
A. Goldberg, D. Robson: *"SMALLTALK-80, The Language and its Implementation"*. Addison-Wesley, Reading, Ma., 1983.

[Goldstein, Bobrow 81]
I. Goldstein, D. Bobrow: *"An Experimental Description-Based Programming Environment: Four Reports"*. Xerox Corporation, Palo Alto, Ca., 1981.

[Gosling 81]
Gosling, J.: *"A Redisplay Algorithm"*. In *SIGPLAN/SIGOA Symposium on Text Manipulation*, pp 123-129. ACM, June, 1981.

[Gosling 82]
J. Gosling: *"Unix Emacs"*. Carnegie-Mellon University, Pittsburgh, 1982.

[Gunzenhäuser 84]
R. Gunzenhäuser: *"Lernen als Dimension der Mensch-Maschine-Kommunikation"*. In H.Schauer, M.J.Tauber (editor), *Psychologie der Computerbenutzung*, pp 226-252. Oldenbourg Verlag, Wien - München, 1984. Schriftenreihe der Österreichischen Computer Gesellschaft, Band 22.

[Gunzenhäuser, Horlacher 83]
R. Gunzenhäuser, E. Horlacher: *"Telesoftware: Applications in Education"*. Information Services & Use (3), pp 251-260, 1983.

[Hadamard 44]
J. Hadamard: *"The Psychology of Invention in the Mathematical Field"*. Dover Publications, 1944.

[Hanakata 84]
K. Hanakata: *"CTALK: an object-oriented language in C"*. ISSN 0389-7818, IIASSIS, June, 1984.

[Hayes 78]
J.R. Hayes: *"Cognitive Psychology - Thinking and Creating"*. Dorsey Press, Homewood, Illinois, 1978.

[Hayes 82]
P.J. Hayes: *"Uniform Help Facilities for a Cooperative User Interface"*. Technical Report, Carnegie-Mellon University, Computer Science Department, Pittsburgh, June, 1982.

[Hayes, Szekely, Lerner 85]
P.J. Hayes, P.A. Szekely, R.A. Lerner: *"Design Alternatives for User Interface Management Systems Based on Experience with COUSIN"*. In L. Borman, B. Curtis (editor), *CHI-85, Human Factors in Computing Systems Conference Proceedings*, pp 169-175. New York, April, 1985.

[Hayes-Roth et al. 79]
B. Hayes-Roth, F. Hayes-Roth, S. Rosenschein, S. Cammarata: *"Modelling Planning as an Incremental Opportunistic Process"*. In *Proceedings of the Sixth International Joint Conference on Artificial Intelligence IJCAI-79*, pp 375-383. Tokyo, Japan, 1979.

[Hayes-Roth et al. 83]
F. Hayes-Roth, D.A. Waterman, D.B. Lenat (editors): *The Teknowledge Series in Knowledge Engineering*. Volume 1: *"Building Expert Systems"*. Addison-Wesley Publishing Comp., London - Amsterdam, 1983.

[Herczeg 83]
M. Herczeg: *"DYNAFORM - Ein interaktives Formularsystem zum Aufbau und zur Bearbeitung von Datenbasen"*. In H. Balzert (editor), *Software-Ergonomie*, pp 135-146. German Chapter of the ACM, Stuttgart, 1983.

[Herczeg 85]
M. Herczeg: *"Anforderungen und Konstruktionsprinzipien für zukünftige Benutzerschnittstellen"*. *Computer Magazin* 14(10), pp 51-55, Oktober, 1985.

[Herczeg et al. 85]
M. Herczeg, D. Maier, C. Rathke, W.-F. Riekert: *"Vom Dialogsystem zur wissensbasierten Mensch-Computer-Kommunikation"*. In *ONLINE '85. 8. Europäische Kongreßmesse für Technische Kommunikation*, pp 2P-1-2P-14. Düsseldorf, Februar, 1985.

[Herczeg, Maier 83]
M. Herczeg, D. Maier: *"Den Einsatz von Farbe sorgfältig planen"*. *Computerwoche* 83(30), pp 14-15, Juli, 1983.

[Hewitt 69]
C.E. Hewitt: *"PLANNER: A Language for Proving Theorems in Robots"*. In *First International Joint Conference on Artificial Intelligence*. Washington D.C., 1969.

[Hewitt 77]
C. Hewitt: *"Viewing Control Structures as Patterns of Passing Messages"*. *Artificial Intelligence Journal* 8, pp 323-364, 1977.

[Howden 82]
W.E. Howden: *"Contemporary Software Development Environments"*. *Communications of the ACM* 25(5), pp 318-329, May, 1982.

[IBM 74]
IBM: *"HIPO - A Design Aid and Documentation Technique"*. Technical Report GC20-1851-0, IBM White Plains, 1974.

[Illich 73]
I. Illich: *"Tools for Conviviality"*. Harper and Row, New York, 1973.

[Illich 75]
    I. Illich: *"Selbstbegrenzung - eine politische Kritik der Technik"*. Rowohlt Verlag, Hamburg, 1975.

[Illich 77]
    I. Illich: *"Fortschrittsmythen"*. Rowohlt Verlag, Hamburg, 1977.

[Ingalls 81]
    D.H.H. Ingalls: *"Design Principles Behind Smalltalk"*. BYTE 6(8), pp 286-298, August, 1981.

[Interlisp-D-Manual 82]
    Xerox: *"Interlisp-D Users Guide"*. Technical Report, Xerox Electro-Optical Systems, Pasadena, California, September, 1982.

[Jackson 79]
    M. Jackson: *"Grundsätze des Programmentwurfs"*. S. Toeche-Mittler Verlag, Darmstadt, 1979.

[Jackson 83]
    M. Jackson: Prentice-Hall International Series in Computer Science: *"System Development"*. Prentice-Hall International, Englewood Cliffs, NJ, 1983.

[Kay 80]
    M. Kay: *"The Proper Place of Men and Machines in Language Translation"*. Technical Report CSL-80-11, Xerox Palo Alto Research Center, October, 1980.

[Kernighan, Pike 84]
    B.W. Kernighan, R. Pike: Prentice-Hall Software Series: *"The UNIX Programming Environment"*. Prentice-Hall Inc., Englewood Cliffs, N. J., 1984.

[Kernighan, Ritchie 83]
    Kernighan, B.W. and D.M. Ritchie: *"Programmieren in C"*. Carl Hanser Verlag edition, 1983.

[Kohl 84]
    D. Kohl: *"Ein Modul zur Analyse von LISP-Programmen"*. Studienarbeit Nr. 380, Institut für Informatik, Universität Stuttgart, 1984.

[Kraut et al. 83]
    R.E. Kraut, S.J. Hanson, J.M. Farber: *"Command Use and Interface Design"*. In Ann Janda (editor), *CHI-83, Human Factors in Computing Systems Conference Proceedings*. ACM SIGCHI/HFS, New York, December, 1983. Proceedings of the CHI'83.

[Kunz et al. 84]
    J.C. Kunz, T.P. Kehler, M.D. Williams: *"Applications Development Using a Hybrid AI Development System"*. AI-Magazine 5(3), pp 41-54, 1984.

[Lakatos 77]
    I. Lakatos: *"Proofs and Refutations. The Logic of Mathematical Discovery"*. Cambridge University Press, Cambridge - London - New York, 1977.

[Lantz, Rashid 79]
K. A. Lantz, R. F. Rashid: *"Virtual terminal management in a multiple process environment"*. In *Proc. 7th Symp. Operating Systems Principles*, pp 86-97. 1979.

[Laubsch et al. 76]
J. H. Laubsch, D. Krause, K. Hess, W. Schatz: *"MACLISP Manual"*. CUU-Memo 3, Institut für Informatik, Universität Stuttgart, Mai, 1976.

[Lemke 84]
A. Lemke: *"PASSIVIST: Ein passives, natürlichsprachliches Hilfesystem für den bildschirmorientierten Editor BISY"*. Diplomarbeit Nr. 293, Institut für Informatik, Universität Stuttgart, 1984.

[Lemke, Schwab 83]
A. Lemke, T. Schwab: *"DOXY: Computergestützte Dokumentationssysteme"*. Studienarbeit Nr. 338, Institut für Informatik, Universität Stuttgart, 1983.

[Lieberman, Hewitt 83]
H. Lieberman, C. Hewitt: *"A Real-Time Garbage Collector Based on the Lifetimes of Objects"*. *CACM* 26(6), pp 419-429, June, 1983.

[Lisp Machine Manual 83]
D. Weinreb, D. Moon: *"Lisp Machine Manual"*. Technical Report, Symbolics Inc., 1983.

[Maier 81]
W. Maier: *"Benutzergerechte Darstellung des durch Programmanalyse angesammelten Wissens"*. Studienarbeit, Institut für Informatik, Universität Stuttgart, 1981.

[Maier 83]
D. Maier: *"Computerunterstützte Planungsprozesse am Beispiel der Planung des zweiten Studienabschnittes des Informatikstudiums"*. Diplomarbeit Nr. 227, Institut für Informatik, Universität Stuttgart, 1983.

[Malone 83]
T.W. Malone: *"How do People Organize their Desks? Implications for the Design of Office Information Systems"*. *ACM transactions on Office Information Systems* 1(1), pp 99-112, January, 1983.

[McDermott 82]
J. McDermott: *"R1: A rule-based configurer of computer systems"*. *Artificial Intelligence*, September, 1982.

[Meyrowitz, Dam 82]
N. Meyrowitz, A. van Dam: *"Interactive Editing Systems"*. *CACM* 14(3), pp 321-415, September, 1982.

[Meyrowitz, Moser 81]
N. Meyrowitz, M. Moser: *"BRUWIN: An adaptable design strategy for window manager/virtual terminal systems"*. *Proc. 8th Symp. Operating Systems Principles*, pp 180-189, 1981.

[Michalski, Carbonell, Mitchell 83]
    R.S. Michalski, J.G. Carbonell, T.M. Mitchell (editors). *"Machine Learning"*. Tioga Publishing Company, P.O.Box 98, Palo Alto, CA 94302, 1983.

[Miller et al. 60]
    G.A. Miller, E. Galanter, K.H. Pribram: *"Plans and Structure of Behavior"*. Holt, Rinehart & Winston, New York, 1960.

[Minsky 75]
    M. Minsky: *"A Framework for Representing Knowledge"*. In P.H. Winston (editor), *The Psychology of Computer Vision*, pp 211-277. McGraw Hill, New York, 1975.

[Minsky 79]
    M. Minsky: *"The Society Theory of Thinking"*. In P.H. Winston and R. Brown (editors), *Artificial Intelligence: An MIT Perspective*, pp 421-452. MIT Press, Cambridge, Ma., 1979.

[Mitchell et al. 79]
    J. Mitchell et al.: *"Mesa Language Manual, Version 5.0"*. Technical Report CSL-79-3, Xerox, Palo Alto Research Center, 1979.

[Model 79]
    M. Model: *"Monitoring System Behaviour in a Complex Computational Environment"*. Technical Report CSL-79-1, XEROX Parc, 1979.

[Moore, Newell 74]
    J. Moore, A. Newell: *"How can MERLIN understand?"*. In L.W. Gregg (editor), *Knowledge and Cognition*. Erlbaum, Potomac, 1974.

[Moran 73]
    Th. Moran: *"The Symbolic Nature of Visual Imagery"*. In *Proceedings of the Third IJCAI*, pp 472-477. Stanford, 1973.

[Myers 80]
    B.A. Myers: *"Displaying Data Structures for Interactive Debugging"*. Technical Report CSL-80-7, Xerox Palo Alto Research Center, June, 1980.

[Nassi, Shneiderman 73]
    I. Nassi, B. Shneiderman: *"Flowcharting Techniques for Structured Programming"*. *ACM SIGPLAN Notices* 8(8), pp 12-26, 1973.

[Newell 69]
    A. Newell: *"Heuristic programming; ill structured problems"*. In Aronofsky (editor), *Progress in Operations Research, Volume 3*, pp 362-414. Wiley, New York, 1969.

[Newell, Simon 72]
    A. Newell, H.A. Simon: *"Human Problem Solving"*. Prentice Hall, Englewood Cliffs, N.J., 1972.

[Nieper 83]
    H. Nieper: *"KÄSTLE: Ein graphischer Editor für LISP-Datenstrukturen"*. Studienarbeit Nr. 347, Institut für Informatik, Universität Stuttgart, 1983.

[Nieper 84]
    H. Nieper: *"Visualisierung des dynamischen Verhaltens von Programmen"*. Diplomarbeit Nr. 233, Institut für Informatik, Universität Stuttgart, 1984.

[Nievergelt 83]
    J. Nievergelt: *"Die Gestaltung der Mensch-Maschine-Schnittstelle"*. In I. Kupka (editor), *Informatik-Fachberichte Band 73*, pp 41-50. 13. GI Jahrestagung Proceedings, Springer Verlag, 1983.

[Oberquelle, Kupka, Maaß 83]
    H. Oberquelle, I. Kupka, S. Maaß: *"A view of human-machine communication and co-operation"*. Int. J. of Man-Machine Studies 19, pp 309-333, 1983.

[PET System 82]
    Softlab: *"PET/Maestro - Programm-Entwicklungs-Terminalsystem"*. Kurzbeschreibung der Project-Library-User-Services, Softlab GmbH, 1982.

[Petit 71]
    P. Petit: *"RAID"*. Operating Note 58.1, Stanford Artificial Intelligence Laboratory, 1971.

[Piaget 72]
    Piaget: *"The Psychology of Intelligence"*. Littlefield, Adams & Co., Inc., Totowa, N.J., USA, 1972.

[Popper 59]
    K.R. Popper: *"The Logic of Scientific Discovery"*. Publisher unknown, New York, 1959.

[Quillian 68]
    M.R. Quillian: *"Semantic Memory"*. In M. Minsky (editor), *Semantic Information Processing*, chapter 4, pp 227-270. The MIT Press, Cambridge, Ma., 1968.

[Rathke 83]
    C. Rathke: *"Wissensbasierte Systeme: Mehr als eine attraktive Bildschirmgestaltung"*. Computer Magazin 12(3), pp 40-41, März, 1983.

[Rathke 84]
    C. Rathke: *"ObjTalk Primer"*. Institutsbericht, Institut für Informatik, Universität Stuttgart, 1984.

[Rathke, Laubsch 83]
    C. Rathke, J.H. Laubsch: *"ObjTalk - eine Erweiterung von Lisp zum objektorientierten Programmieren"*. Institutsbericht, Institut für Informatik, Universität Stuttgart, Februar, 1983.

[Reichwald et al. 82]
    R. Reichwald, U. Manz, W. Odemer, S. Sorg: *"Die Akzeptanz neuer Bürotechnologie: Bedarfsstrukturen für eine integrierte Bürotechnik in Sekretariat und Management"*. Institutsbericht, Foschungsschwerpunkt 'Personal- und Organisationsforschung unter besonderer Berücksichtigung technologischer Innovationen' am Fachbereich Wirtschafts- und Organisationswissenschaften, HS der Bundeswehr München, April, 1982.

[Reid, Walker 80]
    B.K. Reid, J.H. Walker: *"SCRIBE Introductory User's Manual"*. Unilogic, Ltd., Pittsburgh, 1980.

[Rich 83]
    E. Rich: *International Student Edition, McGraw-Hill Series in Artificial Intelligence: "Artificial Intelligence"*. McGraw-Hill Book Co., Auckland - Bogota etc., 1983. 2nd Printing 1984.

[Rich, Shrobe, Waters 79]
    C.H. Rich, H. Shrobe, R. Waters: *"Computer Aided Evolutionary Design for Software Engineering"*. AI-Memo 506, MIT, 1979.

[Roberts, Goldstein 77]
    R.B. Roberts, I.P. Goldstein: *"The FRL-Manual"*. Technical Report MIT-AI Memo 409, MIT, 1977. Cambridge, Ma.

[Robertson, McCracken, Newell 81]
    G. Robertson, D. McCracken, A. Newell: *"The ZOG Approach to Man-Machine Communication"*. International Journal of Man-Machine Studies 14, pp 461-488, August, 1981. Carnegie-Mellon University, Computer Science Department, Pittsburgh.

[Rosenberg 77]
    S.T. Rosenberg: *"Frame based Text Processing"*. AI-Memo 431, MIT, 1977.

[Ross, Shoman 77]
    D.T. Ross, K.E. Shoman: *"Structured Analysis for Requirement Definition"*. IEEE Transactions on Software Engineering SE-3(1), pp 6-15, January, 1977.

[Sandewall 78]
    E. Sandewall: *"Programming in the Interactive Environment: The Lisp Experience"*. Computing Surveys 10(1), March, 1978.

[Schneider 81]
    M. Schneider: *"Rechnerunterstützte Dokumentationssysteme für Software"*. Diplomarbeit Nr. 165, Institut für Informatik, Universität Stuttgart, 1981.

[Schwab 84]
    T. Schwab: *"AKTIVIST: Ein aktives Hilfesystem für den bildschirmorientierten Editor BISY"*. Diplomarbeit Nr. 232, Institut für Informatik, Universität Stuttgart, 1984.

[Schweikhardt 80]
    W. Schweikhardt: *"A Computer-based Education System for the Blind"*. In *Proceedings of the IFIP-Congress-80*. IFIP, Tokio, 1980.

[Schweikhardt 84]
    W. Schweikhardt: *"Representing Videotex-Pages to the Blind"*. In *Proceedings of 3rd Annual Workshop on Computers and the Handicapped*. IEEE Computer Society, Wichita, Kansas, USA, November, 1984.

[Seybold 81]
    J. Seybold: *"Xerox's 'Star'"*. *Seybold Report Media* 10(16), 1981.

[Shaw et al. 83]
    M. Shaw, E. Borison, M. Horowitz, T. Lane, D. Nichols, R. Pausch: *"Descartes: A Programming-Language Approach to Interactive Display Interfaces"*. *ACM SIGPLAN Notices* 18(6), pp 100-111, June, 1983. Proceedings of the SIGPLAN '83 Symposium on Programming Language Issues in Software Systems.

[Sheil 83]
    B.A. Sheil: *"Environments for Exploratory Programming"*. *Datamation*, February, 1983.

[Shneiderman 83]
    B. Shneiderman: *"Direct Manipulation: A Step Beyond Programming Languages"*. *IEEE Computer* 16(8), pp 57-69, August, 1983.

[Shneiderman et al. 77]
    B. Shneiderman, R. Mayer, D. McKay, P. Heller: *"Experimental Investigations of the Untility of detailed Flowcharts in Programming"*. *Communications of the ACM* 20, pp 373-381, 1977.

[Shortliffe 76]
    E.H. Shortliffe: *Artificial Intelligence Series*. Volume 2: *"Computer-Based Medical Consultations: MYCIN"*. Elsevier, New York - Amsterdam, 1976.

[Simon 81]
    H.A. Simon: *"The Sciences of the Artificial"*. MIT Press, Cambridge, Ma., 1981.

[Smalltalk 81]
    Smalltalk-80: *"Smalltalk-80"*. *Byte* (Special-Issue), August, 1981.

[Smith 77]
    D.C. Smith: *"Pygmalion, A Computer Program to Model and Stimulate Creative Thought"*. Birkhäuser Verlag, Basel, 1977.

[Smith et al. 82]
    D.C. Smith, Ch. Irby, R. Kimball, B. Verplank: *"Designing the Star User Interface"*. *BYTE*, April, 1982.

[Sorg 82]
    S. Sorg: *"Voraussetzungen für einen wirkungsvollen Einsatz integrierter Bürotechnik im Sekretariat"*. Institutsbericht, Institut für Organisationsforschung und Technologieanwendung München, 1982.

[Stallman 81]
    R.M. Stallman: *"EMACS, the Extensible, Customizable, Self-documenting Display Editor"*. *ACM SIGOA Newsletter* 2(1/2), pp 147-156, 1981.

[Steele 80]
    G.L. Steele: *"The Definition and Implementation of aComputer Programming Language based on Constraints"*. Technical Report MIT-TR 595, MIT Artificial Intelligence Laboratory, 1980. Cambridge, Massachusetts.

[Stefik 81]
    M. Stefik: *"Planning with constraints"*. *Artificial Intelligence* 16(2), pp 111-114, May, 1981.

[Stefik et al. 83]
M. Stefik, D.G. Bobrow, S. Mittal, L. Conway: *"Knowledge Programming in LOOPS: Report on an Experimental Course"*. The AI Magazine, Fall, 1983.

[Sugaya et al. 84]
H. Sugaya, J. Stelovsky, J. Nievergelt, E.S. Biagioni: *"XS-2: An Integrated Interactive System"*. Forschungsbericht KLR 84-73C, Brown Boveri Forschungszentrum, Baden, Schweiz, Mai, 1984.

[Sutherland 63]
I. Sutherland: *"Sketchpad, a Man-Machine Graphical Communication System"*. In Proceedings of the AFIPS Joint Computer Conference, pp 329-346. 1963.

[Teitelbaum, Reps, Horwitz 81]
T. Teitelbaum, T. Reps, S. Horwitz: *"The Why and Wherefore of the Cornell Program Synthesizer"*. In Proceedings of the ACM/SIGOA Symposium on Text Manipulation, pp 8-16. Portland, Oregon, 1981.

[Teitelman 78]
W. Teitelman: *"Interlisp Manual"*. Technical Report, Xerox Parc, 1978.

[Teitelman, Masinter 81]
W. Teitelman, L. Masinter: *"The Interlisp Programming Environment"*. Computer, pp 25-33, April, 1981.

[Tesler 81]
L. Tesler: *"The Smalltalk Environment"*. BYTE 6(8), pp 90-147, August, 1981.

[Thimbleby 81]
H.W. Thimbleby: *"A word boundary algorithm for text processing"*. The Computer Journal 24(3), pp 249-255, 1981.

[Thimbleby 82]
H. Thimbleby: *"Character level ambiguity: consequences for user interface design"*. International Journal on Man-Machine Studies (16), pp 211-225, 1982.

[Vaucher 80]
J.G. Vaucher: *"Pretty-Printing of Trees"*. Software-Practice and Experience 10, pp 553-561, 1980.

[Vits 83]
K. Vits: *"Lexikon der Computertechnik"*. Karamanolis Verlag, Neubiberg, 1983.

[Vogelheim 84]
E. Vogelheim (Hrsg.): *frauen aktuell*. Volume 5529: *"Frauen am Computer. Was die neuen Technologien den Frauen bringen. Eine Einführung"*. rororo, Reinbek, 1984.

[Wertheimer 23]
M. Wertheimer: *"Untersuchungen zur Lehre von der Gestalt"*. Psychologische Forschung 4, pp 301-350, 1923.

[Wilensky 83]
R. Wilensky: *"Planning and Understanding"*. Addison-Wesley, Reading, Massachusetts, 1983.

[Wilkins 84]
Wilkins, D. E.: *"Domain-independent Planning: Representation and Plan Generation"*. Artificial Intelligence 22(3), pp 269-301, April, 1984.

[Williams 83]
Williams, G.: *"The Lisa Computer System"*. BYTE (February 1983), pp 33-50, February, 1983.

[Williams 84]
Williams, G.: *"The Apple Macintosh Computer"*. BYTE (February 1984), pp 30-54, February, 1984.

[Winograd 79]
T. Winograd: *"Toward Convivial Computing"*. In M.L. Dertouzos, J. Moses (editors), *The Computer Age: A Twenty-Year View*, pp 56-72. MIT Press, Cambridge, Ma. - London, 1979.

[Winston, Horn 81]
P.H. Winston, B.K.P. Horn: *"LISP"*. Addison-Wesley, Reading, Ma., 1981.

[Wirth 71]
N. Wirth: *"Program Development by Stepwise Refinement"*. CACM 14(4), pp 221-227, 1971.

[Wirth 76]
N. Wirth: *"Algorithm + Data Systems = Programs"*. Prentice Hall, Englewood Cliffs, N.J., 1976.

[Wood 81]
S.R. Wood: *"Z - The 95% Program Editor"*. In *Proceedings of the ACM/SIGOA Symposium on Text Manipulation*, pp 1-7. Portland, Oregon, 1981.

[Woods 70]
W.A. Woods: *"Transition Network Grammars for Natural Language Analysis"*. Communications of the Association for Computing Machinery 13(10), 1970.

[Yarwood 77]
E. Yarwood: *"Toward program illustration"*. Technical Report TR-CSRG-84, University of Toronto, 1977.

Index

Abelson, H. 5, 6
Abstraktion 92, 232
Akkommodation 205, 207, 221
Alexander, Ch. 20, 32, 42, 156
Allman, E. 181
Analysesystem 191
Anwendungsneutralität 74
Anwendungsunabhängigkeit 74
Arnold, K.C. 106
Aspekt 219, 222
Assimilation 205, 206, 221
Asymmetrie
    der Kommunikation 152

Baecker, R. 158
Barr, A. 46, 235
Barstow, D. 201
Bauer, D. 37, 160, 199
Benutzerfeindlichkeit 82
Benutzergruppen 185
Benutzermodell 96, 195
Benutzerschnittstelle 73
    anwendungsneutrale 73
    anwendungsunabhängig 104
    modulare 73
    wissensbasierte 96
Benutzerschnittstellenmodelle 78
Beobachtungswerkzeug
    für dynamische Prozesse 167
    für statische Strukturen 156
Beweley, W.L. 21
Biagioni, E.S. 101
Bildschirmauffrischung 141
Bildschirmmaske 89, 101
Bildschirmorientiertes Editieren 124
Birtwistle, G. 113
BISY 145
Bobrow, D.G. 49, 71, 182
Borison, E. 82
Borning, A. 69

Botschaften 83, 210
Brachman, R.J. 49
Brooks, F.P. 181
Brown, J.S. 23, 29, 204
Burr, B.J. 133
Burton, R. 23, 29, 204
Bürosysteme 90, 250

Cammarata, S. 235
Carbonell, J.G. 204, 235
Card, S.K. 133
Change-Propagation 193
CMU 6
Codieren 91
Computerspiele 90, 174
Constraints 68, 83, 232, 245
Conway, L. 71
Csima, F. 37, 212

D&I 212
Dahl, O.-J. 113
Datenstruktur 163, 199
Davis, R. 66, 228
Designprinzipien für Editoren 123
Deutsch, P.L. 180
Dialogmodell 195
Digester und Informant 212
Direkte Manipulation 34, 90, 106, 131, 243
DiSessa, A. 160
Dokumentationsdaten 189
Dokumentencompiler 124
Dokumenteneditoren 122
DOXY 37, 188
DYNAFORM 242
Dzida, W. 14, 87

Eckardt, C. 257
Editor 121
    Benutzerschnittstellen-Werkzeug 123

bildschirmorientiert 103
English, W.K. 133
Entwurf
 benutzerorientiert 80
Ereignis 213
Ergonomie 73, 96
Erweiterbarkeit 126
Expertensystem 205, 236

Failenschmid, J. 35, 171
Farber, J.M. 121
Fauser, A. 5
Feigenbaum, E.A. 46, 235
Fenster 94, 104, 128
Fenstersystem 98, 101, 104
Fikes, R. 71, 235, 238
Filter 91, 243
Finseth, C.A. 140
Flußdiagramm 158
Foderaro, J.K. 6, 144, 165
FooScape 160, 171
Formular 210, 215
Formularsystem 242
Fox, M.S. 235
Frame 47
Frisby, J.P. 154
Funktionsaufrufe 82
Funktionsmenü 92
Funktionsumfang 137
Furuta, R. 27, 124

Galanter, E. 234
General Problem Solver 234
Generatorprinzipien 77
Gestaltbarkeit 96
GID 5
Gimpel, J.F. 167
Goerz, G. 50
Goldberg, A. 52, 71, 107, 174, 189
Goldstein, I.P. 4, 49, 182
Gosling, J. 128, 142, 143, 145, 148
Graphikeditoren 122

Hadamard, J. 156
Hanakata, K. 4, 6
Handlungsabläufe
 Darstellung 194
Hanson, S.J. 121
Hayes, J.R. 178, 179
Hayes, P.J. 136

Hayes-Roth, B. 235
Hayes-Roth, F. 235
Heller, P. 158
Henderson, D.A. 238
Hess, K. 4
Hewitt, C. 4, 54, 149
Hilfe 135
Hilfesystem 151
HIPO 156
Horlacher, E. 5
Horn, B.K.P. 52
Horowitz, M. 82
Horwitz, S. 171
Howden, W.E. 178, 183
Hörerrolle 152

Icons 89, 91
 Implementierung 94
 Klassenhierarchie 94
Identifikation
 von Objekten 216
Illich, I. 28, 203
Implementationsaspekte 139
Implementierungssprache 144
Individualisierung 83
Inferenz 217, 224
 -Mechanismen 189
Inform 1, 183
Ingalls, D. 174
Inkonsistenz 191
Inspektionswerkzeug 151
Instanz
 in ObjTalk 55
Interaktion 131
Interlisp 158
Interpretationsskript 217
Irby, Ch. 91, 107
ISIS 235

Jackson, M. 156, 179
JSP 179

KÄSTLE 163
Kay, M. 24
Kehler, T.P. 71
Kernighan, B.W. 103, 144
Kimball, R. 91, 107
King, J. 66
Klasse 51
 in ObjTalk 55

Klassifikation
  von Objekten   216
Kohl, D.   35, 37, 191
Kommandoprozeduren   128
Kommandos   134
Kommunikationskanal   238
  Bandbreite des   152
Kommunikationsmodell   178
Konsistenz   75, 191
Konstruktion
  unabhängige   77
Kontrollstruktur   158
Konvivialität   203
Konzept   219
Kooperation   237
Koreferent   63
Krause, D.   4
Kraut, R.E.   121
Kunz, J.C.   71
Kupka, I.   14

Lakatos, I   183
Lane, T.   82
Lantz, K.A.   112
Laubsch, J.   4, 8, 49, 167
Layout-Compiler   166
Leistungsumfang   76
Lemke, A.   136, 147, 151, 191, 197
Lenat, D.B.   236
Lernen   204
Lieberman, H.   149
Life-Cycle-Modelle   178
Linguistische Uniformität   135
LISA   91, 174
LOGO   5

Maaß, S.   14
MACINTOSH   91
Maclisp   4
Maier, W.   35, 171
Malone, T.W.   22
Manipulation
  direkte   34, 90, 131, 210, 212, 243
Manz, U.   250
Marcus, A.   158
Masinter, L.   180, 191
Maskengenerator   77
Maus   108, 152
Mayer, R.   158
McDermott, J.   66

McKay, D.   158
Menü   92, 109, 211
  kontextsensitives   112
Menügenerator   77
Menüs   134
Menüsystem   101
Merkmal   214, 217, 220, 223
Merkmalswert   214
MESA   167
Meta-Monitoring   169
Metaobjekte   97
Metasystem   204
  des Systems D&I   220
Metawissen   206, 208, 226
Methode   50
  in ObjTalk   58
Meyrowitz, N.   112, 121
Michalski, R.S.   204
Miller, G.A.   234
Minsky, M.   4, 8, 47, 54, 189
MIT   6
Mitchell, J.   167
Mitchell, T.M.   204
Mittal, S.   71
Mittel-Zweck-Analyse   234
Model, M.   168
Modularisierung   73, 80
Modus   111
MOLGEN   235
Moore, J.   206
Moran, Th.   154
Moser, M.   112
Myers, B.A.   167
Myrhaug, B.   113

Nachricht   50
  in ObjTalk   53
Nassi, I.   158
Nassi-Shneiderman-Struktogramm   158
Navigation   212, 215, 216
Navigationsskript   217
Nearly Decomposable System   231
Netz
  von Objekten   96
Newell, A.   6, 155, 203, 206, 234
Nichols, D.   82
Nieper, H.   25, 37, 163, 168, 194
Nievergelt, J.   101, 136
Noah   235
Nygaard, K.   113

Oberquelle, H.   14
Objekt   50, 91, 209, 213
Objektorientierte Programmierung   49
ObjTalk   52, 167, 209, 213
Odemer, W.   250
ODYSSEY   235
Optimierungsverfahren   236
Ostasieninstitut   5

Pausch, R.   82
PET   181
Petit, P.   173
Piaget, J.   205
Pike, R.   103
Piktogramm   151, 210
Plan   230
Planen
   hierarchisches   232, 244
PLANER   240
Planung   229
Planungsstrategie   233
POLITICS   235
Pop-Up-Menü   110
Popper, K.R.   31
Pretty-Printer   156
Pribram, K.H.   234
Problemdekomposition   231
Programm-Dokumentationssystem   187
Programmanalysesystem   191
Programmeditoren   122
Programmstatistiken   168
PROKOP   5

Quillian, M.R.   210

Rapid Prototyping   77, 180
Rashid, R.F.   112
Regeln   66
Reichwald, R.   250
Reid, B.K.   35, 123, 150, 257
Reps, Th.   171
Rich, C.H.   182
Rich, E.   232
Ritchie, D.M.   144
Roberts, R.B.   4, 49
Roberts, T.R.   21
Robson, D.   71, 107, 174, 189
Rosenberg, S.T.   213
Rosenschein, S.   235

Ross, D.T.   156
Rückgängigmachen von Aktionen   137

Sacerdoti, E.   235
Sachwissen   206, 213
Sandewall, E.   180
Schatz, W.   4
Schema   222
Schichtung
   horizontal   86
   vertikal   87
Schroit, D.   21
Schwab, Th.   136, 147, 151, 191, 197
Schweikhardt, W.   5
Scofield, J.   27, 124
Selbständiger Editor   122
Seybold, J.   149
Shaw, A.   27, 124
Shaw, M.   82
Sheil, B.A.   168, 180
Shneiderman, B.   90, 158
Shoman, K.E.   156
Shortliffe, E.   66
Shrobe, H.   182
Simon, H.A.   6, 34, 155, 156, 179, 184, 231, 234
SIPE   235
Sklower, K.L.   6, 144, 165
Skript   215, 216, 219, 225
Slot
   -Beschreibung   60
   -Methoden   60
   -Restriktionen   61
   -Trigger   63
   Defaultbelegungen   62
   in ObjTalk   60
Smalltalk   6, 74, 174
Smith, D.C.   90, 91, 107
Softlab   181
Software-Dokumentationssysteme   177
Software-Ergonomie   73
Sondertasten   131
Sorg, S.   250, 259
Split-Screen   102
Sprache
   natürliche   153
Sprechakt
   deiktischer   152
Sprecherrolle   152
Stallman, R.   6, 103

Standardisierung 99
STAR 91, 174
Steele, G.L. 69
Stefik, M. 71, 235
Stelovsky, J. 101
Stepper
    visueller 171
Stoyan, H. 50
Straub, H. 35, 171
Strips 235
Strukturorientiertes Editieren 126
STRUPPI 160, 199
Sugaya, H. 101
Sutherland, I. 168
Symbolisches Editieren 131
Synchronisation 87
System
    symbiotisches 166
    wissensbasiertes 203

Tabulatoren 139
Taft, E. 180
Tastaturmakros 127
Tastenbelegungstabelle 143
Tastendefinitionen 127
Tastenorientierte Interaktion 131
Teitelbaum, T. 171
Teitelman, W. 180, 191
Terminalunabhängige Ausgabe 142
Tesler, L. 111, 174
Texteditoren 122
Textlückenverfahren 140
Textrepräsentation 139
    mit dem Textlückenverfahren 140
    mit Listen 141
Thimbleby, H.W. 126, 137
Trace 168
    visueller 168
Trickfilm 167
Typ 213, 219, 222
Typübereinstimmung
    Überprüfung von 191

Undo 137
Uniformität der Interaktion 135
Universelle Editoren 122

Van Dam, A. 121
Vaucher, J.G. 163
Vererbung 51, 114
    in ObjTalk 64
    multiple 114
Vererbungshierarchie 64
Verhalten 50
Verplank, B. 91, 107
Verplank, W.L. 21
Veränderbarkeit 76
Viertelebene 125
Virtuelles Terminal 112
VisStep 171
VisTrace 168
Visualisierung 151
    von Datenstrukturen 163
    von Kontrollstrukturen 158
Vits, K 250
Vogelheim, E. 250

Walker, J.H. 35, 123, 150, 257
Waterman, D.A. 236
Waters, R. 182
Wertheimer, M. 161
Wilensky, R. 235
Wilkins, D.E. 235
Williams, G. 91, 107, 150
Williams, M.D. 71
Winograd, T. 18, 49
Winston, P.H. 52
Wirth, N. 163, 179
Wirtschaftlichkeit 77
WISDOM 2
Wissen 45, 206
    konzeptuelles 206, 207, 219
Wissensakquisition 204
Wissensbasiert 97
Wissensbasierte Systeme 46
Wissensbasis 204
    des Systems D&I 213
Wissensdarstellung 209
    deskriptive 210
    objektorientierte 209
    prozedurale 210
Wissenserwerb 204, 208
    Strategien 205
Wissensnutzung 208
Wissensrepräsentation
    objektorientierte 209
Wissensverarbeitung 208
Wood, S.R. 126
Woods, W.A. 4
WYSIWYG 123, 153, 211

Xerox-PARC   6

Yarwood, E.   166

Zeigeinstrument   102, 132
Zeigerstrukturen   163
  Darstellung von   163
Zeitverhalten von Programmen   168
Zielgruppen   185
Zielkonflikt   230, 247

**Walter de Gruyter
Berlin · New York**

Ch.-M. Hamann	**Einführung in das Programmieren in LISP** 2., bearbeitete und erweiterte Auflage. Mit einem Anhang „LISP-Dialekte für Personal Computer". 15,5 x 23 cm. XVI, 343 Seiten. Mit 63 Abbildungen. 1985. Kartoniert DM 45,– ISBN 3 11 010325 7 (de Gruyter Lehrbuch)
St. Hesse W. Kirsten	**Einführung in die Programmiersprache MUMPS** 15,5 x 23 cm. XIV, 259 Seiten. 1983. Kartoniert DM 39,50 ISBN 3 11 009746 X (de Gruyter Lehrbuch)
K. Hambeck	**Einführung in das Programmieren in COBOL** 3., verbesserte Auflage. 15,5 x 23 cm. X, 163 Seiten. 1981. Kartoniert DM 26,– ISBN 3 11 008693 X (de Gruyter Lehrbuch)
G. Niemeyer	**Einführung in das Programmieren in PASCAL** **Mit Sonderteil UCSD-PASCAL-System** 2., verbesserte Auflage. 15,5 x 23 cm. 167 Seiten. 1983. Kartoniert DM 24,– ISBN 3 11 009532 7 (de Gruyter Lehrbuch)
E. W. Mägerle	**Einführung in das Programmieren in BASIC** 2., durchgesehene Auflage. 15,5 x 23 cm. 112 Seiten. 1980. Kartoniert DM 19,80 ISBN 3 11 008227 6 (de Gruyter Lehrbuch)
Ehinger/Fussy/ Herrmann/ Hoffmann	**FORTRAN-Lexikon** **Anweisungen und Begriffe** 15,5 x 23 cm. XX, 492 Seiten. 360 Stichworte. 1982. Kartoniert DM 68,– ISBN 3 11 008359 0

Preisänderungen vorbehalten

Walter de Gruyter
Berlin · New York

A. Schulz — **Methoden des Software-Entwurfs und Strukturierte Programmierung**
2., bearbeitete und erweiterte Auflage.
15,5 x 23 cm. 181 Seiten. 1982. Kartoniert DM 49,50
ISBN 3 11 008895 9 (de Gruyter Lehrbuch)

Modellierungs-Software
Konzeption und Anwendung
Herausgegeben von Hans-Dieter Heike
17 x 24 cm. VIII, 398 Seiten. 1981.
Gebunden DM 120,– ISBN 3 11 008301 9

P. Schnupp — **Rechnernetze**
Entwurf und Realisierung
2., gründlich überarbeitete Auflage.
15,5 x 23 cm. 266 Seiten mit 107 Abbildungen
und 9 Tabellen. 1982. Gebunden DM 76,–
ISBN 3 11 008951 3 (de Gruyter Lehrbuch)

L. Peat — **Practical Guide to DBMS Selection**
15,5 x 23 cm. 340 pages. With 74 illustrations. 1982.
Cloth DM 128,– ISBN 3 11 008167 9

B. E. Meyer
H.-J. Schneider
G. Stübel — **Computergestützte Unternehmensplanung**
Eine Planungsmethodologie mit Planungs-
instrumentarium für das Management
15,5 x 23 cm. 537 Seiten. Zahlreiche Abbildungen.
1983. Gebunden DM 98,– ISBN 3 11 006915 6

G. Niemeyer — **Einführung in das Programmieren in ASSEMBLER**
Systeme IBM, Siemens, Univac, Interdata, IBM-PC/370
5., bearbeitete und erweiterte Auflage. 15,5 x 23 cm.
332 Seiten. 1984. Kartoniert DM 44,–
ISBN 3 11 010128 9 (de Gruyter Lehrbuch)

Preisänderungen vorbehalten